河出文庫

見ることの塩 下
セルビア／コソヴォ紀行

四方田犬彦

河出書房新社

見ることの塩　下　セルビア／コソヴォ紀行

目次

第2部　セルビア／コソヴォ

第3部　見ることの塩

［見ることの塩　上　目次］

見ることの塩

下

セルビア／コソヴォ紀行

第2部　セルビア／コソヴォ

ベオグラードまで

熱気と緊張のなかのテルアヴィヴ滞在を切り上げて東京に戻ったわたしは、ニューヨークとリマ、光州《クワンジュ》へ向かった。韓国全羅南道の中心に位置する光州は、一九七〇年代の終りにひと夏を過ごして以来、わたしには縁の浅からぬ場所だった。わたしは全南大学で開催された日韓文化の比較シンポジウムで発表を行った後、釜山で開催されている国際映画祭に向かった。映画祭では旧ユーゴスラビアを構成していた五つの国家から、それぞれの最新作が選ばれて上映されていた。韓国の映画人は単に世界中の最新フィルムを集めるだけでは満足していなかった。彼らが、国家の分断と映画の変貌という今日的現象をめぐって充分に意識的であることが、そのプログラムから推察できた。釜山でわたしはひさしぶりに緊張を解いた。眼にするすべてのものが、口にするすべてのものが、わたしにいつもながらの親近感を抱かせた。

ウィーン経由でベオグラードへ旅立ったのは、十月の半ばだった。わたしにはこの旅は陰鬱なものとなるだろうという、漠然とした予感があった。

バルカン半島に足を踏み入れるのは初めてだった。まだユーゴスラビアという国家が存在していた頃、わたしにはいくたびかこの地を訪れる機会があったのだが、そのたびごとに不思議と偶然が働いて訪問はいつも延期されてきたのである。

最初機会を逸したのは一九七〇年代の半ばで、わたしがまだ東京大学の大学院生として修士論文を準備中のときだった。駒場のキャンパスを同級生と歩いていると、研究室の助手が走って来てわたしたちを呼び止め、息せき切った調子で、いきなりの話だけれどもユーゴスラビアに留学する気はないかと尋ねた。どうやらその前年からこの国は日本人の国費留学生を受け入れることにしたのだが、今年にかぎって志願者が少なかった。応募の締め切りが間近に迫っているというのにまだ空席があるという情報が、たった今、大使館から入った。今日明日に申し込むなら無審査で留学の資格が得られると、助手は説明した。あまりの突然にわたしが当惑していると、かたわらにいた同級生が二つ返事で「行きます」と答えた。彼女はどうやらanywhere out of the worldというボードレール的衝動に駆られているように見えた。そして呆然と立ち尽くすわたしを尻目に、その日のうちに履歴書を準備し、数週間後にさっさとベオグラードに旅立ってしまった。やがて彼女はニューヨークに移り、占領下の日本映画の検閲をめぐる博士論文を当地の大学に提出すると、そのまま日本に戻らなかった。『天皇と接吻』（草思社）の著者、平野共余子のことである。

平野と入れ違いに大学院の研究室に到来したのが、ディヤン・ラディチというユーゴスラビアからの留学生だった。彼はわたしより年齢的にはるかに上であり、すでに三島由紀夫の『近代能楽集』をセルビア語に翻訳した業績をもっていた。わたしが大学時代にイヴォ・アンドリッチの長編小説『ドリナの橋』を読んだことがあるというと彼は悦び、あの書物のなかにこそユーゴスラビアのすべてがあると語った。わたしたちは親しくなり、いっしょに加藤周一の日本文学史をセルビア語に翻訳しようということになった。といってもセルビア語を解さないわたしが貢献できたのは、古典に登場する難解な人名の発音を調べる程度のことでしかなかったのだが。残念なことにこの計画は中断された。修士論文を書き上げたわたしが、ソウルの大学に日本語教師として旅立ってしまったからである。ディヤンはわたしに向かって、自分の夢はベオグラード大学に日本学科を作ることだといい、その暁にはぜひユーゴスラビアに来てほしいと付け加えた。

一九七〇年代というのはまだティトーがカリスマとして矍鑠《かくしゃく》たる威光を放っており、ユーゴスラビアという連邦国家が確固として存在している時代だった。わたしが大学時代に受けた国際関係論の授業では、菊地昌典という人気教授が、世界には悪い社会主義といい社会主義があると説いていた。前者の代表が官僚主義国家のソ連であり、後者の代表がユーゴスラビアだと、彼は説明した。

わたしも、わたしの周囲も、漠然とではあるがこの国に好意を抱いていた。労働者が工場を自主管理し、社会主義であるにもかかわらず外国旅行が自由で、とんでもないエロティックな前衛映画を製作している国。ハリウッドの怪奇映画『キャット・ピープル』のヒロインが生まれたとされる、謎めいた東欧の異教の地。わたしが抱いている映像とは、たかだかそのようなものだった。もっともわたしがディヤンとの約束を守ってかの地を訪れることはなかった。韓国から帰国したわたしを待っていたのは映画ジャーナリストとしての多忙な日々であり、それが一段落したわたしはニューヨークへ、モロッコへと、現在にまで続く「移行」に身を任せてしまうことになった。ベオグラードのことは置去りにされ、やがて忘れられた。

一九九二年三月、ボスニア・ヘルツェゴビナが独立を宣言し、その直後にセルビア人を主体としたユーゴスラビア連邦軍がサラエヴォに激しい攻撃を開始したとき、わたしはパリのバスチーユに滞在していた。夕暮れ時にサンジェルマン・デプレの舗道を歩いていると、いきなり沢山の椅子がバリケードのように並べられ、この戦争に抗議するための路上パフォーマンスが始まった。わたしはそれを他人事のように眺めていた。同じ日の夜にわたしは津島佑子から、中上健次の突然の入院を告げ知らされた。

ディヤンの消息を知ったのはそれからさらに後のことで、二〇〇〇年代に入ってからのことである。彼はユーゴスラビアが解体する直前に、癌を患ってまだ四十歳代で生涯を閉じていた。加藤周一の翻訳は未完のまま放棄されていたが、念願の日本学科は東アジア語学科という形で実現されていると、わたしは知らされた。わたしはもう二十年以上も前に彼と交わした約束のことを思い出したが、そのときすでにユーゴスラビアは跡形もなく消滅していたのだった。

スロベニア
リュブリャナ
ザグレヴ
ヴォイヴォディナ自治州
クロアチア
ノヴィサド
ビハチ
ベオグラード
バニャ・ルカ
セルビア
クニン
サラエヴォ
ウジツェ
モスタル
ニシュ
ボスニア・ヘルツェゴビナ
メジュゴリエ
ミトロヴィツァ
プリシュティナ
ドゥブロヴニク
スコピエ
モンテネグロ
アルバニア
コソヴォ自治州（コソヴァ）
マケドニア

旧ユーゴスラビア分裂地図

ベオグラードに出発する前に、わたしは前もってこれから訪れる場所について若干の情報を集めておこうと考えた。未知の都市に滞在する場合、その都市について書かれた書物を前もってできるだけ読んでおくというのが、わたしがこの三十年間にわたって体験的に獲得していた習慣である。書物の数は多いほどいい。さまざまに対立する角度や立場から執筆されたものを読むことによって、問題の焦点となっている事柄が浮かびあがってくるからだ。とりわけ旧ユーゴスラビアの場合には、現地の言語をわたしが理解できない場所である以上、それなりに事前の情報蒐集《しゅうしゅう》が必要とされる。わたしは日本語で書かれた東欧研究者の書物を読んだ後、ニューヨークで段ボールにひと箱ほど書物を購入し、韓国を旅行中、高速バスのなかでそれを読み続けた。そして半分ほどしか読みきれなかったので、残りはベオグラードのホテルにあらかじめ送っておくことにした。

歴史と政治的経緯の理解については、こうして若干の準備ができたのだが、具体的な生活情報に関しては出発前に充分な形で手にすることは容易ではなかった。日本の書店に並んでいる、若者にベストセラーの旅行ガイド書に当たってみると、オーストリアからギリシャまで東欧をひとまとめにしたものが、何年も前に刊行されたきりであるとわかった。そこではウィーンの目抜き通りのショッピング情報はカラー写真で解説されていたが、セルビア・モンテネグロならぬユーゴスラビアについては、わずかに十頁ほどの記述しかなかった。この書物には厳重な注意として、町で出会った人に民族名を尋ねるのはきわめて失礼なことなので、絶対にしてはならないという一節があった。後になって現実にサラエヴォやバニャ・ルカを訪れたわたしは、レストランでも街角でも人々がみずから進んで民族の帰属を語り、日本人であるわたしに共鳴を求めてくるという現象に何十回となく付き合わされることになった。わたしはその度ごとにこのガイドブックの記述の奇妙さを思い出した。それは地球のすべての領域を気楽に歩き回り、ショッピングとグルメを享《たの》しんだとしても、けっして現地の生活者の歴史とエスニシティには立ち入ってはならないという日本人観光客の暗黙の了解を、典型的に体現しているように思われた。

東京五反田にあるセルビア・モンテネグロ大使館を訪れたわたしは、そこでさらに驚くべき情報を手渡されることになった。大使館員たちは故国に関心を抱くわたしに対して親切であり好意的であったが、彼らが差し出したカラー版ベオグラード案内にはホテルのステージで毎夜開かれているストリップショーの写真が堂々と掲載されていて、こうしたショーを観劇する際にもし同行する相手がいなければ、ホテルのレセプションに頼むとしかるべき相手を見つけ出してくれると記されていた。

すっかり当惑したわたしは、最後にベオグラードの日本大使館に問い合わせてみた。折り返し到着したのは、ベオグラード市内では確実に暖房が行き渡っているホテルは最高級の二つしかないこと、円も米ドルも両替が行われておらず、日本からの送金は不可能である。クレジットカードはほとんど普及していないため、キャッシュでユーロを携帯し、それが不足した場合にはウィーンに飛んでユーロを銀行から引き出しておくことが望ましいとの返事だった。こいつはとんでもない田舎に行くことになりそうだなと、わたしは一瞬覚悟した。そこで念のために人を介して、実際にベオグラードに滞在中の日本人留学生に直接に尋ねてみると、まったく逆の返事が戻ってきた。当地では戦後の復興が目覚ましく進展し、円の両替もカードの使用も戦前の水準に回復しつつある。ホテルの暖房はまず問題がないという。二週間後にわたしは、彼の助言がまったく正しいことを確認した。それはとりもなおさず日本大使館の現地情報蒐集能力の低さを意味していたが、まもなくわたしはそんなことをどうでもいいと思い、忘れてしまった。かつてロシアの軍事的同盟国であったモンテネグロは、一九〇四年以来、公式的には日本と戦争状態が百年にわたって続いていると教えられたが、まあ東京とベオグラードが戦火を交えることはあるまいと踏んだからである。

ベオグラードの空港に到着したのは十月二十日の夜である。到着ロビーを出ると何人かのタクシー運転手がユーロで信じられない値段を口にしながら、わたしに誘いをかけてきた。だが旧市内にあるホテルまで三十分ほどの道のりを、現地の通貨であるディナールを用い、メーターに応じて料金を払ってみると、千二百円ほどの額にすぎないことが判明した。わたしはこの都市が、ヨーロッパの首都のなかでもっとも物価の安いところであると教えられていたことを思い出した。と同時にそこは、ＥＵに加盟していないにもかかわらず外国人に対してはまずユーロを要求する「戦後」社会でもあった。長期滞在を決めこんだホテル・ロイヤルはクラリャ・ペトラ、すなわちペテル王通りの中央にあり、中に入ると両替屋とバアとレセプションとが、時代遅れの壁のレリーフに囲まれてごちゃごちゃと並んでいた。深夜近くだが人と煙草の煙でごった返していて、地下にあるレストランからは大きな音響で音楽が聴こえていた。わたしは、カフカの長編小説の冒頭で城下町に到着した測量技師に似た気持ちだった。

　翌日、わたしは歩いて近くのベオグラード大学を訪れ、わたしに招聘《しょうへい》状を書いてくれた東アジア学科の主任教授に会おうとした。彼女は不在で、別の日を待たなければならなかった。わたしは一日をぶらぶらと街角を歩いて過ごし、翌日にもう一度、学科の図書室を訪問した。ここでわたしは運よく日本人の助教授に会うことができた。彼女は日本語教育の専門家ではなかったが、ユーゴスラビア文学を何冊か日本語に翻訳していて、日本語で詩集を刊行していた。その感傷的な異国趣味はわたしに、かつて知っていた、満洲国で短歌を作っていた年配の女性を連想させた。彼女は主任教授とは犬猿の仲で、そのために学生たちはあたかも腫れ物にでも触るかのように彼女に接していた。研究室には他にもセルビア人で、村上春樹を翻訳した若く誠実そうな雰囲気の女性と、何人かの日本人留学生がいて、彼女たちは交替交替で学生たちに日本語を教えていた。もっとも学生たちの日本語の学力は、韓国と比較しても、イスラエルと比較してもひどく低く、わたしに向かって積極的に日本文化をめぐる質問を投げかけてきたり、日本へ行くことの夢を情熱的に語る者はいなかった。図書室の本棚には日本文学全集が何セットか陳列されていることを別にすれば、後は大量の少女マンガと小学生向きの図鑑しか見当たらなかった。司書に尋ねてみると、後者は日本大使館と、すでに廃校となった日本人小学校から流れてきたものだとのことだった。コンピューターはみごとに壊れており、コピー機は姿すら見当たらなかった。

こうして二ヶ月にわたる、わたしのベオグラード滞在が開始された。

ここで具体的な滞在の印象を語る前に、ユーゴスラビアという国家がいかに成立し消滅して現在に至っているかを、簡単に説明しておいた方がいいかもしれない。この、けっして日本には馴染みの深いとはいえない国は、われわれには想像もつかない複雑な歴史的変遷を体験して、今日の解体にまでいたっているからである。東欧史の専門家ではないわたしは、自分の頭の整理のためにも、以下の出来ごとを記しておきたいと思う。

一九一四年にボスニアのサラエヴォでオーストリアの皇太子が暗殺された事件が契機となって第一次世界大戦が勃発《ぼっぱつ》したことは、つとに知られている。大戦が終了した一九一八年、ヴェルサイユ体制のもとに、現在のスロベニアからマケドニアに及ぶ地域が連合王国として成立した。一九二九年、この国は「南スラブ人の国」を意味する「ユーゴスラビア」を名乗ることになった。もっとも歴史的にハプスブルグ王家に支配されてきた北部と、長らくオスマントルコ帝国の領土であった南部を一人の王のもとに統合することは至難のわざであり、セルビア中心主義に対する不満と反撥がいたるところで燻《くすぶ》ることとなった。初代の王は暗殺された。

第二次大戦が開始されると、ナチスドイツはただちにユーゴスラビアを侵略し、枢軸国イタリアと語らって連合王国を分断した。彼らの支持を得たファシスト集団ウスタシャによって、ザグレヴを首都とする「クロアチア独立国」が成立し、王党派で大セルビア主義を説くチェトニク、共産主義者ティトーの率いるパルチザンとの間で三つ巴の熾《し》烈《れつ》な戦闘が戦われた。ウスタシャは強制収容所を設置し、ユダヤ人とロマ（ジプシー）を組織的に殺戮《さつりく》した。ボスニアやコソヴォのイスラム教徒たちもファシストに加担して、セルビア正教徒の殺戮に参加した。これに対するパルチザン側の報復にも激しいものがあった。一九四四年にティトーがソ連赤軍の協力を得て祖国を「解放」したとき、ユーゴスラビアは人口の約十分の一強にあたる百七十万人を喪失していた。

ユーゴスラビア連邦人民共和国（のちに「社会主義連邦共和国」に変更）が成立したのは一九四五年のことである。「七つの国境、六つの共和国、五つの民族、四つの言語、三つの宗教、二つの文字、一つの連邦国家」という謳《うた》い文句からなるこの政体を統合していたのは、反ファシズムというパルチザン時代のイデオロギーであり、その頂点に立つティトーのカリスマ性であった。彼は一九四八年にスターリンと訣別し、ソ連主導のコミンフォルムとは別の形態のもとに自主独立の径を歩むことになった。中央への権力集中は廃棄され、地方分権化が採用された。労働者による工場の自主管理と非同盟諸国との連帯が、ユーゴスラビアの政策の大きな柱となった。ユーゴ共産党が一九五二年にユーゴ共産主義者同盟と改称したのも、ソ連型社会主義と一線を画すという意志の表われである。やがてティトーはエジプトのナセルやインドのネルーといった「第三世界」の首脳と並ぶ英雄として、その威厳を国際的に示すこととなった。

社会主義政権下では、万事において「進歩」が合言葉とされた。貧しい農業国にいかに多くの工場が設置され、いかに多くの舗装道路が短期間に建設されたかが問われた。ソ連とその衛星国とは違い、ユーゴスラビア人は、西側にも東側にも旅行することができた。少なからぬ労働者が非同盟諸国との連帯を通して中東のイスラム諸国へ出稼ぎに向かい、外貨を稼いだ。アメリカは冷戦構造にあってこの例外的な緩衝地帯を奇貨とし、経済援助を惜しまなかった。国内では地域によって、民族の垣根を越えての結婚が行われるようになった。民族の帰属は自己申告に基づいて決定された。その結果、時間が経過するにつれて、既存のどの民族にも帰属しない「ユーゴスラビア」民族を名乗る国民が、都市部を中心として増加していく傾向が見られるようになった。ユーゴスラビア人は他の社会主義国に対して、自分たちこそが自由とコスモポリタニズムを享受しているという自覚から、確固たる優越感を抱いていた。毎年五月になると、ティトーの誕生日を祝うために少年少女たちが全国から動員されて、華やかなマスゲームを繰り広げた。

だがこうした「進歩」の裏側では、大きな矛盾が育っていた。というのもスロベニア、クロアチア、ボスニア・ヘルツェゴビナ、セルビア、モンテネグロ、マケドニアという六共和国を平等に構成するのは、五つの大民族であるスロベニア、クロアチア、モンテネグロ、セルビア、マケドニアであると公式的に定められていたのだが、この図式のなかにそもそもの不自然さが隠されていたためである。たとえばマケドニア人は百四十万の人口でありながら、共和国を構成することができたが、コソヴォとマケドニアに跨り、人口二百二十万を数えるアルバニア人は、隣にアルバニアという独立国家が存在しているという理由から、独自の共和国を築くことが許可されなかった。

社会主義政権下では連合王国を踏襲して、首都はベオグラードに置かれた。それは同時に、セルビア人が連邦共和国の政治においてヘゲモニーを掌握することを示していた。共産主義者同盟は第二次大戦時代に戦いあった民族間の怨恨《えんこん》を回避するために、「友愛と統一」をもってなすパルチザン精神に訴えたが、歳月の経過とともにその精神が風化してゆくことを押しとどめることができなかった。

七〇年代に入ると、ユーゴスラビアは経済的な停滞を余儀なくされ、民族問題の台頭に対応を迫られることになった。一九七一年にザグレヴでセルビア覇権主義に反対する動き（「クロアチアの春」）が生じると、権力はただちにそれを弾圧した。この年、ようやくボスニア・ヘルツェゴビナにおいて、クロアチア人でもセルビア人でもないイスラム教徒が「ムスリム人」の名のもとに、民族的範疇として公認されることになった。一九七四年には、ティトーを終身大統領として定めるとともに、六つの共和国と二つの自治州が経済的に独立した主権をもつことを保障する新憲法が制定された。結果としてもたらされたのは、連邦国家としてのユーゴスラビアの一体意識の、さらなる弱体化だった。

一九八〇年に統合の象徴であったティトーが八十六歳の生涯を閉じたとき、理念としてのユーゴスラビアは終焉を迎えることになった。翌八一年には、コソヴォのアルバニア人が暴動を起こし、自治州を共和国に格上げせよという要求を突き付けた。暴動は軍によってただちに鎮圧されたが、その後もこの地域では多数派のアルバニア人と少数派のセルビア人との間で衝突が繰り返された。

一九八七年にスロボダン・ミロシェヴィチが権力を掌握したとき、状況は次の段階へと移行した。彼はティトーの後継者を名乗りつつも民族主義を振りかざし、セルビアの覇権をいっそう強いものに変えた。コソヴォはいっさいの自治権を剝奪され、直接にセルビアの監視下に置かれることとなった。一九九〇年にはユーゴスラビア共産主義者同盟がついに解体した。それぞれの共和国では、複数政党による自由選挙が開催された結果、反ミロシェヴィチを唱える政権が次々と生まれた。社会主義が終焉を迎えたわずかの間隙に忍び寄った民族主義が、猛威を振るうことになったわけである。コソヴォのアルバニア人は勝手に「コソヴォ共和国」を宣言し、非暴力主義を唱えるイブラヒム・ルゴヴァを大統領に選んだ。この二重国家状態に対して、ミロシェヴィチは容赦なき弾圧を加えた。翌一九九一年には、クロアチア東南のクニンでセルビア系住民が「クライナ・セルビア人共和国」を一方的に宣言し、クロアチアからの分離独立を主張した。

具体的にユーゴスラビアの解体が開始されたのは、この一九九一年六月にスロベニアとクロアチアがあいついで独立を宣言した瞬間からである。独立を阻止しようとするユーゴ連邦軍の間とスロベニア軍との間で行われた戦闘（「十日間戦争」）がECの調停によって終わり、ここにスロベニアの分離独立がいとも簡単に実現された。クロアチアの独立は簡単にはなされなかった。九一年七月から数ヶ月にわたり、クロアチア領土内のセルビア人非正規軍とクロアチア軍との間で激しい戦闘が繰り広げられ、悪名高きエトニチコ・チシュチェーニェ、日本語にいう「民族浄化」が、双方の手で行われた。これは民族が混住している地域においてある民族以外の住民を体系的に排除する作業を示し、家屋の破壊から強姦、虐殺まで、およそ思いつくかぎりの残虐な手段が計画的に採用された。クロアチア戦争が長期化してゆくなかで、ユーゴ連邦軍は徐々に解体していき、事実上セルビア軍と化していった。九月にはマケドニアが独立を宣言。幸いにもこの国だけは絶対平和主義を唱える大統領のもとに戦乱を避けることができた。しかし隣国ギリシャから国名を変更するように強い抗議があり、現在にいたるまで両国の間には緊張が続いている。

スロベニアとクロアチアの独立問題は、九二年一月にECが承認したことで一応の決着を見た。だが同じ年の三月にボスニア・ヘルツェゴビナが独立を宣言した瞬間から、セルビア非正規軍が激しい襲撃を開始した。四月にECはこの独立を承認したが、ユーゴ連邦軍は首都サラエヴォを包囲し、激しい攻撃を加えた。ボスニア・ヘルツェゴビナ内のセルビア人共和国大統領となったカラジチと同軍総司令官ムラジチの指揮のもとに、クロアチア戦争以上に苛酷《かこく》で大規模な民族浄化が行われた。セルビア兵はムスリム人女性を拉致するや、強姦した後で収容所に監禁するという悪虐を働き、強姦によって妊娠した女たちとその家族にいっそうの屈辱を与えた。これに対するボスニア・ヘルツェゴビナ内クロアチア人とムスリム人からの報復にも、家屋の破壊から殺戮まで鬼気迫るものがあった。だがその裏側でクロアチアのトゥジマンとセルビアのミロシェヴィチという二人の独裁者は、戦後のボスニア・ヘルツェゴビナの領土分割をめぐって、ひそかに密談を重ねていた。

今や強烈な民族主義者と化したミロシェヴィチは、もはや旧連邦の再統合を諦めると、残った二つの共和国であるセルビアとモンテネグロを組織して、「新ユーゴスラビア連邦」を結成した。国連安全保障理事会はこの新ユーゴへの制裁を決定し、軍事監視団がサラエヴォへ派遣された。九三年一月、三勢力による最初の和平会議がジュネーヴで開催され、ボスニア・ヘルツェゴビナを民族別のカントン（州）に区切って分離独立させるというヴァンス＝オーエン案を、ボスニア・ヘルツェゴビナ内クロアチア側とムスリム側は受け入れた。だがそれは、セルビア側によって一蹴された。クロアチアは一方でムスリム人と共闘しつつ、もう一方でボスニア・ヘルツェゴビナの領土をセルビアと二分する交渉を続けていた。この二枚舌の政策を知ったムスリム側は、これまでセルビア軍を相手にクロアチア軍と張っていた共同戦線を廃棄し、ここにムスリム軍とクロアチア軍の間でさらなる戦闘と民族浄化がなされた。包囲されたサラエヴォのボスニア・ヘルツェゴビナ政府は最後まで領土分割に反対したが、その声は聞き届けられることがなかった。九四年になってさらなる和平案が提出された。ボスニア・ヘルツェゴビナ内セルビア人共和国は執拗にそれを拒否し、ついには新ユーゴと深く対立、訣別するまでになった。カラジチと関係断絶を行ったミロシェヴィチは、アメリカ政府から「平和の人」として賞賛された。ともあれここで一時的な停戦が訪れることとなった。

弾痕生々しいサラエヴォの家屋。

一九九五年五月、ボスニア・ヘルツェゴビナ内セルビア軍とクロアチア軍がふたたび熾烈な戦闘状態に陥ると、NATOはボスニア・ヘルツェゴビナ内セルビア人地区にピンポイント爆撃を開始し、それに助けられる形でクロアチア軍がセルビア人地区に総攻撃を行った。この年の十月、アメリカの提案に基づいてボスニア・ヘルツェゴビナ、クロアチア、新ユーゴの三者によってようやく停戦合意がなされ、デイトン協定が結ばれた。ボスニア・ヘルツェゴビナはセルビア人側五一・ムスリム人＋クロアチア人側四九の割合で領土分割されることになり、ここに三年にわたるボスニア戦争にようやく終止符が打たれた。一九九六年にはハーグの国際司法裁判所で旧ユーゴ戦争犯罪者を裁く国際法廷が開廷された。もっともカラジチもムラジチも地下に潜行したきりで、今日にいたるまで法廷に出頭していない。

ボスニア・ヘルツェゴビナ情勢が仮初《かりそめ》にも安定した次の瞬間から、コソヴォの紛争が再燃し始めた。一九九八年に入ると、コソヴォ解放軍UCKと新ユーゴ軍との間での武力衝突が激化し、前者による解放区がコソヴォ全体の三分の一を占めるにいたった。新ユーゴ側が徹底的に弾圧した結果、三十万人におよぶアルバニア系難民が発生した。バルカン情勢次第ではみずからの組織そのものが解体するかもしれぬと見て取ったNATOは、十月に入ってコソヴォのセルビア人地区に軍を進め、一九九九年三月から七十八日間にかけてセルビア全土に空爆を行った。空爆は皮肉なことに、一時的にではあるが国内でミロシェヴィチの民族主義者としての評判を高めたが、ベオグラードでは反政府デモの嵐が吹き荒れた。アメリカは先年の評価を一転して、彼をヒトラーに喩えた。六月、ついに新ユーゴ軍はコソヴォから撤退し、NATOの平和維持部隊が駐屯することになった。この際にアルバニア人がセルビア人に対して行った報復の大きさについては、日本ではほとんど報道されていないものの、恐るべきものがあったといわれている。

二〇〇〇年の大統領選挙でミロシェヴィチは敗北し、それをただちに承認しようとしなかったため、ベオグラードでは数十万の市民が抗議集会を行なった。二〇〇一年、ミロシェヴィチは二十六時間にわたる銃撃戦の後、逮捕され、ハーグの国際司法裁判所に送られた。この処理の中心人物であった首相ジンジッチは、二〇〇三年にアメリカ追随を理由に暗殺された。投票率の低さから選挙不成立が三度にわたって続き、大統領の座は二〇〇二年から二年間にわたって空位であった。二〇〇四年に選挙法を改正することでようやく選挙が成立し、タディッチがその座に就いた。これは国民の政治への失望と意気消沈を強く感じさせる現象といえる。

二〇〇三年に入って、新ユーゴスラビアは「セルビア・モンテネグロ」と国名を変えた。だが人口八百万を越すセルビアと、わずか六十二万のモンテネグロの連合国家はどこまでも妥協と成行きの産物にすぎず、さまざまな場所で不均衡を産んでいる。コソヴォでは二〇〇四年にいたってもセルビア人とアルバニア人の間で衝突が絶えず、それが飛び火して、ベオグラードのモスクが焼討ちされるという事件まで生じていた。アルバニア人武装勢力はこの数年来マケドニアに侵入して、大アルバニア主義の実現を目指している。わたしが訪れた時点ではモンテネグロの分離独立は棚上げにされたままであり、コソヴォの最終位置決定については（一応二〇〇六年と年限が定められてはいるものの）、誰もが肩を竦《すく》めて意見を回避するありさまであった（文庫版註、その後二〇〇六年にアルバニア系住民主導の国民投票を経て独立）。

セルビアとモンテネグロは国家をあげてＥＵに加盟することを望んでいるが、それがはたして可能なのか、誰も答えられないでいる。かつてボスニア・ヘルツェゴビナで民族浄化の中心人物であったカラジチ元大統領とムラジチ将軍をハーグに引き渡すことがまず条件として要求されるだろう。しかし、もしそれを断行すればふたたび国内で政変や要人暗殺が起きる可能性が強い。彼ら二人がこの十年近くどこに潜行しているかはほぼ特定されているという噂を、わたしは何回も聞かされた。ただ政府が彼らの逮捕に積極的ではないというだけの話であるとも。

ここまでを急ぎ足で語ってきたが、それにしてもこの十五年ほどの政治と社会の変遷の目まぐるしさには想像を絶するものがあるといわざるをえない。まず社会主義体制が崩壊し、連邦国家が解体した。続いてセルビアにかぎっていえば、三つの戦争を戦い、NATOと国連軍を敵に廻して、国際的孤立のなかで極端なインフレと空爆に耐えなければならなかった。ミロシェヴィチの独裁政権は倒されたものの困難は山積みであり、政治家たちは国家の将来について明確なヴィジョンを提出できずにいる。一九九九年のコソヴォからの軍の撤退をもって敗戦と見なすならば、わたしが滞在した二〇〇四年は戦後五年目に相当していた。わたしはうっすらと、自分が誕生する直前に当たる日本の敗戦後五年目の光景を想像してみた。日本の戦後とセルビア・モンテネグロのそれの間に、どこかしら共通点があるだろうか。その徴候を探し出すところから、わたしのベオグラード散策は開始された。

理念の廃墟

ベオグラードはドナウ河とサヴァ河が出会う場所に築かれた都市で、その歴史は二千年に及んでいる。わたしはセルビア人が自分の都をヨーロッパで三番目に古い都市であると自慢している場面に、いくたびか出くわすことになった。古代のケルト人からローマ人、さらに現在のセルビア人の直接の起源となるスラブ人までが次々とこの地に住み着き、要塞を築いては崩してきた。ビザンチン帝国とハンガリーによる支配、セルビア人による奪回がいくたびか繰り返された。やがて一四世紀オスマントルコがバルカン半島に触手を伸ばす。一五二一年にはベオグラードは彼らの軍門に下った。セルビアやボスニア・ヘルツェゴビナに今なお強く残存するトルコ文化は、五世紀にわたるその支配の結果である。もっともこの大帝国も一八世紀にいたると、オーストリア＝ハンガリー帝国に少しずつ圧迫されるようになった。ベオグラードがトルコの手からひとたび解放されたのは一八〇六年、セルビアが独立をはたしたのは一八七八年のことである。第一次大戦の終了によってセルビア・クロアチア・スロベニア連合王国が成立すると、この都市はそのまま首都として残った。王国はやがてユーゴスラビア王国と名称を変え、第二次大戦下にあってはナチス・ドイツに占領された。ちなみにナチスはクロアチアだけを傀儡《かいらい》国家として独立させ、このときにセルビアとクロアチアの間で生じた反目は後に九〇年代の戦争にまで尾を引くこととなった。一九四五年にティトー率いるパルチザンが勝利すると、ベオグラードは社会主義の連邦の首都と化した。

　現在ベオグラードは百五十万ほどの人口を有し、バルカン半島最大の都市として君臨している。だがセルビア・モンテネグロという連合共和国には行政的な意味での首都の規定がなく、ベオグラードは単にセルビア共和国の首都であるにすぎない。

　こうした長きにわたる歴史的推移は、都市としてのベオグラードの景観をきわめて錯綜したものにしている。ザグレヴやサラエヴォといった旧ユーゴスラビアの共和国の首都と比較してみたとき、ベオグラードのもつ巨大にして混沌とした規模と活力はより明確に理解できるだろう。それはきわめて多様な力に満ちた空間であり、一見したところあらゆる秩序と均衡を無視しながら存在を続けている建築群の集合という印象を与える。ダークブルーのガラスが建物全体を覆いつくす、脱社会主義を標榜するビルディングがあるかと思えば、壁に裸女や天使の彫刻をバロック風にあしらったハプスブルグ王朝時代の建築がその隣に並んでいたり、トルコ風の邸宅や噴水がみごとな佇まいを見せていたりもする。加えてそこには、ティトー時代の社会主義に導かれた未来志向的建築がいたるところに存在していることも付け加えておこう。華やかなネオンサインと巨大なヴィデオスクリーンの下に手描きのポスターが平然と並べられ、広告デザインのレヴェルにはいかなる統一性もない。中世からポストモダンまで、あらゆる時代が圧縮されて、同じ空間に共存している。ロンドンやウィーンのように街角を美学的に統一している色調なり様式なるものが、どこを探しても見当たらない。さまざまな時代が築きあげてきた世界観が互いに重なりあい、古いものが崩れだしたところから新しいものが芽吹くという現象を何百年にわたって反復してきたおかげで、いかなる特定の時代にも帰属しない、奇怪で独自の都市空間が、風景として延々と続くことになった。

こうした混沌は、にもかかわらずある一点において共通の性格を帯びていた。すなわちそれは、程度の違いこそあれ、等しく廃墟の相を携えていたのである。

たとえばそこには、古代から中世にかけての要塞都市の廃墟があった。見捨てられて久しいためにファサードのレリーフが毀《こぼ》たれ、壁面がすっかり黒く汚れたままのバロック建築があった。屋根が崩れ、無人と化して久しい家屋があり、つい数年前に受けた空爆のおかげで鉄骨剝き出しのまま破壊され、撤去されることもなくグロテスクな姿を晒している高層建築があった。そして最後に、補修されることなく放置されている、ティトー時代のモダニズム建築の廃墟が、これまたいたるところにあった。それは単に建築の廃墟であるという以上に、半世紀にわたって人々が信奉してきた社会主義というユートピア的観念が滅び去った後の廃墟であると、わたしには思われた。

テルアヴィヴ同様、わたしは滞在している間中、この都市で外国人観光客というものをほとんど見かけることがなかった。唯一の例外がカレメグダンと呼ばれる要塞だった。

二つの大河が廻り会うこの丘は、城壁が白い石で築かれていたため、本来が白い邑《むら》を意味する「ベオグラード」というセルビア語の起源ともなった場所として知られていた。それは古代から幾多の民族と軍隊による争奪の戦いが繰り広げられた場所であって、現在はその崩れた城壁と掘割とがわずかに史跡公園として保存され、この都市の数少ない観光名所のひとつとなっている。要塞のうえに立つと、みごとな眺望がそこにはあった。サヴァ河の向こうにはノヴィ・ベオグラードと呼ばれる新市街が展《ひろ》がっている。ドナウ河の向こうは何もなく、薄霧の彼方にただ森がどこまでも続いているばかりである。そして後ろ側には巨大な街角が控えていて、市内を血液のように廻っている市電の線路が、磨滅しきった敷石のうえを幾筋も曲がりながら走っているのだった。

カレメグダンには眺望に長けた高級レストランがあり、軍事博物館があった。天気のよい日曜の午後にはちらほらと土産物を売る露店が現われ、インフレが頂点を極めていた九〇年代初頭に発行された、0が八つも九つも付いた悲しげな紙幣を路上に並べていた。軍事博物館は一階が古代から一九世紀までの展示に、二階が二〇世紀の展示に当てられていた。遺跡の稚拙な複製と想像画ばかりがところ狭しと並ぶ、およそ博物館としては魅力のない空間で、いつ訪れても二階は改修中という理由で閉鎖されていた。その原因は財政的問題というより、むしろティトー率いるパルチザン時代の聖遺物をどう展示していいのか、判断に迷っているためだろうと、わたしは推測した。ただ片隅には新しい特別展示の一室があって、セルビアが一九九九年に空爆された際に墜落したF１１

1機の破片とアメリカ製の爆弾が展示されてあり、血塗れの死体の前で立ち尽くす老女の写真がかたわらに添えられていた。それはセルビア人にとって、判断に迷う余地のない事件だった。

カレメグダンの丘から南東に向かって緩やかな坂を下ってゆくと、近代都市としてのベオグラードのもっとも古い地域となる。わたしが長期滞在を決めこんだホテル・ロイヤルのあるクラリャ・ペトラ通りは、その中心を北東から南西に伸びていた。この通りは一九九〇年代まで、パルチザンの栄光的勝利の日を記念して、「七月七日通り」と呼ばれていた。しかし、社会主義の終焉とセルビアの民族主義の復活に乗じて、数年前からそのように改称されていた。

クラリャ・ペトラ通りを南西に歩いてゆくと、黄金の尖塔を戴《いただ》き威風堂々とした聖ミハエル正教会があり、いつ訪れても夥《おびただ》しい蠟燭の炎が揺らめいていた。信者たちは教会の門を潜《くぐ》るとまず聖母のイコンに軽く接吻をする仕草をし、教会を後にするときにも扉に接吻をすることを忘れなかった。通りを隔てて教会の宝物を収めた博物館があったが、いつも閉鎖されていた。もっともその隣にあるオーストリア大使館の前には、朝から何十人もの人々がヴィザを獲得するために行列をなしていた。

クラリャ・ペトラ通りの周辺には煤《すす》で汚れたハプスブルグ様式の建物が並んでいて、その壁面に飾られたヴィーナスや天使のレリーフを眺めながら散策するのは愉しいことだった。さらに眼を凝らして歩いてみるならば、トルコ時代の痕跡を見出すことがいくらでもできた。たとえばホテルのすぐ前にはユダヤ人博物館があった。そのすぐ角を曲がったところにはバイラクリ・ジャミヤと呼ばれるモスクがあり、黄色く色づいた樹木の間からクリーム色の美しい尖塔《ミナレット》が覗いていた。通りをひとつ隔てたカラ・ウロシャ通りにあるフレスコ画美術館の建物の壁面には、第二次大戦が勃発するまでそこがシナゴーグであったことを記す標識が、ヘブライ語とセルビア語で掲げられていた。こうした事実は、この地域一帯がオスマントルコ時代に宗教的寛容を享受していたことを意味していた。

わたしが最初に訪れたとき、バイラクリ・ジャミヤは再建工事の最中だった。この年の三月にコソヴォでアルバニア人の少年三人がセルビア人の手で水死させられたという噂が飛び交い、コソヴォにある正教会がいくつか焼討ちにあった。その報復としてこのモスクに小型爆弾が投じられ、建物の半ばが破壊されたのである。ほどなくして断食《ラマダン》が十一月の初めに明けたとき、わたしはTVでベオグラードのイスラム教指導者がモスクの修復を祝う言葉を真剣な表情で述べているのを認めた。きわめて少数ではあるが、現在でもこの都市にムスリムが存在していることを、わたしは知った。

ユダヤ教博物館はひどく老朽化した建物の三階にあって、三世紀にマケドニアで建てられたシナゴーグの円柱の遺跡から、一九世紀ベオグラードのユダヤ人名士たちの肖像画、両大戦間のユダヤ人学校やスポーツクラブの記念写真、さらにスペイン戦争に参加したセルビア系ユダヤ人のドキュメントまで、さまざまなものを陳列していた。係員の説明によると、旧王国時代のベオグラードには一万二千人のスファラディーム系ユダヤ人が居住していた。彼らのほとんどは旧市街のドルチョル地区に住み、かならずしも完璧な市民権を与えられていたわけではなかったが、他国に比べるならば差別のぐあいは緩やかなものであった。ナチス占領下にその少なからぬ者が強制収容所に送られ、それに抵抗して多くの青年がパルチザンに加わった。社会主義政権が誕生すると民族について言及すること自体がなくなり、生き残ったユダヤ人は一般の市民として扱われるようになった。だが大部分のスファラディームはイスラエルに移住してしまい、現在この都市に住んでいる二千三百人のユダヤ人とは、ウスタシャ時代にクロアチアから避難してきたアシュケナジームの裔《すえ》と、コソヴォでアルバニア人のムスリムに迫害されて難民となった者にすぎない。彼らは充分に世俗化されていて、豚を口にすることにいささかも抵抗を感じないという。

今でもイスラエルに移住する者はいるのかとわたしが尋ねると、係員はいささかシニックな表情を見せた。イスラエルだろうがカナダだろうが、実入りのいい職さえ見つかるものならば目的地に何の違いもない。ここに在住しているユダヤ人がもしテルアヴィヴに向かうとすれば、それはシオニズムの高邁な思想に共鳴したからではさらさらなく、経済的動機にすぎないと語った。建物の四階はユダヤ人の集会所となっていて、アメリカ在住の富裕なユダヤ人の寄附によるヘブライ語スクールが設けられていた。わたしが覗いてみると、何人かの人々がハヌカの祝祭のため、忙しそうに飾りつけをしていた。

窓の外には再建されたばかりのモスクの尖塔が、間近に大きく見えた。

トルコ的なるものの残存は、その気になりさえすればいくらでも発見できた。ホテルのすぐ近くでスナックとして売られているブレクは、いくらか形態と詰物に違いはあっても、わたしがエルサレムのアラブ人地区でよく口にしていたブレスカと起源を同じくするものであることが明らかだった。この類似はパレスチナとベオグラードが中世から近世にかけて等しくオスマン帝国の領土としてトルコ文化を享受していたことに由来していた。一九世紀にセルビア語の正書法を制定し、グリム兄弟の影響下に民話を採集して民族主義的精神を鼓舞したことで著名なヴク・カラジチの記念館は、典型的なオスマン様式の邸宅であり、壁に掲げられてある肖像画のなかでカラジチは堂々とトルコ風の口髭《くちひげ》を生やし、フェズ帽を被っていた。

記念館からしばらく大通りを歩き、アレクサンダー・ネフスキー教会のあたりまで歩いてくると、何本かの道が交差するところに、いかにも典型的なトルコ風の噴水《セビリ》があった。まだ建てられて日が浅いように思われたので、念のために近寄って確かめてみると、はたして一九八九年にサラエヴォ市から友好のため贈られたものだと語る碑文を認めた。ボスニア・ヘルツェゴビナで激しい民族浄化の嵐が吹き荒れる、わずか三年前の出来ごとである。それはわれわれの記憶に新しいあの戦争が、巷でよくいわれるような、何百年にわたって宿命的な憎悪を生きてきた異民族、異教徒の間の戦争などではけっしてなく、つい三年前には誰もが予想もできなかった偶発事が、きわめて不幸な形で重なりあ

トルコ軍と戦って戦死した少年の噴水。

ったために生じた事態であることを、物語っているように思われた。

だがこの噴水からしばらく歩いたところにある別の噴水は、まったく別の民族主義的なメッセージを語っていた。その噴水には、両性具有的な魅力をもった全裸の少年の横たわった死体の脇の水筒から水が零《こぼ》れ落ちるという彫刻的工夫が凝らしてあった。傍らの説明を読むと、それが一八六二年の対トルコ独立戦争に倒れたセルビア人少年の自己犠牲を讃え、愛国心を鼓舞するために築かれたものであることが判明した。この噴水の新しさは、近年になって社会主義の凋落とともに、セルビア民族主義がこの都市を席捲《せっけん》したことを意味していた。

一八世紀までに築かれていたこうした旧市街から、現在もっとも殷賑《いんしん》を極めている表通りの方にむかって歩いてみると、そこではトルコ的なものは一切残存していなかった。東京でいえばさしずめ銀座通りにあたるクネザ・ミハイラ通りの両側には、銀行はもとより、最新流行の商品を並べたブティックや靴屋から、ＣＤショップや両替屋までが庇を並べ、人々はここを散歩することに日々の悦びを見出しているように見えた。カフェでは人々が夜遅くまでお喋りをしていた。画廊の多くはガラス張りになっていて、傍を通り過ぎるだけで展示されている作品の概要を知ることができたし、書店のショウウィンドウにはナボコフから村上春樹までの新刊が、聖人のイコンの隣に並べられていた。

この大通りには車の乗入れがないため、いつもロマの子供が二人組で音楽を演奏していた。彼らは子供なりにタキシードに蝶ネクタイを締め、いかにも愛くるしいといった仕草を見せながら、ヴァイオリンとアコーディオンを操り、道行く人の気を引いていた。

整然としたクネザ・ミハイラ通りはしばらく歩くと何本かの不規則な大通りと合流し、いつの間にか共和国広場が現われる。広場の中央には、トルコ軍に対して勇敢に戦った王子ミハイロの騎乗の像があり、国立劇場と国立博物館、それにいかにも社会主義時代に建てられた、モダニズム様式の巨大なビルが周囲を取り囲んでいた。もっとも博物館はつねに「改修中」であり、ビルはせいぜい一、二階が店やレストランとして利用されているだけで、上階の部屋に照明が点っていることは絶えてなかった。広場には四方八方からバスと市電が乗入れており、買物や待ち合わせをする人々、彼らをお目当てにするアイスクリーム屋や宝籤《たからくじ》屋でいつも賑わいがあった。一九九〇年代の終わりに反政府を唱える市民たちは挙《こぞ》ってこの広場に集まり、気焔《きえん》を上げた。わたしもまたそこで、戦犯を一刻も早くハーグに引き渡せと主張する政治集会に出くわしたことがあった。そこは文字通り都市の中心というにふさわしい空間だった。ただ少なからぬビルの上階がまったく使用されておらず、放置されたままになっているためか、全体として雑然としていくぶん陰気な印象があることは否めなかった。

共和国広場に発する幾本かの大通りのひとつ、テラジエ通りに入ると、ある時期までバルカン半島でもっとも高いといわれたビルが見える。最上階にあるレストランの名前をとって、「アルバニア」という愛称で親しまれてきたそのビルは、現在では誰も利用する者がいないままに、灰色に汚れた巨体を晒《さら》していた。雑踏をしばらく歩くと、ふたたび整然とした大通りに出る。政治と軍事を司る官庁街であるこのクネザ・ミロシャ通りは、「空爆通り」という仇名で呼ばれていた。一キロほどの長さをもつこの通りを歩いてみると、その原因が理解できた。空襲を受けて廃墟と化したセルビア軍参謀本部、国防省、ユーゴ連邦内務省といった建物が、そのまま巨大でグロテスクな残骸を晒していたためである。いずれの建物にも共通していたのは、屋上から襲いかかったミサイルがそのまま一階まで貫通した痕跡を生々しく留めていたことだ。爆風によって窓ガラスは残らず割れ、コンクリートの壁に規則的に穿《うが》たれた窓という窓からは暗い虚無しか見えなかった。用事があって夕暮れ時に美術アカデミアに向かうたびに、わたしはこの大通りを歩くことになった。深い霧のなかに黒々と浮かび上がる建物の残骸はひどく無気味で、恐怖すら感じさせた。

もしこれが東京で、地震や事故で同様の大規模な破壊が生じたとしたら、ただちに建物は撤去され、新しく建て直されていることだろう。ベオグラードで廃墟がいつまでも遺《のこ》されているのには、二つの理由が考えられた。ひとつは、鉄筋コンクリートの巨大な廃墟を更地に戻すだけの財政的余裕がないこと。もうひとつは、あえて廃墟を廃墟として遺すことで、国民に空爆の記憶を更新させ、民族主義的情熱を高揚させることである。わたしはかつて北京の付属高校に通う少年たちが、清朝末期に西欧列強の攻撃で破壊された庭園の跡に集まり、紅衛兵運動を誓いあったという挿話を思い出した。洋の東西を問わず、廃墟はつねにロマン主義的な情念の縁《よすが》として利用され、それは容易に愛国心を招き寄せるものである。

クネザ・ミロシャ通りをさらに進み、陸橋を乗り越えて左に曲がると、しばらくして広々とした緑地に出る。緑地の手前にある石畳のうえには紙屑が散乱し、割れたコーラ瓶の破片がいたるところに見受けられた。いかにも記念碑然とした巨大な噴水は枯れて日数が経過しており、周囲のコンクリート壁はスプレーの落書きだらけだった。この殺伐とした光景を抜けて、黄色く色づいた樹木の間の坂道を上りきると、その奥に「五月二十五日博物館」がある。故ティトー元帥の墓がそこには安置されているのだった。

ティトーの墓に行ってみたいというと、わたしが籍を置いた大学の日本語助手は、苦笑いとも冷笑ともつかない表情を見せた。それから、まあ外国人は一度は行ってみたいと思うんでしょうねといい、地図に徴《しるし》を付けてくれた。たまたま研究室には数人の学生がいあわせていたが、誰も墓には行ったことがなく、場所さえも知らなかった。ティトーが逝去して数年後に生まれた彼女たちにとって、この連邦共和国建国の英雄は関心事の完璧なる外側にあった。助手の言によれば、ティトーが死んでから彼の未亡人はただちに軟禁状態に置かれた。一九九〇年はティトー逝去十周年に相当していたが、ついに記念式典は行われることがなかったという。もちろんかつてあれほどまでにユーゴ中の少年少女を高揚させた、五月二十五日のティトー誕生日の祭典も忘れられたまま、現在にいたっているのだった。

わたしが訪れたのはある天気のいい午後であった。墓所の手前には護衛の兵士が一人いるだけだった。彼はひどく馬鹿丁寧にわたしを迎えた。美しい芝生のところどころに並ぶブロンズの男女のヌード像の間を抜けてゆくと、墓所の建物は簡単にわかった。吹抜けの光が明るく差しこむなか、あまたの植物に囲まれて巨大な大理石が置かれ、Josip Bro Tito 1892―1980という文字が、いかなる肩書きも説明もなく、金文字で単純に刻まれているだけである。

しばらくわたしが墓を眺めていると、物音がして、二十人ほどの中国人たちがやって来た。その中心は着飾った老婦人で、雰囲気から察するところ、かつてティトーと面識のあった共産党の幹部か外交官夫人であるように思われた。いかにもマンハッタンのブティックから抜け出てきたという感じの、最新流行の黒のドレスにロングブーツ姿の若い女性が随行していて、老婦人の一挙一動をカメラに収めていた。残りの男たちは、その均一的な背広姿からして大使館員のようだった。ティトーの肖像画の下で老婦人の記念撮影が終わると、大使館員の一人ひとりが同じ場所で同じ記念撮影を続けた。

わたしは先ほどの兵士の丁寧すぎる応対の理由を知った。彼はこの要人の儀礼的訪問をあらかじめ知らされていて、わたしを随行カメラマンか何かであると誤解していたのだった。帰りしなにわたしは彼に尋ねてみた。「彼らは共産主義者なのか？」「知らないよ。ここにときどきやって来るのは中国大使館の連中だけさ」彼はいかにも面倒臭そうに答えた。

「五月二十五日公園」の手前には、明らかにこの公園を見込んで鉄道駅が置かれていた。だが駅は建設途上で放棄され、その後で破壊されてしまった痕跡が認められた。改札は無人だった。剝出しのコンクリートはここでも落書きだらけで、ガラスというガラスは割れていた。

この駅ばかりではなかった。ベオグラードの街角を歩いていてしばしば気付かされるのは、建築の途中で放り出されたり、完成はしているものの利用者がいなくなって無人の廃墟と化してしまった、巨大な建築物や道路計画の多さだった。

豪華な大理石を用いた地下道路が工事途中で廃棄され、入口にトタン塀で通行禁止の掲示がなされていた。塀にはさまざまなポスターが貼られては破られていた。ドナウ河の岸辺には三角形の前衛的な形をしたレストランが聳《そび》えていたが、一階のカフェが細々と生き永らえているだけで、二階の本体は閉鎖されたままだった。川辺に近い鉄道の操車場には、あるいは爆撃にあったのだろうか、車内がほとんど焼け崩れて、椅子や床の鉄骨だけが残されているような列車が十何両となく放置されていた。こうした残骸は、九〇年代初頭にユーゴスラビアが分裂し、セルビアが諸外国から経済封鎖の標的となって、結果的に恐るべきインフレが社会に襲いかかったことに起因していた。わたしは前年にウランバートルに講演に出かけたときのことを思い出した。わたしが宿泊したジンギスカン・ホテルはユーゴスラビアの援助で建設が進行していたのだが、九〇年代のある時期に建設途上で放棄されてしまった。ホテルは長らく放置された後に、最近になって別の資金援助を得、ようやく完成に漕《こ》ぎ付けたのだった。

中途で放置され、無残な廃墟と化していたのは、現実の建築ばかりではなかった。非同盟の社会主義というユーゴスラビアの国家理念そのものが、ティトーの死を契機として放り出され、空中で分解した後に消滅してしまったのだ。その結果、社会主義時代にモダニズムの実験として設計された数多くの建築が、後を顧《かえり》みられることもなく放置され、惨《みじ》めな残骸を示していた。繁華街の一角、コソボスカ通りの雑踏のなかには、通りの屈曲に添うかのように三日月形をした奇妙な建築が番いで置かれていた。おそらく六〇年代にはさぞかし都市計画の最先端を代表するものとして、意気揚々と築かれたものであったに違いあるまい。だが現在ではそれは、次々と増えてゆく建築物の無秩序と加速度的に混乱を極める交通のなかで、後続するものもなく、違和感に満ちた過去の実験として時代から取り残されていた。別の地区では十二階建ての八角形の集合住宅が、いくつも建てられていた。それらは補修も改装もされず、ただある時期の社会が信じえた進歩という観念の残骸であるかのように、そこに遺されていた。その傍らには暗緑色の総ガラス張りのビルが、いかにもポストモダンの時代を誇るかのように建てられていた。真の廃墟とは眼に見える建物ではなく、ユーゴスラビアが半世紀にわたって掲げてきた、進歩と統合というイデオロギーのそれだった。

あるときわたしは、次第に親しみを感じ、それなりの個性を読み取ることができるようになったベオグラードのさまざまな通りが、つい数年前までまったく異なった名称で呼ばれていたことを知らされた。テラジエ通りはティトー元帥通りであり、共和国広場はマルクス・エンゲルス広場だった。わたしにそれを教えてくれたのはタクシーの運転手たちだった。彼らはユーゴスラビア時代に強い郷愁を抱いていて、今でもつい昔の通りの名前が口をついて出てしまうと語った。

ベオグラードの旧市街からサヴァ河を渡ると、そこにはノヴィ・ベオグラードと呼ばれる新市街がどこまでも広がっている。以前は広大な湿地帯であったところに、社会主義政権が計画的に団地を建設し、首都に集中してくる人口を割り振ろうとした地区である。ノヴィと省略して呼ばれるこの地区は、さまざまな民族と文化が重なりあった旧市街の古色蒼然《こしょくそうぜん》さとは対照的に、社会主義の純粋な理念の実験場として考えられていたことが、如実にわかる空間だった。

ドナウ河とサヴァ河が合流するあたりの西岸は広々とした緑地になっていて、美術館と放送局、それに記念碑などがあった。放送局の高層ビルは空爆によって破壊され、無人の残骸を晒していた。近くにある記念碑は「永遠の炎のオベリスク」と呼ばれ、一九九九年の爆撃に新ユーゴスラビアがみごとに耐えきったことを勝利と見なして、ミロシェヴィチが建立したものであり、現在は誰にも顧みられることなく放置されていた。中国大使館はアメリカのミサイル誤爆によってみごとに破壊され、残骸がそのままになっていた。天井から床に達する大穴が、外からはっきりと認められた。誰もいなかったので中に入ってみると、破壊された部屋は図書室であったらしく、中国語の観光パンフレットや夥しい書物が、いまだに散乱していた。

誤爆された中国大使館跡、ノヴィ・ベオグラード。

ノヴィのこのあたりには何軒かの高級ホテルが並び、日本大使館の入っている真新しいビルがあった。ベオグラードでしばしば見かける、暗緑色のガラスで全体が覆われた、ドイツ製の建築物である。それは一九八九年に、結果として最後となってしまったが、非同盟諸国の国際会議が開催されたとき、その会場として準備されたものだと教えられた。あるとき日本大使館に出向く用事があったわたしは、少し時間があったのでこのビルの周囲を散歩していて、奇妙なものを発見した。ビルの裏側に前衛彫刻がいくつも放置されていたのである。

彫刻群は茫々《ぼうぼう》と伸びた雑草の陰に、すっかり錆びきった、無惨《むざん》な姿を晒していた。場所から推測するに、それらは非同盟諸国会議にあわせて芸術家たちに依頼した作品であるように思われた。連邦共和国が解体し、建物の所有者と目的が変更されたとき、彫刻たちはそのまま放棄され、芝生は放置されて、雑草の生い繁れる空地に化してしまったのだ。ここにも残酷な夢の終わりがあった。かつてユーゴスラビアが理念としていた「第三世界」との連帯は、ここに陳列されている前衛彫刻と同様に雨風に晒され、崩れ果ててしまったのだ。

こうした公的な建築物の一帯を越えると、そこには広大な団地街が広がっている。団地街は一区画の縦横がほぼ三百五十メートルずつに区切られ、建築された順に番号が付けられていた。もっとも規則的に端から建築していったわけではなく、一番団地の隣が三十八番だったり、六番の向かいが三十五番だったりしていた。どの団地も少しずつ建物の設計が異なっていて、建築家による実験の痕跡が認められた。

あるときわたしは一番団地の周辺を歩いてみた。そこには九階建ての、いかにも平凡な作りのアパートが何棟か並んでいた。本来クリーム色の壁はひどく汚れ、改装や補修が長らく行われていないことを物語っていた。住民たちは思い思いに窓にバルコニーや冷房装置を付け足したりしていた。アパートの内側は吹抜けになっていて、わたしが足を踏み入れると、薄暗い光のなかに万国旗のようにかけられた洗濯物のなかから、何匹もの鳩が飛び出してきた。端的にいって、そこはみごとにスラム化していた。

この最初の団地街の隣にある三十三番団地の中心には、その番号に因んで三十三階建てのツインタワーがあって、二つに分岐した建物が最上階で結合し、さらに上に塔が設けられている。一九六〇年代に設計されたこの奇怪なデザインからは、モダニズムの先陣を切るユーゴスラビアこそが、建築と都市計画において人類の未来を先導するといった強い矜持《きょうじ》が窺われた。建物の右半分は一般の住居に当てられており、左半分は無人のようだった。ある企業の所有となっているようなのだが、中に入ることはできなかった。最上階はイタリアン・レストランになっていたが、当然であるかのように閉鎖されていた。

わたしはその日の午後を、団地街を散策することで過ごした。都市計画が進行し、団地の番号が数を増してゆくにつれて、さまざまな実験が行われていた。サヴァ河に面した四十五番には三階建ての高級アパートが点在し、六十一番から六十三番までは、一キロ以上にわたって、踏台を積み上げたように段差のあるアパートが何十棟も続いていた。それらを脇に眺めながら大通りを歩いていると、眩暈《めまい》がしてきた。そうか、これが社会主義というユートピアの実態だったわけだなと、わたしは溜息をついた。アパートは程度の差こそあれ、汚れ、傷み、階下にはごちゃごちゃとビラや掲示が貼られていた。

新しい七十番の正面には二階建ての巨大なショッピングモールが建設されており、その前には沢山の露店が並んでいて、賑わいを見せていた。店先に立っているのは例外なく中国人《キネスキ》たちだった。彼らはわたしがセルビアで見かけた、唯一の外国人労働者だった。中国人たちは店の奥でひどく粗末な弁当を食べながら、自国製の安い衣料や雑貨を商い、仕事の合間には段ボールを卓代わりにしてトランプに耽《ふけ》っていた。

中国人たちは一九九〇年代の後半、ミロシェヴィチの提案で集団で中国からベオグラードに移住してきた。その数は三千人に及んでいたという。彼らはただちに国籍を与えられ、その代償に独裁者に投票することを求められた。もっとも彼らはけっしてセルビア人に打ち解けようとせず、自分たちだけのコミュニティを形成し、そこに閉じこもって孤立していた。セルビア人は彼らに向かって露骨に差別的な言辞を吐き、ときに暴力事件が生じたりした。

あるときわたしは夜に地下道を歩いていて、酔った三人の若者から「キネスキ！」と声をかけられた。自分はヤパンスキだと答えると、ひとりの若者が態度を改め、真面目な声で「悪かった」といった。日本人と中国人は、外見でこそ区別できないが、この社会ではまったく別の人間であると見なされている。前者はアメリカと戦ったサムライであり、戦禍に喘《あえ》ぐ自分たちの国に無償で援助を施してくれる経済大国の友人であるが、後者は貧しく閉鎖的な他所者で、自分たちよりはるかに劣等な民族であると見なされていた。三人の若者から謝罪めいた言葉を与えられたわたしは、ひどく居心地の悪い思いをした。わたしがキネスキであれ、ヤパンスキであれ、目の前にいる人間がアジア人に対する差別主義者であることには、いささかも変わりがないからだ。わたしが知り合った在留日本人のなかには、そうした場合、自分が日本人であると明確に主張すべきであるという考えの持ち主が何人かいた。だがわたしは、とうてい毎回そのような面倒臭さに律儀に付きあう気にはなれなかった。差別主義とはそれを口にする側の道徳的堕落の問題ではあっても、こちら側の問題ではいささかもないからである。かつての南アフリカ共和国で日本人だけが「名誉白人」の称号を与えられていたとき、現地でそれを屈辱と感じる日本人はいなかっただろうか。だがその一方で、わたしはセルビアに吹き溜まっている三千人の中国人が未来にいかなるヴィジョンを抱いているのだろうと考えてみた。彼らのなかから、日本にいる韓国人やドイツにいるトルコ人のように、出自の物語を執筆する作家が出現する可能性はあるのだろうか。

この章を終えるにあたって、ベオグラードでわたしが見たものの中でもっとも印象的だった建物について、最後に語っておこう。

「精糖工場アートセンター」と呼ばれるその建物は、市の中心から車で十分ほどサヴァ河に沿って南西に下り、砂州からなるアダ島に達するあたりの殺伐とした場末にあった。名前にもあるように、本来は精糖工場であった建物が廃墟となって久しかった一九九〇年代後半に、誰かがこれを劇場とカフェを兼ねたアートセンターとして再利用することを提案し、時の権力者ミロシェヴィチの夫人で「レディ・マクベス」の異名をとったミリアナ・ミラ・マルコヴィチの賛意を得て（というより、みごとに騙し抜いて）実現させたという、曰くつきの施設である。全体の外見はいかにも平凡な廃工場で、使用されなくなった高架や、窓ガラスの割れた窓といった光景が続いている。隣にはまだ稼動しているチョコレート工場があるため、なにやら人を無防備にさせる甘い香が空中を漂ってくる。だが一度内部に足を踏み入れるならば、そこには途方もない装飾空間が延々と続いていて、その過激なキッチュ趣味がこれまでのユーゴ建築史、いやユーゴ文化史をめぐるみごとに辛辣な批評となっているという点で、思わずわたしを絶句させたのである。

センターの入口には、かつて工場で監視塔の役割をはたしていたと思しき部屋が、クレーンで吊り上げられているかのように空中に孤立して置かれ、一枚の金属板が壁に貼り付けられている。そこにはセルビア語、英語、フランス語、スペイン語によって、「芳《かぐわ》しき無作法のなかで進歩を押し留めるために」という、謎めいた語句が記されている。この小部屋の下を潜って建物の内部に入ると、最初の部屋は明るいサンルーム然とした、広々としたカフェになっている。水色を基調とした壁面にはダンテの『地獄篇』に登場するパウロとフランチェスカの挿話をはじめとして、さまざまな恋人たちの物語が描かれ、水槽と観葉植物がいたるところに並べられている。さらに奥に進むと、薄暗い室内の天井に何百という豆電球が飾られ、星座めいた装飾をなしている。傍らにはワグナーの楽劇にでも登場しそうな太い黄金の柱が安置され、キューバ音楽がひっきりなしに流れている。さらに隣の広間では、壁面にインドのクリシュナ神と水浴する天女たちの物語が大きく描かれ、床のうえに何十という鳥籠が重ねて置かれていて、レンブラント的な光線がそこにだけ投じられている。広間の一番奥には若き日のデュシャンが構想した奇妙な螺旋《らせん》階段があって、二階へと通じている。化粧室は鏡だらけで、いくつも並ぶ洗面台のうえには女の頭のトルソがそれぞれに飾られている……。いやはや信じがたい取り合わせだが、それらのすべてが堂々と臆《おく》することなく併置され、みごとにキッチュ趣味の宇宙を構成している。だが一歩外に出てしまえば、そこはベオグラードの近郊ならどこにでもありそうな、廃工場にすぎない。このセンターの二階は劇場になっていて、プログラムを見てみると、民族舞踊からゴーリキーの芝居まで、多彩な演目が並んでいた。

「芳しき無作法のなかで進歩を押し留めるために」とは、意味深長な警句である。とりわけ社会主義時代のユーゴスラビアが何かにつけ「進歩」を金科玉条のイデオロギーと見なしていたことを思い出してみると、そこに痛烈な諷刺《ふうし》が込められているとわかる。センターの内部を司る雑多な引用は、それぞれがまったく均衡も調和も欠いていることから、「統合」という観念に対し、真正面から嘲笑《ちょうしょう》を試みているかのように見える。それはおよそ考えられるかぎりにおいて実現された悪趣味の極みであり、みずからを陰画としながら、もうひとつの巨大な悪趣味が過去半世紀にわたって君臨してきたことを暗示している。そう考えてみると、このセンターが廃工場の跡に設けられたという事実そのものが、社会主義国家ユーゴスラビアに対する最大の批評であるように思われてくる。

わたしは人づてに聞いて、噂ばかり高いこの謎の建物をついに探し当てたとき、この混沌とした都市が目下企てている自己言及性の意識に、とうとう触れたような気がした。それは廃墟をめぐるメタレヴェルでの廃墟であり、栄光に輝く歴史の観念をめぐる服喪の行為であるという印象をもった。

敗戦国の街角

ベオグラードに滞在を始めてまず感じたのは、人々の約束をめぐる考えが日本とは大きく違っていることだった。

彼らは外から問い合わせるかぎり、いつまでも返事を寄越さなかった。わたしは招聘先の大学の研究室に正式な招聘状の送付を依頼したが、それが到着したのは半年後のことであり、それも日本大使館をはじめとする何人もの関係者に催促の声をかけてもらっての、ようやくのことだった。わたしが行なう予定の連続講演の日程や会場については、いかなる返事も得られなかった。来れば万事が解決するといわんばかりの態度である。

だが直接に面談してみると、セルビア人はいとも簡単にすべてのことを引き受けてくれた。彼らは実に簡単に約束をした。美術アカデミアの所長は、わたしが日本語で書かれた自分の著書を手渡すと、それではこれを翻訳することにしましょうと、中身も改めずに請合った。金曜日の夜にロマの音楽を聴きにいこうよと持ちかけると、女子大生たちは yes, yes. と二度繰り返して、それを受け入れた。この本のコピーが終わったら電話してくれる?　yes, yes.　クストリツァの連絡先がわかったら、教えてくれる?　yes, yes.

けれども多くの場合は、それっきりだった。約束の確認をとるために電話をしてみると、都合が悪くなったとその場で平然といわれたこともあったし、待っていた電話がいつまでもかかってこずに、約束そのものが流れてしまったこともあった。セルビア人はどうしても面と向かってnoといえず、その場の調子でつい安請け合いをしてしまう性分であるとしばらくは好意的に眺めていたが、改めて対策を考え直すことにした。

これはわたしのように、一度口にした約束を守るためにはいかなる犠牲をも払うといった日本や韓国の儒教的風土に生きた者に特有の当惑なのだろうか。だがわたしばかりではなく、西ヨーロッパからこの都市を訪れる商社マンや留学生もまた、わたしと同じ感想を抱いていることがまもなく判明した。ベルギーから警備保障会社の契約に派遣されてきた中年男は、出張でベオグラードに通うようになって三年になるが、連中の信義の観念が「西側」と大きく違っているのにはいつも閉口させられると零し、彼らがヨーロッパ人になるにはまだまだ時間がかかるだろうと付け加えた。イギリスから音楽の勉強に来た学生は、とにかく最初のうちは腹が立つことばかりだったと語った。

わたしが出会ったセルビア人のほとんどは、長期にわたる予定を立てるという習慣をもっていなかった。予定が成立するのは大概の場合、二日か三日くらい前が限界であり、当日の朝になって突然に電話がかかってきて、いきなり人と会うということが頻繁だった。生活のあらゆる側面において、最後の瞬間にキャンセルが連続するということがあいついだが、誰もがそれを当然のことのように受け取っていた。あるとき出し抜けに街角にコンサートや講演会のポスターが貼られる。慌てて文面を確かめてみると、それは明日のことだったり、下手をすると当日のことだったりする。すべてがそんなぐあいだった。わたしの連続講演会も、五日前にようやく会場が民俗学博物館と決定し、二日前に白紙に情報だけを印刷したポスターが完成して、博物館の壁に掲示されるというありさまだった。そしてそれは満員となった。

長期の予定が立たない、というより立てようとしないという習慣は、おそらく一九九〇年代にあまりに長く続いた戦争と経済封鎖、それに天文学的な規模でのインフレに関係している。こうした限界状況にあっては貯蓄が不可能となり、誰もがその日その日に手に入るものを手立てとして生き延びざるをえない。半年後、一年後に自分がどのような境遇に置かれているか、皆目見当がつかないためである。わたしは学生たちに、卒業したら何をしたいかと尋ねた。誰も、そんな先のことはわからないと答えた。そこで質問を変えて、もし外国にいけるとすればどこに行きたいかと尋ねてみた。しかしそれにも回答はなかった。どこにも行きたいと思わないし、どこに行けるかもわからないと、一人がいった。セルビア人が外国のヴィザを取るにはさまざまな困難が伴っているし、渡航費用だって馬鹿にできない。それを考えると、絵空事を空想する気にはとうていなれないというのが、彼女たちの心情なのだろう。わたしは七〇年代に、軍事独裁政権下のソウルの大学で同じことを尋ねたときのことを思い出した。韓国人の学生たちは、待ってましたといわんばかりに手を挙げ、スイス！　アメリカ！　スウェーデン！　と、西欧の国々の名を元気よく口にしたものだった。

ベオグラードの街角は、ソフィアやブカレシュトと同様に、ポスト社会主義を示す記号が氾濫《はんらん》していた。共産主義を連想させるシンボルマークや彫像はすべて撤去され、ティトーの名が公式的に現われることは絶えてなかった。社会主義時代にはなりを潜めていたセルビア正教の聖人たちのイコンが、家庭や教会の枠を越えて、街角の広告や書店のショウウィンドウに飾られることになった。教会を訪れると、とりわけ若者たちが熱心に祈りを捧げ、聖母像に接吻をしている姿をつねに見かけた。セルビア正教の特徴として、それぞれの家族は定められた聖人を崇拝していた。人々はその聖人の日になると、家族単位で教会に自家製のパンを運び、司祭にワインを振りかけてもらい祈禱《きとう》するという儀式をとり行ない、そのために職場や学校を休むことは公然と認められていた。

復古主義をめぐる情熱は、さまざまな側面において見受けられた。ミロシェヴィチ時代には、コソヴォ平原で一四世紀終わりになされたトルコとの戦闘の六百周年を記念する式典が国家的な規模でなされていたが、社会主義体制の終焉とともに急速に台頭した民族主義者たちは、この戦いにあってトルコ側に持ち去られて久しいラザル王子の首をセルビアに返却せよという要求を、トルコに対して行なっていた。第二次大戦中の王党派チェトニクは名誉回復を受け、その勢いを受けてロンドンに亡命していた先王の息子までもが帰国を許された。一度も父祖の国を知らず典型的なイギリスの実業家として生きていた王子は、いきなりの運命の豹変に当惑し、遅ればせながらセルビア語の学習を開始した。王党派は結果的に国会で少数野党の議席を占めることに成功し、現在にいたっている。

ユーゴスラビア時代に推奨されていたラテン文字とキリル文字の併用に替わって、キリル文字、それも中世の経典のために用いられた伝統的な字体を用いることが、とりわけ流行するようになった。この復古主義に抵抗するかのように、西側に目を向けてやまない若者たちや消費主義を呼びかける広告などは、積極的にラテン文字を使用していた。社会主義以前の民族的伝統に回帰しようとする動きと、より先進社会である西側に同調して消費社会の約束ごとを受け入れようとする動きが、混在しながら街角には存在していた。小学校では携帯電話に取り付けられたデジタルカメラを用いて、少女たちが自作のヌード写真を販売したり、教師相手に売春を行なうという事件が発覚し、赤新聞の紙面をにぎわせていた。事件の起きた小学校の校長は、日本のように「世間を騒がした」ことを謝罪するわけではなく、難民も含めて急速に増加した生徒をこれまで同様に統括することは不可能であると、堂々と開き直っていた。

わたしは出会う人ごとに、一九九二年から九三年にかけての信じがたいインフレをどのように過ごしたのかと尋ねてみた。わたしが切手商から入手した当時の通常切手の額面を見てみても、この一年半ほどの間に四ディナールであった郵便料金がみるみるうちに二百五十万ディナールに跳ね上がり、最後には三億ディナールに達している。一九九四年にはようやく通貨が安定して、同じデザインの切手が〇・八ディナールに引き戻されている。こうした異常事態を体験した人間が、それ以来国家とその通貨に信用を抱かなくなり、貯蓄を馬鹿にするようになったとしても当然のことだろう。その日暮らしが恒常的になれば、長期の将来計画に無関心となるのも、むべなりといわざるをえない。

インフレ時代の暮らしについては、大学の助手のヴァネが面白がって説明してくれた。まず月給を手渡されると、ただちにクネザ・ミハイラ通りに屯《たむろ》っているヤミの両替屋のもとに走っていって、安定しているドイツ・マルクに換金するか、市場に駆け込んで、何でもいいから食物に換える。ひどい時には一日に三回、ディナールのレイトが変更になったため、すべては迅速に行なわなければならない。日常の支払いはすべてをマルク立ての小切手にして、後で決算する。こうしてインフレに対抗するのだが、そもそも給料が遅配されるものだから、手にしたときにはすっかり目減りしてしまっていて、こればかりは困ったという。

では一九九九年のＮＡＴＯの空爆のときはどうだったのだいと尋ねると、ヴァネは束《たわ》子《し》髭に手をやりながら、あの頃ほど愉しかったときはなかったですねと答えた。

「空爆はいつも夜でしたね。サイレンが鳴って、ああアメリカの飛行機がまたやって来たのだなと思ってました。ただ標的にされるのは橋とか軍事施設、戦争に関係のある官庁の建物だとあらかじめわかってましたから、怖いという感じじゃなかったですね。停電と断水にはさすがに悩まされましたが、あの七十七日の間はずっとお祭り気分でした。毎日どこかでパーティがあり、ロックコンサートがよく行なわれてましたっけ。外国人の中にはルーマニアとかに避難する人もいましたが、セルビアの諺では『鍋からフライパンに逃げる』というんですね。どこに逃げたって同じですよ」

あの時期が一番面白かったという話は、他にも何人もの口から聞かされた。共和国広場で集会が開かれると、わざわざ「ターゲット」と英語で記されたTシャツを着てくる者がいたり、反ミロシェヴィチのデモでは、プラカードに政治的メッセージどころか、バナナやサルマ（キャベツなどで肉を包んで煮込んだトルコ風料理）の絵を描いてきた者もいた。とにかくユーゴスラビアの国旗以外の旗ならどんな旗でも掲げていいというので、どこから見つけてきたのか、日本海軍の旭日旗《きよくじつき》を振りかざしていた者もいたくらいだという。第二次大戦下に日本が受けた空爆の悲惨さを散々聞かされてきたわたしにとって、最初、この感想は意外なことだった。ベオグラード人は一見したところ、誰もが自分が体験した悲惨について、正面からそれを問い質したり、悲憤慷慨《ひふんこうがい》するというよりも、むしろそれを笑い飛ばすことを好んでいた。だが後になって、こうした冗談めいた語りの背後に、かなり屈折した敗北感が横たわっていることに、わたしは気付くことになった。

クネザ・ミハイラ通りの書店に行くと、ベストセラーの新刊書の一角から少し離れたところに特別の本棚があって、そこではアメリカの空爆を非難する、薄っぺらいパンフレットが幾種類も置かれていた。第二次大戦中に墜落したアメリカ軍の飛行士たちを救出した体験をもつ老人が、なぜかつての同盟国であったセルビアがアメリカの空爆に遭わなければならないのかと抗議する内容のものがあり、セルビア正教会を熱烈に支持する立場から、アメリカの空爆が在米ユダヤ人の陰謀であると説くものがあった。もっともこうしたパンフレットはもはや手に取る人があるわけでもなく、道路のわきに積み上げられいつまでも溶けないでいる汚れた雪のように、置去りにされているだけだった。

わたしが知り合いになった映画の製作者は、ふだんは冗談口しか口にしない人物であったが、ひとたびラキヤを呑み始めるや、終わりのない慷慨を語り始めるのだった。ミロシェヴィチはセルビア国民に対して犯罪を犯したのであるから、戦勝国側のハーグではなく、ベオグラードにおいて裁かれるべきである。彼の犯罪に匹敵するのは、アメリカのクリントンだけだ。ボスニアとセルビアが戦争したというが、そもそもボスニア人などいないのだ。彼らはわれわれと同じセルビア人であったし、クロアチアはこれまで国家を形成したことなどなかったではないか。セルビアの政治屋どもはどうして西側にばかりおべっかを使い、日本や中国の動向に目を向けようとしないのか……。クロアチアは歴史的に独立国だったことがありましたよと訂正をしようにも、彼はそんなことはどうでもいいといわんばかりに、酔いに任せて熱弁を振るい、留まるところがなかった。九〇年代にかくも長く続いた戦争は、元兵士だった者たちの内面に深い傷跡を残していた。ある大学生は、自分がまだ小学生のときのことだったがと前置きをした後で、前線から戻ってきた父親が、ある早朝に悪夢に魘《うな》されながら目覚め、目の前の窓ガラスを発作的に割ろうとして家族をひどく狼狽させたという事件を語った。ここはもうボスニアじゃなくて自分の家なのだから安心するようにと母親が宥《なだ》め、ようやく父親は我を取り戻した。小学生だった彼女は、ただ怖かったという記憶しかないという。父親の奇怪な行動は、彼がセルビア人兵士として前線でいかなる体験を重ねてきたかを、間接的にではあるが語っている。きみはそれでお父さんと戦争のことを話したことがあるかと、わたしが尋ねると、この学生は、父は戦争についてはいっさい口を閉ざしていると答えた。

わたしはかつてニューヨークに留学していたとき、チャイナタウンの小学校を借りて開催された中国近代史のシンポジウム席上で、元日本軍兵士がみずからの残虐行為を語るさいに、通訳のヴォランティアをしたことがある。そのときに抱いた印象とは、彼だけが特別な兵士なのではない、大陸に赴《おもむ》いた多くの日本軍兵士が同様の体験をしているはずだということだった。ただ彼だけが例外的にそれを懺悔《ざんげ》し、中国人に語り聞かせるという勇気をもっていた。わたしにとって父親の世代に相当する元日本兵の大部分は、生涯の終わりまで忌まわしい記憶を、家族にも年少者にも誰に打ち明けることなく生きていくのだと想像すると、耐えられない気持ちに襲われた。セルビアにおいても同様の状況であることは、容易に推測できた。

こうした事柄のいっさいが、わたしには敗戦国民に特有の現象であるように思われた。かつて非同盟諸国の盟主として栄光に輝いていた祖国が惨めな解体を遂げ、それを阻止する途上で国際的な孤立を招き寄せてしまった。それどころかせっかく独裁者を政権の座から引き摺《ず》り降ろすことに成功したものの、西側からの援助金欲しさに彼をハーグへ売り渡してしまった。かつての敵国クロアチアのEU加盟が間近に迫り、蛮国だと見くびり、また嫌ってもいたトルコが着々とEU加盟の準備に入っているというのに、セルビアにはまだその話すら出ていない。経済は停滞し、失業はいっこうに解決されない。空爆で破壊された建物はそのままだ。こうした幾重にも重なる屈辱と絶望がベオグラードを覆っていた。過去を知る人々はアルコールの助けを借りては延々と虚しい政治談議に耽り、いささかでも意気消沈の現実から逃避しようと、さらに杯を重ねているように見えた。戦時下で少年時代を過ごした若者たちは、夕暮れ時に似た曖昧な解放感に包まれてはいるものの、強烈な希望や期待をもつことを許されず、年長者のノスタルジアに当惑することしかできないでいる。わたしが出会ったもう一人の大学生は、ポップソングから文学まで、自分はセルビア的なるものの凡《すべ》てを憎悪すると宣言していた。彼女には左腕がなかった。

空爆が終わり、独裁政権が倒れてから、五年の歳月が流れていた。ベオグラードの人々の生活は倹《つま》しいものだった。物価の安さから平均収入も相当に低いだろうと推測してはいたが、聞いてみると一般人の月収は、公式的には一万から二万ディナールにしかならないという。一ディナールを五十銭として計算してみると、その低さが歴然となる。もちろん実際には非公式の収入もあるだろうし、大概の家庭は夫婦共稼ぎであることを斟酌《しんしゃく》しなければいけないのだが、それにしても失業率の高さを考えあわせると、ヨーロッパの水準から見てベオグラードはもっとも経済水準の低い首都のひとつであるといえる。旧市街には少なからぬレストランがあったが、旺盛に食事をしている者の大半は外国人であり、ほとんどの現地人は飲み物を注文しているばかりだった。バス停や公園で、人々は平然と見知らぬ隣人に煙草や小銭を強請《ゆす》っていた。彼らは別に乞食でも浮浪者でもなく、まったく普通の学生や主婦だった。列車に乗っていると、検札に来た車掌が乗客の切符を次々と集めていた。何に使用するのだろうと考えていると、切符をもっていない乗客に個人的に売りつけるのだと教えられた。その収入が車掌のポケットマネーになることは、なかば公然と認められているようだった。

セルビア人は原則的に外食に金を費やす習慣をもたず、自宅に戻って食事をした。外で豪奢《ごうしゃ》な食事をしている者を見かけると、きっと何か手を汚した金で豪遊しているに違いないと、人々は思いこむ習慣をもっていた。これがパリや東京であれば当然のことながらレストランで食事をともにするという状況にあっても、彼らはカフェでお茶を飲むか、白ワインを水で割って砂糖を加えて呑むことですました。食事は大概が一日二回であり、朝食をすませた後、午後の遅い時間に昼食をとると、後はそれきりだった。わたしは幾たびか人に家に招待されたが、ほとんどが午後から夕暮れにかけてだった。だがその一方で、彼らは驚異的なまでに夜更かしが好きで、午後九時ごろになって平然と誘いの電話をかけてくると、十時を過ぎてカフェやバアで落ち合い、延々とお喋りに興じるのだった。彼らは倹しい生活のなかで、それに見合う形で日々の愉しみを見つける術を心得ていた。

本章の冒頭で述べた約束の忘却と並んでベオグラード人に特徴的だと思えたのは、人々が機会あるたびに自分の責任を回避しようとする、その身振りだった。博物館なり記念館に行って、ある資料の閲覧を求めても、そこに居合わせている者は仲間うちでお喋りをしているばかりで、一向に対応する姿勢を見せなかった。強く問い質してみると、今は責任者のボスが不在なので、何とも答えられないといい、ふたたびお喋りに戻ってしまうのだった。ボスはいつ来るのかと尋ねると、わからないの一点張りである。彼らは自分が責任をもってある部署を任されているという自覚もなければ、労働の意欲も欠落させていた。彼らの置かれている状況はさまざまであったが、わずかの給料のためには、それに見合った分だけ、ほんのわずかだけ働けば足りるのであって、それ以上のことは積極的に何もしないに限る。できるかぎり責任なるものを取りたくないという姿勢において、人々はほぼ共通していた。ホテルのレセプションから大学の事務にいたるまで、ひとたび部署を離れてしまえばそれきりであり、引継ぎの問題に気を遣うことは絶えてなかった。

日本や韓国からはあまりにかけ離れたこうした職業意識を目の当たりにするにつけ、それが民族に固有の性格なのか、それとも歴史の偶然に由来するものかを、わたしは考え続けた。答えは容易には見出せなかった。だが一つだけ確実であったのは、それが社会主義時代に形成されてきた心性に、多分に関わっているという事実であった。

半世紀にわたって続いてきたティトー体制のもとでは、すべてが厳密な位階秩序によって定められており、人々は自分に与えられた歯車を回しているだけでことが足りた。それは本質的に無責任の体系であって、個人が責任をとりうる領域はほとんどなきに等しかった。社会主義を生きるとは自動的に進行してゆく「進歩」と「統合」を生きることと同義であり、いうなれば永遠の現在に生を営むことである。人々は本来的に変化を恐れることになった。なぜなら変化はその首謀者に責任を負わせることになるからだ。共産主義者同盟が解体し、セルビアが自由経済の社会となった後でも、社会主義時代に培われたこの心理的習性はみごとに残存することになった。自己決定の訓練を受けることのなかったセルビア人たちは、あるとき突然に上方から与えられた民主主義とやらを前に当惑し、ティトーに替わってすべての責任を引き受けてくれるボスを求めた。ティトーの後継者を詐称するポピュリストのミロシェヴィチが権力を握ることができたのは、こうした心理的真空地帯にあって彼が演技者として優秀であったためである。だが、もはやどこにも永遠の現在はなかった。一九九〇年以降、時間はふたたび直線的に進行を開始し、セルビア人たちは絶望的なまでの国際的孤立のなかで、民族浄化から空爆まですべての責任を引き受けざるをえなくなったのである。

ティトーについては、前章で少し触れておいたが、もう一度書いておくことにしよう。かつてユーゴスラビアのあらゆる都市には、「ティトー元帥通り」と「マルクス・エンゲルス広場」が存在していた。それどころか、ウジツェやミトロヴィツァといった都市は、「ティトヴァ」（ティトーの）という形容詞を付加して呼ばれていた。ティトーの名前がもっとも最初に消滅し、別の名前に変更させられた都市のひとつが、他ならぬベオグラードだった。これとは対照的に、ボスニアの首都サラエヴォでは、現在でもティトー通りやティトー・カフェが確固として存在しており、通りは一時名称を変更しようという動きが起きたのだが、大変な反対にあって元に戻されている。この名前の消滅が、カリスマ的独裁者にもっとも恩恵を被り、現に彼の遺骸を引き受けているセルビアの首都においてなされたのは、きわめて興味深く思われる。ベオグラードの市内にいくつか存在している蚤の市に出かけると、かならずといってよいほどティトーの胸像や銅製のレリーフが売りに出されているのを見かけた。招待された先の家のピアノの上に、蛙の人形や縫いぐるみに混じって、小さな彼の像を発見することもあった。

一九七二年に大学に入学したわたしの世代は、おそらくユーゴスラビアという連邦国家にある種の漠然とした敬意を抱いていた最後の世代に相当している。ティトーはホーチミンやカストロと並んで、輝かしい抵抗運動の指導者だった。夭折《ようせつ》した漫画家の坂口尚《ひさし》が、パルチザンによる解放闘争を主題に『石の花』という長編漫画を七〇年代に発表したとき、わたしはそれに読み耽った。当時のわたしは、パルチザンが大戦中にいかに大量虐殺を行なったかも、ティトー政権下のユーゴが秘密警察の暗躍する恐怖政治の国家であることも知らされていなかった。偉大なる英雄に率いられた工場の自主管理と前衛芸術の国という貧しい映像しか、持ち合わせていなかったのである。ちなみにいうならば、七〇年代の日本の学生は、北朝鮮に対してもほぼ似たような印象しかもっていなかった。

現在のセルビア人にとってティトーとはどのような存在なのだろうか。中国では毛沢東は交通安全のお守りと化し、韓国では朴正熙《パク・チョンヒ》は最近になって急速に再評価されているのだが、同様のことはセルビア・モンテネグロにおいても指摘できるのだろうか。漠然とそのようなことを考えていたわたしは、刊行されたばかりの『ティトー　過去と現在』なる論集の存在を教えられた。*1　この分厚い大判のアンソロジーの冒頭には編者の手で、ティトー時代を支配していたあの強力な民衆的高揚感が、その後いかにして民族主義的な英雄賛美の多幸症へと変容していったのか、その足跡を辿ることを意図すると記されていた。およそわたしが知りたいと思っていたすべてのことが、そこには記されていた。

クロアチアの辺境の村に生まれたティトーとその父親の、謎の出自。彼が実はフリーメーソンに秘密裡に加盟していたという噂の真偽。妻と愛人たちをめぐる顚末《てんまつ》。替え玉のその後。こうしたゴシップに続いて、ティトーの神格化を示す例として、「若者の日」と呼ばれた彼の誕生日を祝う国家式典のさいに、一糸乱れず直立不動で起立し、喜々とした表情でマスゲームを展開する少女たちの写真が続く。ティトー没後に彼の墓に白ペンキで「泥棒」と落書きし、実刑判決を受けた青年と、ティトーに奉仕するピオニールに参加した中年男の回想があり、ある年の「若者の日」のために制作されたポスターのデザインが、実は半世紀前のナチス党大会のポスターからの盗用であったという醜聞《しゅうぶん》が語られる。

わたしがとりわけ興味深く思ったのは、一九七一年に当時まだ芸術大学の学生だったラザル・ストヤノヴィチが卒業制作として発表し、ティトーの逆鱗に触れて懲役刑を受けたというフィルム『プラスティック・ジーザス』が、そこで紹介されていることだった。ウスタシャやチェトニクのニューズリールと歌をふんだんに引用し、そこにティトーの演説姿や社会主義のもとに発展するベオグラードの街角の映像をコラージュしてみせたこの伝説的な作品を、わたしは何人もの人を介してようやく観ることができた。論集では主演男優であったトミシュラヴ・ゴトヴァクが当時を回想し、ティトーを政治家だと思ったことは一度もなかったと、皮肉たっぷりの発言をしていた。「あれは偉大な芸術家さ。パラノイア・ユーゴ・アートという作品のね。いいかい、奴は芸術家で、俺も芸術家だった。奴も俺もパフォーマーだったたってわけさ」

ボスニア戦争のさなか、一九九三年にジェリミル・ジルニクが監督した『ティトー再臨』は、「花の家」の墓地から死後十三年を経て突然に蘇生したティトーが、ドストエフスキーの「大審問官」の物語よろしくベオグラードの街角に降り立ち、彼を記憶する民衆たちと対話を交わすという、考えようによってはかなり痛烈な設定をもとに撮られたドキュメンタリーである。「あんたがいなくなってしまってから、何もかもがうまく行かなくなったんだ」と訴える中年男性がいるかと思えば、「いや、あんたのおかげですべてが目茶苦茶になってしまったのだ」と難詰《なんきつ》する若者がいる。「誕生日の祝典で詩を朗読したわたしを憶えてますか」と、少女時代の懐かしい思い出を語る中年女性がいて、「あなたのおかげでずっと監獄生活でしたよ」と静かに語る老人がいる。黒山の人だかりのなかで、ティトーは尋ねる。「さっきからミロシェヴィチという名前をよく耳にするのだが、それは何者かね？」誰かが答える。「いつもＴＶに出てきて、あんたの後継者だとかいっている馬鹿ですよ」居合わせた人々が笑い転げる。

ティトー元帥の銅像、ウジツェにて。

わたしはかつてティトーのパルチザンや彼の誕生日を讃える歌のＬＰを見つけようとしたが、それはできなかった。もうどこを探しても出てこないよと、骨董屋の親父にいわれた。ではせめて彼の彫像を見ることはできないだろうか。それはかつてユーゴスラビアのいたるところに存在していたはずである。インターネットでティトー・サイトを検索した結果、セルビア・モンテネグロでは現在わずかに二ヵ所にしか、それが残存していないということが判明した。そこで日本から来ている留学生を誘って、わたしは一泊旅行を企画した。目的地はセルビアとボスニアの国境近くにあるウジツェ、かの元帥率いるパルチザンが最初に解放区を樹立した、いうなれば中国の延安に似た革命の聖地である地方都市である。

ベオグラードからバスで四時間ほどかけたところに、ウジツェはあった。いかにも社会主義時代に建設されたという殺風景きわまりない町で、コンクリート地を剝出しにした高層ホテルが、前衛的なフォルムを見せながら町の中央に聳え立っている。目指す銅像がどこにあるかは、街角で通りすがりの老人に尋ねるとただちに判明した。町のはずれにある博物館の建物の裏側に安置されているという。博物館の正面玄関のわきには、解放戦争のさなかに捕獲された、ナチスドイツの戦車が展示されていた。目的の銅像は、陽も満足に射さない裏庭の崖の下に、ひっそりと目立たない形で置かれていた。

おそらく以前はマルクス・エンゲルス広場の中央にでも飾られていたのだろう。高さにして六メートルほどのその像は、きりりとした表情で鉄の意志を示し、身長わずか百六十センチにすぎないこの指導者に今でも威厳を与えていた。わたしたちは交替交替に記念写真を撮った。そうか、もうこの町くらいにしか遺っていないのだなあと思うと、この十五年の間の旧ユーゴ社会の急速な変化に、今更のように呆然としたのだった。

意気消沈した感のあるベオグラードで、それでも例外的に活気をもっていたのが、ロックンロールである。金曜の夜ともなればあちらこちらのカフェやホールに若者たちが集まり、大音響のなかで踊っていた。日本ではすっかり体制に順応してしまい、ポップスの地政学の内側にすんなり収まってしまったロックが、ここセルビアではいまだに本来のカウンター・カルチャーの面を失っていないように見えた。それには政治的な理由があった。ミロシェヴィチ時代の文化政策を批評的に検証した社会学者エリック・D・ゴルディの論文を頼りに、その間の事情を簡単に要約してみよう。[*2]

一九八一年、ロンドンのロック雑誌「ニュー・ミュージカル・エクスプレス」がベオグラードのクラブ「アカデミヤ」をヨーロッパ最高のロックスポットに選び、セルビアのパンクグループである「エレクトリチュニ・オルガザム」を同じくヨーロッパ最高のグループのひとつとして選んだとき、文字通りユーゴスラビアのロックの水準は絶頂を極めていたといえる。「金色のオウム。パパがなんでも払ってくれる。金色のオウム。だって僕たちは俗だから」と、彼らは社会主義体制を嘲笑しながら歌った。ロックはこの時点において文字通り抵抗の音楽であり、それゆえに若者に強烈に支持されていた。

だがミロシェヴィチが権力を掌握するに応じて、セルビアのメディアは次第に目に見えない統制を受けるようになった。民族主義的な情念を受け止め、それを鼓舞する音楽が意識的に優先して制作され、新たに都市に流入してきた保守的な農民層の心情に訴えるようになる。民謡の改革運動として、さまざまな地方の民謡を統合した「ネオフォーク」が次々と創作され、さらに民謡の要素を残しながらもディスコミュージックとして通用するアレンジを施された「ターボフォーク」が考案されて、セルビア人の愛郷心に訴えた。たとえばセルビアのボブ・ディランと呼ばれたマリ・ニンジャは、一九九三年、ボスニア戦争のさなかに次のように歌っている。「僕たちは憎まれるし、嫌われもする。でも誰もセルビア人には何もできない。この国はウスタシャの後ですら生き延びた。神様とセルビア人のおかげで。天国は僕たちのもの。僕たちは憎まれるし、敵は群れをなしている。けれどもセルビア人は最強だと、お祖父ちゃんは僕に教えてくれた」ちなみにこの歌手の芸名は、クロアチアはクニンに樹立されたセルビア人共和国でゲリラとして活躍した「ニンジャ」部隊（日本の忍者に由来）の勇敢ぶりを記念して、名付けられている。

こうした抑圧的文化的状況のなかでロックは孤立化し、活動の領域を狭められていったと、ゴルディはいう。なぜならロックにはつねに民族と国家を越境してしまう力があるからであり、それはミロシェヴィチ政権の国粋主義と真正面から対立するものであったためである。わたしがベオグラードに滞在したのはこの独裁政権が倒れて五年目のことであったが、やはりフォーク系の音楽の支配は強く、ターボフォークの巨星と呼ばれるツェツァが、シリコンを注入した巨大な乳房を震わせながら歌謡界の女王として君臨していた。彼女は民族浄化の首謀者であるアルカン（後出）の四番目の妻でもあり、その挑発的な歌詞と発言は政治的にも大きな影響力をもっていた。

ランボー・アマデウスが登場してきたのは、こうしたロック劣勢の九〇年代においてである。当時流行していたハリウッド映画の主人公の名前を強引に結びつけた芸名をもつこの青年は、本名をアントニエ・プシチといい、モンテネグロ出身の現代音楽の作曲家でもあった。彼は「ミロシェヴィチが登場した瞬間からセルビアのロックは死んだ」と宣言し、ラジオから聴こえてくる音楽が途轍もなく馬鹿げた音楽に聴こえてきたときには、それよりももっと馬鹿な音楽を作って、馬鹿の天才を極めるしかないとインタヴューに答えると、共産主義者同盟の子供の歌からアメリカン・ポップス、映画音楽までを次々とコラージュして、ネオフォークを露骨に嘲笑する音楽を戦略的に演奏しはじめた。彼は記者会見のさいにわざわざモーツァルトの鬘《かつら》を付けて登場し、ランボーはこちらですといって、パンツをズリ下げて大騒ぎを起こした。

わたしがもっている二枚のCDのひとつは『メガロポリスB』といい、ベオグラードに捧げた重厚なオーケストラ曲で、きわめて表現主義的傾向の強いものである。もう一枚は、ランボーみずからがヴォーカルを担当するロックバンドの実況録音であり、そこでは彼は言葉を放り投げるように乱暴に扱いながら、「俺はファックマシーンだ」という英語を、いかにもセルビア訛りたっぷりに繰り返している。わたしは物議を醸した「バルカン・ボーイ」という曲の歌詞を説明してくれるよう、知り合いになった博物館の学芸員に頼んでみた。彼女は恥ずかしくてとてもできないと最初は断りながら、自分が翻訳したと誰にもいわないのなら、部分的であるならば英語で説明してあげるといった。以下にその概要を書き出しておく。どうやらランボーは行く先々で、なかば即興的に歌詞を変えて歌っているらしい。

「俺はバルカン・ボーイだ。俺は腋臭《わきが》が臭くてよお。いくたびも西側に行こうとして、そのたびに失敗してきた。皿洗いもしたし、ベビーシッターもした。ありとあらゆることをしたけど、いつもダメだった。俺はバルカン・ボーイなのさ。腋臭が臭くてよお、パンツの中身はパンパンだぜ。ごめんよな、スカンジナヴィアとか、フロリダとか、オランダとか、もっといいとこに生まれてこなくてさ。千五百マルクの援助金で、俺は自由にやっていける程度の人間さ。なろうと思えば哲学者にだってなれるよな。俺のジイちゃんはパルチザンだったが、交通事故で死んじまった。俺の国は今、民族浄化やってる。俺はバルカン・ボーイなのさ。

俺は有名なミュージシャンになっちまった。プロデューサーに会いに会社に行くと、ランボー、いい感じだよ、有名になれるよ、サイコーだぜといってくれる。ティトーにだって会ったんだぜ。こういわれたよ。ランボー、元気かい？　ここで何がどうなってるって、わかるかね？　ティトーさんよ、どうしてもっと長生きしてくれなかったんだ。二百五十年くらい生きていてほしかったよって、俺は返事をしたよ。でもランボー、それだけはどうにもできないことなんだって。

俺は金持ちになったぜ。金バンバン入ってくる。バンバン使ってやるんだ。ベンツ買って、デカい家建てて、女もウジャウジャ。なんてったって金持ちで有名なんだから、やりたい放題さ。ウィスキーもドラッグも何でもできる。金のネックレスだけはごめんこうむるな。あれって九〇年代にヤクザがしてただろ。俺はしない。俺はバルカン・ボーイさ。腋臭が臭くてよお」

　ランボー・アマデウスの存在は、ベオグラードという都市にあってロックがいまだに社会を挑発し、スキャンダルとなりうることを示していた。「俺は臭い」と絶叫するこのミュージシャンは、わたしにもう一人のランボー、つまり一九世紀フランスに生きて「俺は汚い」と書いたアルチュール・ランボーを連想させた。ランボーならその辺をよく歩いてるよ、SKCの画廊の上が彼の作業場だからねとわたしは教えられた。彼はわたしが会っておきたいという気持ちを抱いた、数少ない芸術家の一人だった。だがその予定がつかないうちに、わたしはコソヴォへ、またボスニアへの旅に出かけなければならなかった。

三人の映画人

映画研究家としてのわたしは、ベオグラードに到着するや映画人と接触を開始し、監督協会の会合に顔を出したり、キネテカ（シネマテック）や文化センターに通って旧ユーゴスラビア時代のフィルムをヴィデオで観るという作業にとりかかった。一方で、現在制作されているもっとも新しいセルビアの作品にも眼を配ることにした。というのも映画史家としての長年の勘から、戦争や革命といった社会の動乱が起きた直後のその国の映画は、一九五〇年代の日本やイタリア、八〇年代の中国といった例を待つまでもなく、かならず面白いという経験則があるためである。ひょっとしてセルビアにおいてもこの法則が成立するだろうかという期待が、わたしにはあった。ベオグラードには十館あまりの映画館があり、その半分はもっぱらハリウッド映画をかけていたが、かならず自国の作品を上映している小屋があったし、数は限られているがクロアチアやボスニア・ヘルツェゴビナのフィルムを観る機会がないわけではなかった。

わたしが二ヶ月の間に観ることのできた二〇〇三年から〇四年のセルビア映画を特徴づけていたのは、メロドラマであれドキュメンタリーであれ、九〇年代の戦争の痕跡だった。何本かを紹介してみることにしよう。

『愛の眼差し』（スロタン・カラノヴィチ監督）コソヴォからアルバニア人に追われてマケドニアに逃げてきたセルビア難民の男女が、孤独に耐えかねてデートクラブに登録する。彼らはともに、行方不明になった愛の相手に出会えるのではないかという期待を抱きつつ、思いがけない出会いをしてしまう。

『灰色のトラックの赤い色』（スロタン・コリェヴィチ監督）色盲の内気なボスニア人の青年がベオグラードの刑務所から釈放される。彼はただちにトラックを盗み、免許ももたないままハンドルを握る。そこへ妊娠中の女が現われ、中絶の場所を探しているからヒッチハイクさせてくれと申し出る。彼らがあてどない旅に出発した矢先に、ボスニア戦争が勃発する。

『琥珀のマグマ』（カロリ・ヴィチェク監督）一九九九年の空爆のおりに田舎に避難した一家が、六年前にクロアチアから逃げてきた姉の一家と合流する。やがて若者たちの間で恋が芽生える。

『ケネディ、故郷に帰る』（ジェリミル・ジェルニク監督）戦禍を避けてドイツに難民として逃げていた旧ユーゴ人たちが、二〇〇二年に大量にセルビアに帰還してくる。彼らは新社会に適応できず、孤立と貧困を強いられる。とりわけ子供たちはセルビア語をうまく話せず、社会に溶け込むことができない。このドキュメンタリーは、前章で述べた『ティトー再臨』のジェルニクによって撮られた。主人公の青年ケネディはトラック運転手をしながら、なんとかドイツ語を話せる相手を見つけようと、コソヴォのロマ集落に向かったり、ベオグラードのゲーテ・インスティテュートを訪れる。深夜にスーパーマーケットの倉庫で同じ境遇にある若者たちは、民族の帰属とは何かという問いをめぐって議論を重ねる。

『スーパーマーケットの苺』（ドゥシャン・ミリチ監督）ベオグラードにアメリカ資本一〇〇％の高級スーパーが開店する。アメリカ式サービスのもとにアメリカと同じ品質の製品を売るというのが、この店の売りだ。開店のその日、女店員のヤゴダ（苺という意味あり）は、閉店時間をわずかに過ぎて苺を買いに来た老女を追い返してしまう。老女は孫の誕生日のケーキを家庭で作るために、わざわざ市電を三つも乗り換えてやってきたのだった。ヤゴダのつれない仕打ちに彼女は、「わたしたちはいつからこんな人間になってしまったのだろうね」と悲しげにいいつつ、去ってゆく。

翌朝、怒り狂った青年が銃をもってスーパーに乱入し、店員たちを人質にして立てこもる。マルコというこの青年は実は昨日の老女の孫だった。彼はボスニア・ヘルツェゴビナからコソヴォまで戦場を転々としてきた元兵士で、グローバリゼーションが横行し、すべてがアメリカ風へと靡《なび》いている社会に対して強い憤りを抱いていたのだが、それが祖母の事件をきっかけに爆発したのである。スーパーの事件はただちにTVに報道され、周囲には黒山の人だかりができる。降伏を呼びかける警察権力に対し、マルコは「俺は正義の男だ。降伏に来ているわけじゃねえ」と怒鳴り散らす。野次馬たちはそんな青年の一挙一動に喝采を送る。マルコが怒るのには別の原因がある。彼を説得しようとしている警部は、かつてボスニア戦争のときの上官として残虐行為を命じた人物であったが、今は何食わぬ顔をして新体制を生きている。いつまでも損な役回りをしてきたマルコとしては、そんな男を許すことができないのだ。二日が経過し、人質は次々と解放され、ヤゴダだけが残される。彼女はしだいにマルコに共感を感じるようになり、あるとき思い切ってあの老女の苺事件の原因は、実は自分の突慳貪《つっけんどん》な態度にあったと告白し、許しを請う。マルコは朝の光のなかで逮捕されるが、ヤゴダは自分がこの青年を愛していることに気付く。

いずれのフィルムにあっても物語の核にあるのは、つい今しがたまで続いていた戦争であり、それがセルビア人に与えた影響である。ほとんどのメロドラマにおいてセルビア人は罪なき難民であり、理不尽な状況におかれた庶民であって、彼らの別離や移動、悔恨とノスタルジアが契機となってメロドラマ的想像力が働きはじめる。

『ケネディ、故郷に帰る』はそのなかでも独自の視座をもっていて、母語とは何か、民族の帰属とは何かという問いをめぐって、現下のセルビア社会にあって周縁的な場所に置かれている者たちに照明を投じている。気になって監督のことを調べてみると、一九四二年に強制収容所のなかで生まれ、ゴダールの圧倒的影響のもとに撮りだした人物だと判明した。九〇年代には、ベオグラードに日陰の花のように棲息する男娼たちを主題に『大理石の肛門』なる作品を発表し、スキャンダルを巻き起こしたと知った。『スーパーマーケットの苺』は、ここに掲げたフィルムのなかでもっともヒットした作品だった。この作品に登場する青年は、民族主義的情熱を律儀に信じたあまりに、敗戦後のベオグラードに押し寄せるグローバリゼーションの波に乗り切れないでいる。一方のヤゴダもまた結婚適齢期を過ぎながらも恋人が見つからず、新時代の到来に過度に反応して失敗を重ねている女性である。老女が作りそびれた苺のバースデイケーキとはヤゴダのことであり、それは本来のあるべき姿から疎外されてしまったベオグラードという都市そのものである。このフィルムが評判を呼んだ背景には、中途半端に隠蔽され回避された戦争への拘泥《こうでい》と、戦後体制への懐疑が今なお人々の間に横たわっているという事実があるように思われる。

こうした新作のなかで、同じく戦争を主題としながらも、おそらくはここに列挙した作品の十倍以上の予算を投じて製作され大々的に公開されたフィルムが一本存在していた。エミール・クストリツァの『人生は奇跡』（邦題は『ライフ・イズ・ミラクル』）である。おそらく現在のセルビアで唯一国際的な知名度をもったこの監督の新作は、フランス資本で製作され、その年のカンヌ映画祭で上映された。わたしはすでに七月に、テルアヴィヴから東京へ帰る途中、パリはシャンゼリゼの映画館で、満員のなかで一度観ていた。ベオグラード公開がそれより三ヶ月遅れているところに、この監督の立っている位置の微妙さが反映されているようだった。だがボスニア・ヘルツェゴビナへの旅を終えた後、セルビア人の観客に混じってふたたびこのフィルムを観ることは、わたしにはまったく別の体験となった。

エミール・クストリツァ『人生は奇跡』のポスター。

『人生は奇跡』はボスニアのセルビア人地区にある、とある田舎の鉄道駅に住まう一家を主人公に、一九九一年から九五年までの変遷を描いている。父親のルカは鉄道模型の制作に余念がなく、母親はオペラに、息子はサッカーに夢中になっている。あるときボスニアで戦争が勃発し、母親は音楽家と駆落ちしてベオグラードに出奔《しゅっぽん》、息子は徴兵されてボスニア軍の捕虜となってしまう。ルカはしかたなく一人暮らしを続けるが、そこへ旧知の病院の看護婦サバハが身を寄せてくる。彼女がボスニアのムスリム人と知ったルカは、息子と捕虜交換できると思いつき、しばらく家においてやる。だが二人はやがて愛しあうようになる。戦争が激しくなり、彼らは奥地の家へ避難する。休戦の知らせとともに蜜月は終わりを告げる。妻が戻ってきて、大騒動が生じる。人質交換協定によってサバハと息子が、国境の橋の両側から「祖国」へと帰還することになる。アメリカ人女性TVキャスターがはしゃぎまくりマイクを突き付けるなか、当事者たちは複雑な思いを抱きながら、別離と再会を体験する。家族とともに元の鉄道駅の家に戻ったルカは、すっかり人生に意気消沈し、鉄道自殺を企てる。一匹の驢馬《ろば》がそれを押し留め、彼は空想のなかでサバハと再会する。

これは映画論ではないので、簡単にプロットを紹介するに留めておくが、クストリッツァが久々にメガホンを握ったこの作品は、わたしの周囲では賛否両論を呼んでいた。これまでロマの映画ばかり撮っていた監督がはじめてあの戦争を正面切って描いたと支持をする者もいれば、スカトロジーをはじめ下品な脱線が多すぎると顰《しか》める者もいた。悲惨極まりない現実を往年のハリウッドを思わせるメロドラマに仕立て上げた手腕を褒《ほ》め称える者もいれば、人間的に監督自身に不信感を表明してはばからない者もいた。この最後の立場を理解するためには、クストリッツァの経歴を簡単に説明しておいたほうがいいかもしれない。

クストリッツァは一九五四年に、サラエヴォ近郊にムスリム人として生まれた。父親は篤実《とくじつ》な共産主義者で、家自体は信仰とはほとんど無縁だったようである。彼は長じてプラハの映画学校で学び、後に亡命してハリウッドで『アマデウス』を撮ることになるミロシュ・フォルマンの教えを受けた。一九七九年に撮ったデビュー作『ドリー・ベルを憶えてる?』は、イタリアン・ポップスと女の子のことで頭がいっぱいの少年を主人公とした、抒情的《じょじょう》な雰囲気の青春映画である。その後、八四年に『パパは出張中』で、はからずもティトーの悪口を口にしてしまったため、密告されて獄に下ることになった父親を、子供の視座から見つめた物語を描き、これが運よくカンヌ映画祭でグランプリを受賞した。たちまち国際的栄光に包まれたクストリツァは、フォルマンが教鞭《きょうべん》をとるコロンビア大学に客員教授として招かれ、ハリウッドで撮るという夢がとんとん拍子で実現する。だが『アリゾナ・ドリーム』というそのフィルムを撮影中に、はからずも故郷ボスニアで惨事が生じてしまった。どこまでも自分はユーゴスラビアという統合国家の国民であるという意識をもつクストリツァは、ボスニア・ヘルツェゴビナのムスリム人側にも、それを攻撃するセルビア人側にも、どちらにも与《くみ》することができず困惑する。みずからの不在のうちに故郷が破壊されてゆくさまを、彼は指をくわえて遠くから見ていなければならなかった。『アリゾナ・ドリーム』の冒頭で、主人公のジョニー・デップは傍らのラジオからたまたま流れてきた戦争勃発のニュースを聞こうともせず、無関心にラジオを切ってしまう。それはアメリカに滞在中の監督を取り囲んでいた無関心と焦燥とを、逆に痛々しく証し立てているように思われる。

クストリッツァがやがてサラエヴォにではなくベオグラードに向かったのは、そこが曲がりなりにも新ユーゴスラビアの首都であったためである。ボスニアのイスラム原理主義者はこのムスリム人の監督を変節漢として非難してやまず、ために彼の父親は危険な状況に置かれることになった。クストリッツァは父親をモンテネグロの安全な田舎に避難させたが、まもなく彼はそこで没した。クストリッツァは二度とサラエヴォの地を踏むまいと決意し、サラエヴォの彼のアパートは接収されてしまった。一九九五年、彼が始めてベオグラードに拠点を移して撮った『アンダーグラウンド』は、社会主義国家としてのユーゴスラビアの半世紀にわたる歴史そのものを、外界から隔絶された地下世界で生じた擬制《ぎせい》の時間、擬制の現実だと見なす、グロテスクな寓話である。セルビア政府の財政的、道徳的援助のもとに、この大作は完成した。公開初日には、当時のミロシェヴィチ政権側の政治家から民族浄化の首謀者のひとりアルカンまでが軒並み列席し、賞賛の声を惜しまなかった。フィルムは成功し、日本でもカルト的人気をもったが、当時ボスニアの独立に肩入れしていた西側の批評家から、いっせいにその親セルビアぶりを攻撃される。彼は『アンダーグラウンド』こそはミロシェヴィチ政権への最強の攻撃だと弁明をするが、その声はうまく聞き届けられない。クストリッツァは一時は映画界から引退すると宣言し、フランス国籍を取得するやパリに拠点を移してしまう。*3

実をいうと、このクストリッツァだけは、わたしがベオグラードに滞在中にどうしても会うことのできなかった監督であった。彼は監督協会の会合にも、キネテカのパーティにもけっして顔を見せず、セルビアの監督から一線を画しているように見えた。急速に有名になった者に対する嫉妬を、彼らがまったく感じていないといえば嘘になるだろう。彼の製作者によれば、ともかくクストリッァは一年中旅行に出ているらしく、今はキューバであるとか、次はノルマンディーであるといったぐあいで、席が暖まる暇がないようである。ムスリム人という出自をもつにもかかわらずサラエヴォからは拒まれ、かといってセルビアに胸襟《きようきん》を開くこともできず、国際的知名度だけが一人歩きしてしまった監督。ベオグラードの学生たちは彼をアメリカを制覇したわれらが誇りと見なす一方で、所詮はセルビア人の戦時下の気持ちなどわかるわけがないだろうという感想を抱いて、それを公然とわたしに語った。クストリッァはその意味で典型的なユーゴノスタルジアの徒であり、その困難な気持ちを向ける対象を見出しきれないという気持ちが今回のフィルムの幻想的な結末を準備しているように、わたしには思われた。

ベオグラードでわたしがもっとも頻繁に会い、かつ映画論を戦わせたニコラ・ストヤノヴィチもまたサラエヴォの出身で、戦争のさなかにベオグラードへ避難してきた人物だった。わたしが身近に見たユーゴノスタルジアの典型について語るためにも、しばらく彼の肖像を描写してみることにしよう。ストヤノヴィチは六十歳を少しすぎたくらいで、現在はベオグラードとノヴィサドの大学で映画学の教鞭を取っている。彼は『白鯨』のジョン・ヒューストンを思わせる、堂々とした偉丈夫だった。セルビア人を両親にもちながらも三十年以上にわたってサラエヴォに住み、この民族混淆《こんこう》の都市がもつコスモポリタンな魅力と文化を、みごとに体現しているような人物であるように思えた。彼は華麗なる経歴を所有していた。一九六〇年代の中ごろにパリに学び、五月革命の直前には『楽しい知識』を撮影中のゴダールのすぐ隣にいた。もとより黒澤明の熱狂的なファンであったが、一九七二年にこの巨匠がベオグラードを訪問したおりにインタヴューしたのが契機となって、生涯を黒澤研究に費やそうと決意した。彼は京都の映画村を訪れて、日本をめぐるドキュメンタリー映画を発表、観光ドキュメンタリー映画祭賞を受賞した。長らく映画雑誌の編集長を務め、シネクラブを組織していた。後に民族浄化の大立者となるボスニア・ヘルツェゴビナのセルビア人共和国大統領カラジチが、無名時代には足繁くそのシネクラブに通っていた。

一九九二年にユーゴ連邦軍がサラエヴォを包囲し、非常緊急事態が生じたとき、ストヤノヴィチは共産主義者同盟の流れを汲むボスニア・ヘルツェゴビナの社会民主党に属していた。党首はムスリム人であり、その下に三民族の利益を代表する三人の副党首がいた。ストヤノヴィチはセルビア側の副党首の地位にあった。あの戦争が勃発したとき、どうしてミロシェヴィチは事前に自分に腹を割って相談することをせず、政治的にまったく素人であったカラジチと組むことにしたのかというのが、彼の慙愧《ざんき》の原因であった。「考えてもみてくれ。ミロシェヴィチとわたしはサラエヴォとベオグラードという違いこそあれ、同じ共産主義者同盟から出発して政治に携わってきたし、同じセルビア人ではなかったか」

身の危険を感じたストヤノヴィチは、書きかけの茫大な黒澤論とその資料のいっさいをアパートに置いたまま、文字通り着の身着のまま家族とともにベオグラードへと逃げ出した。この日本びいきの絶望者はカフェでワインの杯を傾けながら、何度も同じ後悔を語った。彼は、あの独裁者のミロシェヴィチですら、ユーゴの分離をともかくも阻もうとした当初の意図は正しいものだったといい、コソヴォでアルバニア人の暴虐《ぼうぎゃく》からセルビアの農民を助けた将軍が、どうしてハーグで犯罪者として裁かれなければならないのか、理由を教えてくれと、わたしに迫った。彼こそがまさしく『七人の侍』の勘兵衛に似て、真の侍ではないかというのが、彼の論理であった。

杯に杯を重ねるほどに言葉が座ってゆき、黒々とした魂の奥に底知れぬ深淵《しんえん》が見え隠れする。ドストエフスキーの小説で聞き知っていたスラブ的な酩酊《めいてい》とはかくなるものかと思いながら、わたしはストヤノヴィチの酔った言葉に耳を傾けていた。話はいつも同じところに落ち着いた。ミロシェヴィチはわたしと会うべきだったのだ。かつてのサラエヴォはすばらしい都市だった。今はそのコスモポリタニズムは跡形もなく、野蛮な原理主義が横行するだけだ。自分は二度と足を向けようとは思わない。

あるときストヤノヴィチはわたしを自宅に招待してくれて、自作のドキュメンタリー作品をヴィデオで見せてくれた。大学教授の家族五人が生活するとはとうてい信じられない、狭く老朽化したアパートだった。ベオグラードに到着した直後、それでも住む場所を見つけられないでいた彼は、冗談半分にベオグラード人に向かって、ミロシェヴィチをハーグに売り渡すぐらいならどうしてこの俺もハーグ送りにしないのかと、怒鳴ったことがあったという。あそこなら広々としたキッチン付のアパートが半永久的に借りられるし、おまけに無期限で無料《ロハ》じゃないか。彼のアパートの薄暗い廊下には小さな本棚があり、彼が三十年にわたって編集してきた映画雑誌の、ひどく背の傷んだ創刊号が、フランスの記号学の書物などといっしょに大切そうに置かれていた。

　わたしは彼の手になる何本かのドキュメンタリーフィルムを、書斎の小さなモニターで観た。サラエヴォから避難した翌年の一九九三年に撮られた『クオ・ヴァ・ディス』では、キューブリックの『２００１年宇宙の旅』の冒頭にある猿たちの戦いと、ルーマニアのある街角で直前に生じたルーマニア人と少数派のハンガリー人との乱闘を報道するニューズリールとが平行して引用され、システナ礼拝堂のミケランジェロの壁画がバッハの音楽をともなって、それに続いた。前者が野蛮であり、後者が文明であるという寓意的説明がなされていた。『来て見てみろ』は、開眼手術をした直後に大きく見開かれた患者の眼と、戦争映画のコラージュから開始されていた。ベオグラードの空爆で燃え上がる建築や、ノヴィサドで次々と爆破される橋のショット。コソヴォの累々とした死体の山と、鉄条網の前で嘆くアルバニア人の少女の映像がそれに続いた。ストヤノヴィチはこの短編を、ドキュメンタリーの分野で先達にあたるアメリカの監督ワイズマンの誕生祝いに捧げていた。反セルビアのプロパガンダのさなかにあったワイズマンに対して、現実を見てほしいという気持ちから作った作品だと、彼は説明してくれた。

眼が視力を獲得したとしても、それが眺めるものは悲惨な光景でしかないとすれば、われわれは何をすればよいのか。この思いはストヤノヴィチに、グリフィスの四部オムニバスからなる『イントレランス』の第五幕目を撮らせることになった。そこでは「夢の工場」と呼ばれたハリウッドに寄せる監督の憧れと同時に、アメリカがスクリーンを通して表象してきた暴力と非寛容とが併置させられていて、最後に黒澤の『八月の狂詩曲《ラプソディー》』から引用された巨大な単眼が登場していた。ところでこうした他人のフィルムを借用するさいの使用料はどうなっているのかと尋ねると、そんなことはこの国では問題になったことが一度もないという答えが返ってきた。

けれどもストヤノヴィチは、こうした短編をもって満足はしていなかった。というのも本人が代表作と見なすフィルムが、いまだに完成していなかったためである。『ラスト・ワルツ・アト・サラエヴォ』と題されたその長編劇映画は、一九一四年のサラエヴォ事件を背景に、たまたま暗殺事件をムーヴィカメラに収めてしまった写真家を主人公とした、波瀾万丈《はらんばんじょう》の恋物語だった。一九九一年にすべてのショットをサラエヴォで撮影し終わり、後は編集と音入れという最終段階にまで来たところで戦争が勃発し、すべてが凍結してしまった。十四年の時間が経過したが、これを完成させるスポンサーをいまだに見つけることができないというのが、ストヤノヴィチの深酒の原因のひとつでもあった。ベルエポックはもう終わってしまったのだと、彼は繰り返し語った。それは一九一四年を示すとともに、一九九二年をも意味していた。

ストヤノヴィチと並んでわたしが懇意《こんい》にしていたのは、ドゥシャン・マカヴェイエフである。中世セルビアの最初の王の名を戴くこの監督とは、彼が最初に東京を訪れた一九九二年に、すでに一度会っていた。一九六〇年代の終わりにはゴダール、パゾリーニとともにヨーロッパ映画界の三狂人と呼ばれ、あまりの「性的過激さ」から日本での作品上映が見合わされたという、いわくつきの監督である。ユーゴ国内でも政治的理由から公開禁止が相次ぎ、七〇年代初頭からは事実上パリに亡命した形で、世界各国を放浪しながら映画を撮ってきた。ティトーが死んだ後、彼はユーゴに戻ったが、それでも国外での盛名とは裏腹に、社会主義政権は彼を無視して憚《はばか》らなかったようである。

この受難の芸術家は間近に会ってみると、過去の過激な作風とはうってかわって優しげで温厚で、ユーモアに長けた人物という感じがした。わたしたちがはじめて会ったのはユーゴの分裂が開始されてまもない時だった。これからパリのアパルトマンに戻るという彼にむかって、お国は大変みたいですねというと、いつの時代だって悲観主義に勝利するのは楽観主義だと、彼は答えた。この出会いから十二年が経過していた。わたしはまずマカヴェイエフに再会したら、いまでも同じように思っているかと尋ねようとしていた。マカヴェイエフはセルビア・モンテネグロ映画監督協会の会長として、キネテカで開催された会議の議長を務めていた。

この会議で争点となっていたのは、ＥＵを背景にして結成された、全ヨーロッパ規模での共同配給と共同制作の申し出を、はたしてベオグラードが受け入れるべきかという問題だった。五十人ほどの監督や脚本家の前で、「西側」から到来した女性が早口の英語を捲《ま》くし立てて加盟の利点を並べあげ、かたわらにいたもう一人の女性がそれをセルビア語に訳した。出席した映画人たちは、長い国際的孤立の後で自分たちがヨーロッパから見捨てられておらず、むしろそこに帰属していることを確認できたため、期待の表情を見せていたが、同時にこの協定を受け入れることによって、制作費のかけ方がはるかに違う「西側」諸国のフィルムが大量に到来し、自国のフィルムの観客を奪ってしまうのではないかという不安にも駆られていた。久しぶりに見るマカヴェイエフは、背中こそ幾分曲がっていたが、矍鑠とした雰囲気で議事を裁き、居合わせた人々全員の尊敬を集めていた。彼はわたしを憶えていて、いつでも家に遊びに来るようにといってくれた。ヴェネツィア映画祭の審査員長を終えて古巣のベオグラードで一服しているという余裕が、その雰囲気から感じられた。

この十二年の間にマカヴェイエフは二本の作品を発表していた。その一本、『魂に空いた穴』は自伝的エッセイともいうべき内容で、ベオグラードの旧市街に「ミッキー・マウスの誕生よりわずかに遅れて生まれた」彼の、シャーリー・テンプルのような髪型をしている幼年時代のスナップショットから開始されていた。六〇年代終わりにブラックユーモアをこめて性と政治の革命を唱えた彼のフィルムが引用され、そこであられもない裸身を晒した女優たちが、久しぶりに監督の家に招かれ、彼の手料理を食べながら当時のことを回想する。パリに亡命した直後の八ミリ映画がこれに続く。最後にハリウッドを訪れた監督は、自作の上映のさいに映画館に迷いこんだ豚たちをにこやかに受け入れ、シャーリー・テンプルのサインのあるサンセット大通りを歩く。

マカヴェイエフは森の繁みで、チベット人らしき男女に相談をする。名前は？と尋ねられて、彼はドゥシャンと名乗り、それは魂という意味だと付け加える。わたしの国は魂を喪《うしな》ってしまった。どこに行ったらみつかるのか、教えてくれ。チベット人たちがマントラを唱え、鐘を叩くと、マカヴェイエフはそれに和して、口笛を吹く。鳥を呼ぶように魂を呼ぶことができたらという、招魂の儀礼である。場面は変わって、ベオグラードの傍らを流れるサヴァ河を、彼は年少のランボー・アマデウスといっしょに小舟で下っている。前章で紹介したこのアナーキーな音楽家は、ここでも民族の叙事詩を弾き語るさいの弦楽器グスレを巧みに操ってビートルズを弾いてみたり、トリックスターぶりを発揮してやまない。「おい、この画面を見てるお前、世界の映画製作者たちよ。もしお前たちがルネッサンスのメディチ家やボルジア家のように歴史に名を残したいのなら、今すぐマカヴェイエフに三百万ドルをやって新作を撮らせないとダメだぞ！」ランボーはそのように挑発し、右手の三本の指を立ててみせた。それは民族浄化のおりにセルビア兵が好んで行なった身振りである。マカヴェイエフもこの挑発を真似て、あえて三本の指を立ててみせる。

　二人が見失ったベオグラードの魂を呼び戻すためにいっしょに歌を歌っていると、鉄橋のうえからそれを聞きつけたロマたちが、手にしたチューバやトランペットでそれに合わせる。和やかなフィナーレだった。足を向ける先々でスキャンダルを巻き起こすランボーが、偉大なる先達に対して心から敬意を払っていることが、わたしには画面からよくわかった。わたしにこのフィルムを見せながら、マカヴェイエフは語った。

「個人的には受難の歳月だったが、ティトー時代は楽といえば楽だった。他の国に比べれば、ユーゴにはまだリベラルなところがあったしね。寺山がやってきて、不思議な芝居を見せてくれたのを憶えてるよ。ティトーが死んだときには、誰もがまるで昔の王様が死んだときのように泣いたものだった。その後に現われたミロシェヴィチは芝居がかった身振りの持ち主だが、本来的には内容空疎な人格だった。Nobodyであったとさえいえる。アルカンは血腥《ちなまぐさ》い子供だったが、ミロシェヴィチはけっして前線に赴こうとはしなかった。八〇年代に比べて、九〇年代は、わたし個人としては比較的楽に過ごせた。パリとベオグラードを行ったり来たりしながら『魂に空いた穴』を撮りだしたが、その最中に例の恐るべきインフレが起きた。世界各国を転々としながら、ともかくもあれを完成させたのだ。九〇年代には国外にいる四人の人間と語らってウェブサイトを作り、反ミロシェヴィチ運動を始めた。レディ・マクベスのお頭《つむ》のプラスティックの花飾りは、本当は頭に直に生えていて、みんなあの花に支配されているんだよといった戯唄《ざれうた》を発表したりしていた。運動は終わったが、いまだにあの時の四人とは会ったことがない。別に会う必要もないから、それでいいのだとも思う。ベオグラード・サークルという反体制知識人の集団が結成されたときには、発起人の一人となり、サラエヴォまでバスをチャーターして行った。身の危険なんて考える暇もなかったね。ベオグラードの表通りにプラトー書店というのがあるだろ。あそこから毎晩九時になると、サラエヴォと電話連絡が行なわれ、われわれは交替交替で受話器に出た。その声がサラエヴォではラジオを通して放送されていたのだ」

マカヴェイエフは淡々とした口調で、九〇年代の日々を語った。彼が深い悲嘆を抱いていることは推測できたが、生来のユーモアと冷静さが、それが表に出ることを押し留めていた。自分はコスモポリタンだと、彼は繰り返し口にした。セルビア人でもあり、ユーゴスラビア人でもあり、フランス人でもある。九〇年代を通してサラエヴォとの絆をけっして断ち切ろうとしなかった彼は、昨年はサラエヴォ映画祭で審査員を務めていた。

最後にわたしはマカヴェイエフに、クストリツァのことをどう思うかと尋ねてみた。彼はしばらく黙り、何かをいおうとした。そこへ夫人が台所から来て、この件に関してドゥシャンはノーコメントだわと語り、彼は血で汚れた金で映画を作るような人間については話したくないのよと付け加えた。話はそれで終わった。

クストリツァ、ストヤノヴィチ、マカヴェイエフと、わたしがベオグラードで強い関心をもった監督たちは、それぞれの形で戦後を生きていた。彼らはかつての連邦国家へのノスタルジアに深く心を痛めながら、住み慣れた都市を放逐され、流浪に流浪を重ねながら現在に至っていた。わたしは彼らの微妙な人間関係を推理するにはあまりにも外部の存在であったが、それでも動乱のさなかの身の処し方をめぐって、芸術家たちの間で窺い知れぬ葛藤が横たわっていることは想像できた。敗戦後の日本映画界における変節や転向、復員と検閲の問題が思い出されてきた。クストリッツァは休みなく放浪を続け、ストヤノヴィチは酒を呷《あお》り、マカヴェイエフは深い溜息をつきながら招魂の歌を歌っていた。誰が正しくて、誰が間違っているというわけでもなかった。彼らは一様に敗北の後の状況を生きていたのであり、ヴォルテールが『カンディード』の末尾に書き付けた言葉を引くならば、「己が庭を耕すこと」に余念がなかったのだった。

コソヴォへの旅

その年のはじめ、ベオグラードに滞在を決めた時点から、わたしはなんとかコソヴォの地を踏んでおきたいと思っていた。だがテルアヴィヴにいるかぎりまったく情報は入らず、それがはたして可能なのかは見当もつかなかった。いったいかの地に向かうのに、ヴィザに相当する許可が必要とされるのか。直接にベオグラードから行けるのか。それともアルバニアの首都ティラナまで飛行機で飛び、そこから入った方がいいのか。コソヴォからベオグラードに戻るときに、何か差し障りがあるだろうか。こうした一切のことが不明だった。東京のセルビア・モンテネグロ大使館でその希望を話すと、コソヴォだなんてとんでもない、という顔をされた。かくなる上は直接にベオグラードで情報蒐集を行なうしかないと、わたしは観念した。

ベオグラードでは、誰もが申し合わせたかのようにアルバニア人の残虐さと野蛮を語り、コソヴォはセルビア人のものだと主張していた。彼らはアルバニア人をひどく嫌悪していて、あの赤地に双頭の鳥の国旗は、血の海に毛虫がのたうち回っているさまだと口にする者さえいた。だが実際にコソヴォに足を向けたことのある人はほとんどいなかった。彼らはそんなことなど考えられないという顔をし、話題はというと、アルバニア人の子沢山がいかに脅威であるかという話に流れていくのが常だった。

結果的にわたしが得た情報を纏《まと》めてみると、次のようになった。コソヴォは目下のところ、そのほとんどがアルバニア人によって占拠され、北部のわずかの地域と、点在する島のような町とがセルビア人に残されているにすぎない。しかしこの微妙な均衡はもっぱらNATO主導の多国籍コソヴォ軍KFORの駐留によって保証されているにすぎず、一触即発の状況であることには変わりがない。セルビア人地区に関していえば、その中心地であるミトロヴィツァへは、ベオグラードからバスも定期的に出ており、行くことは不可能ではない。ただそこからアルバニア人地区に抜けることは、生命の保障のかぎりではない。外国人が国連軍の検問を潜って向こう側へ行くには問題はないだろうが、アルバニア人というのは何をしでかすかわからない連中だから、まず見合わせた方がよい。

ミトロヴィツァに行く計画は、意外と早く実現した。プリシュティナ大学のミトロヴィツァ分校で教鞭を取っている英文学のブランカ・ヒル助教授と知り合いになり、彼女の推薦でかの町に一週間ほど滞在し、ヴォランティアで連続講演を行なうという話が纏まったのである。五年前にアルバニア人がプリシュティナを占拠したとき、この大学にいたセルビア人の教師と学生たちは身の危険を感じ、ただちに難民として生きることを強いられた。大学はわずかに残されたセルビア人地区を転々とし、現在はミトロヴィツァとグラチャニツァに仮のプレハブ校舎を建て、そこでかろうじて講義が続けられている。教授陣の多くはベオグラードに避難し、そこからバスで定期的にコソヴォへと戻っては、定められた年間プログラムもないままに教鞭をとっている。日本語を専攻している学生が若干数存在しているのだが、満足に教育の機会もないまま放置されている。わたしの滞在は歓迎されるだろうと、ブランカはいった。

セルビア人側とアルバニア人側のいずれに身を置くかという問題に、わたしはまず決断を迫られた。日本人であるわたしはいずれの側の民族主義にも与したくなかったし、できうるならば両方の側を平等に訪問しておきたいと考えていた。だがその一方で、わたしには敗戦国であるセルビア人側からまず事態を観察しておきたいという気持ちがあった。度重なる空爆の結果、屈辱と疲労から敗戦を迎えた側から事態を眺めることは、意気揚々と勝利に酔っている側に立つよりも、はるかに多くのことを教えてくれるに違いない。わたしのこうした予想の背後には、第二次大戦に敗北した日本に生を享《う》けたという事実がおそらく働いていた。サンフランシスコ講和条約によって日本が独立を回復した二年後に生まれたわたしにとって、この滞在は日本の敗戦を考えるさいの縁となるだろうか。勝利した側を見るのは、それから後でも遅くはないだろうと、わたしは考えてみた。

結果的にいうと、わたしは両方の側を隔てなく観察することができた。ミトロヴィッァの町を横切る分断線を、外国人であるわたしは自在に横断することができたし、町のアルバニア人地区から足を伸ばし、バスで他の地域へと旅行することもできた。もっともそれは、わたしを招聘したセルビア人の大学側に対しては、どこまでも秘密にしておかなければならなかった。彼らはわたしがアルバニア人側へ足を向けることを、あきらかに望んでいなかった。もしわたしに事故が生じたとしても、大学がそれについて責任をとりたくないことは容易に想像がついた。

ベオグラードのバス停留所からミトロヴィッァ行きの長距離バスに乗ったのは、十一月はじめの正午過ぎだった。わたしに分校の話をもちかけてくれたブランカが、同行することになっていた。停留所で彼女は何人もの旧知の人物と親しげに言葉を交わしていた。彼らは彼女と同じく、五年前にアルバニア人を避けてベオグラードに移り、そこから毎週コソヴォへと仕事に戻っている人たちだった。

陰鬱な曇り空のなかをバスは出発し、途中で二度ほど休憩を取った。五時ともなると、日はとっぷりと暮れた。途中から天候は霙《みぞれ》となり、コソヴォ領内へ入る境界の検問所のあたりではみごとに雪となった。バスの最前列の席に座っていたわたしは、フロントグラスの向こうの暗闇に降りしきる雪片が寒さから窓に固着し、ヘッドライトに反射して黄金に輝くさまを眺めながら時を過ごした。バスは寒々とした枯野を、ひどくゆっくりと過ぎていった。傍らの席のブランカが、ミトロヴィッァに着いたら飲み水に注意するようにといった。アルバニア人が毒を水道に混入しているかもしれないという理由からだった。彼女は以前にセルビア文学を研究しているイギリス人と結婚して、しばらくミラノに住んだことがあると語った。じゃあイタリアは楽しかったでしょうというと、イタリア人はユーゴスラビア人をひどく見下していて、あまり愉快な思い出は残っていないと答えた。前夫はロンドンにいたとき、旧ユーゴスラビア王室の皇太子にセルビア語の手ほどきをしたことのある人物であったらしい。コソヴォもセルビアも、これからどうなるのか、皆目わからないと、ブランカはいった。雪はやがて細かな雨に変わり、雨が終わったころようやくわたしたちは目的地に到着した。ミトロヴィツァでわたしを待っていたのは、道路一面の泥濘《ぬかるみ》だった。夜の九時になっていた。

わたしが通されたのは、大学の仮校舎のすぐ前にあるレストランで、二階の四部屋が客の泊れるようになっていた。部屋はひどく薬臭く、いかにも急拵《きゆうごしら》えで建てた設備だという印象がした。建物のどこかで機械の回転する音がいつまでもしていた。夜遅くに何の工事をしているのかと思ったが、翌日になってそれが自家発電の装置だと判明した。いつ停電になるともしれないので、どの家にもそうした装置が備え付けられているのである。シャワー室のわきには巨大なビニール製タンクが置かれていた、これも不意に襲いかかる断水に備えてのものだとわかった。こうしてわたしのコソヴォでの生活が開始された。

コソヴォの問題は、ユーゴスラビアが社会主義を唱える連邦共和国として出発したときから始まっていた。日本でいうならば山梨県ほどの広さのこの地に横たわる複雑な民族問題を蔑《ないがし》ろにし、正面から解決しておかなかったため、ティトーは後に莫大なツケを払うことになり、ひいてはユーゴ存続を危うくする事態が生じることになったのである。少し細かな話になるかもしれないが、歴史的推移を説明しておこう。

中世を通して、コソヴォはセルビア人とアルバニア人が混住する地域であった。セルビア史だけを辿るならば、この民族が本来コソヴォを中心として王国を建立し、しだいに勢力を北方のヴォイヴォディナへと伸展させていったことがわかる。現に西コソヴォのペチュにはセルビア正教の首座が置かれ、セルビア人にとっての神話的起源の土地となっている。一方でアルバニア人は、現在の国名でいうアルバニア、マケドニアを含めた広大な地域に古代から居住していた。彼らは叙事詩『イリアス』の海洋民を自称しているが、その民族的起源はいまなお不詳である。

中世にオスマントルコがコソヴォを支配したとき、アルバニア人は一様にイスラム教に改宗した。一三八九年、それぞれに援軍を従えたセルビア軍とトルコ軍とがコソヴォポリエの平原で大決戦を行なった。トルコ軍が勝利を収めたことは、以後現在にいたるまでセルビア民族主義にとって癒しがたい恥辱であると見なされている。彼らによるならば、それはセルビアの不運なる没落の始まりとなる、ヨーロッパ文明に対するアジア的野蛮の勝利であると考えられてきた。アルバニア人はしだいに数においてセルビア人を圧倒するようになり、その傾向は二〇世紀には決定的となった。

ヴェルサイユ体制のもとにユーゴスラビア王国が成立したとき、コソヴォはセルビア人とアルバニア人の双方を含みこむ形でそこに組み入れられた。だが「南スラブ人の国」は、スラブ系ではないアルバニア人にとっては抑圧体制以外の何物でもなかった。共産主義運動においても同様であって、この地で一九三〇年代にそれを担ったのはもっぱらセルビア人とモンテネグロ人であった。後にアルバニア共和国にあって独裁者として君臨したファディル・ホジャは、コソヴォ出身でありながらあえてアルバニア本国へ移り、かの地で共産主義に基づくパルチザンを組織している[*4]。

アルバニア在住のアルバニア人と、コソヴォ在住のアルバニア人との政治的距離が、このあたりから顕在化してゆく。前者はイタリアのファシズムを侵略者と規定し、抵抗運動を組織した。だが後者には対照的に彼らをユーゴ王国の圧制からの解放者と受けとめ、積極的にそれに加担する向きがあった。コソヴォ内アルバニア人はボスニア・ヘルツェゴビナのイスラム教徒と同様、チェトニクやパルチザンに対して容赦ないテロを加えた。だがそれは、社会主義政権が成立したときに、セルビア人側からの熾烈な復讐を招いた。戦後まもなくアルバニア人が叛乱を起こすと、ただちに戒厳令が発動された。結果としてアルバニア人は共和国を構成する大民族とは認められず、コソヴォはセルビア共和国内の自治区の地位に甘んじることになった。人口二百二十万をかかえるアルバニア人は大きな不満を抱きながらも、ティトーの命令に従わざるをえなかった。

第二次大戦の終了直後、一時的にではあったが、社会主義者たちの間でバルカン連邦の構想が持ちあがった時期があった。ブルガリア共産党のジョルジ・デミトロフが執心し、ティトーは自分が全体の指導者になれると期待していた。アルバニアのホジャはティトー政権と友好条約を締結したおりに、もしかかる連邦が可能であるなら、アルバニアとコソヴォを合体させて、ユーゴスラビアの七番目の共和国としてもいいという考えを抱いていた。だがこの計画は破綻した。一九四八年にティトーがスターリンと袂《たもと》を分かち、自主独立の道を歩むことになったためである。その結果、アルバニアの本国人とコソヴォのアルバニア人は別々の命運を生きることになった。コソヴォはいつアルバニア側から国境を越えてソ連軍が侵略してくるのかという恐怖に捕らわれ、とりわけアルバニア系住民はユーゴスラビアへの忠誠を疑われ、秘密警察によって監視される日々が続いた。ティトー政権は彼らを無理矢理にトルコ人として登録させ、そのトルコへの「帰国」移民を奨励した。コソヴォ内アルバニア人はこうして二級市民としての屈辱の日々を過ごすようになった。このあたりの事情は、戦後日本における在日朝鮮人の曖昧な位置と日本政府、金日成政権との関係と、いささか似通ったところがあるかもしれない。

とはいうものの、一九六〇年代から七〇年代にかけて、この地にあってアルバニア人が経済的にも政治的にも大きな発展を遂げたことは否定できない。とりわけ一九七四年の新憲法によって新たに保障された民族自治権の拡大は、彼らに大きな意味をもっていた。一九八〇年にティトーが死んだとき、コソヴォの地でアルバニア人はすでに人口の八〇％を占めており、セルビア人、マケドニア人に次いで巨大な民族と化していた。にもかかわらず彼らは少数民族の扱いを受け、共和国をもつことができない現実に、強い不満を感じていた。

最初の暴動が生じたのは、その翌年、一九八一年のことである。コソヴォの行政の中心地プリシュティナにおかれた同名の大学で、学生食堂の食事の劣悪さに学生たちが文句をいいだし、それが拗《こじ》れて大学全体が混乱に陥った。興奮したアルバニア系学生たちは「ユーゴ人ではない。アルバニア人だ」「アルバニアとの統合を」といったスローガンを唱え、コソヴォの共和国への昇格を要求した。ただちに軍が派遣され、徹底した弾圧がなされた。それが逆効果となり、暴力は今度はセルビア系住民に向けられることになった。その結果、枯草の山に落ちた炎のように、セルビア人の間に反アルバニア人感情が燃え拡がるのに時を要しなかった。この頃からセルビア正教会が政治の前面に登場するようになり、イスラム教を信じるアルバニア人への敵愾心《てきがいしん》を煽るようになった。

八〇年代の終わりに政治的実権を掌握したミロシェヴィチは、民族対立を解決するにあたって強力な武断政策を採用した。彼は一九八九年にコソヴォポリエの合戦六百周年を大々的に記念する式典を開催し、ラザル王子の首のない遺体がセルビア全国を巡回して、民族主義的情熱を否が応にも掻き立てた。翌九〇年になるとコソヴォ自治州政府と議会が解散させられ、憲法に保障されていたアルバニア人の政治参加は事実上不可能となった。コソヴォ自治州の事実上の消滅に抵抗する彼らは、それとは別個に「コソヴァ共和国」の樹立を宣言し、ガンジーに喩えられる非暴力主義者であるイブラヒム・ルゴヴァを初代大統領に選出した。小学校から大学までアルバニア語による教育を禁じられた教師たちは、寺子屋に似た私塾を設け、そこで生徒たちを教えた。病院も工場も民族によって分裂し、ここに奇しくも二重国家の状態が続くことになった。

ミロシェヴィチはこの状態を苦々しく思っていたが、その直後にユーゴスラビアが解体し、相次ぐ独立戦争への対応にかまけていたため、コソヴォに力を注ぐことができないでいた。一九九七年、コソヴォでは解放軍UCKが公然と出現し、セルビア官憲に向かって武力闘争を開始した。アメリカは彼らをテロリストとは見なさなかった。UCKがたちまちコソヴォの三分の一を解放したのを知って、セルビアの治安部隊はアルバニア人に苛酷な弾圧を行い、三十万人が難民と化した。一九九八年、NATOはセルビアに制裁を与えることを決議し、翌九九年には七十八日間にわたって、コソヴォとセルビアに空爆がなされた。ミロシェヴィチは軍を撤退せざるをえず、アルバニア人は勝利に酔った。彼らはここぞといわんばかりに積年の怨恨をセルビア人にぶつけ、血腥い虐殺と破壊が行なわれた。もっとも万事にアメリカよりの世界のメディアは、セルビア人の暴虐については言及しても、その後になされたアルバニア人の復讐については数えるほどの報道しかなされていない。

国連の暫定統治のもとに、コソヴォでは二〇〇〇年から地方選挙と総選挙が実施されている。だがそのほとんどがセルビア側によってボイコットされ、二つの民族による統合の試みはもはや不可能に近い。アルバニア人とセルビア人はその後もテロの応酬を重ね、わたしが滞在する直前、二〇〇四年の三月にもアルバニア人の子供三人の水死事件が引金となって銃撃戦が生じ、正教会が次々と焼討ちにされるという大惨事が生じている。それどころか意気揚々のコソヴォ解放軍は隣国マケドニアにも触手を伸ばし、かの地に在住するアルバニア人を組織して、民族解放軍を結成させている。マケドニア人とアルバニア人の民族対立は、NATOが仲介することで二〇〇一年に一応の和平を見たが、それはたちどころに転覆し、ふたたびかの地で民族解放軍が結成された。マケドニアがコソヴォの二の舞とならない保証はなく、その場合にマケドニアを承認しないギリシャや、アルバニア系と同系のアルバニア、アルバニアに親近感を寄せるトルコ、対立するブルガリアまでが巻き込まれて、ふたたびバルカンが巨大な戦火に包まれないという保証はどこにもない。

コソヴォの最終位置決定は二〇〇六年に予定されている。従来の国境線を尊重して、コソヴォの全域をアルバニア人共和国として独立させるべきなのか。ミトロヴィツァ以北と若干のセルビア人地区をセルビア人の領土として認め、分離独立を認めるべきなのか。もっとも後者の場合には、マケドニアやアルバニア本国に居住するアルバニア人が黙って認めるわけがなく、さらに別の地域における国境改訂の要求へと、紛争が飛び火してゆく可能性が生じる。加えてこの二十年にわたる社会の混乱のうちに、いつのまにかコソヴォ社会に根を下ろし、密輸からドラッグ、売春、難民密航を手がけて巨大な組織と化してしまったコソヴォ・マフィアの脅威を、どう解決すべきなのか。彼らはしばしばミロシェヴィチ時代に暗躍し、その後の権力真空時代に大きく発展して現在にいたっている。ことはもはや猫の額ほどの大きさしかないコソヴォの内側だけの問題であることをやめ、バルカン半島全体の今後の地勢図に大きく関わっている。

さてここまで「コソヴォ」と記してきたが、それがあくまでもセルビア側の表記であることを、念のために断っておきたい。アルバニア側は同じ土地を「コソヴァ」と呼んでいる。この微妙な差異が実は深刻な対立を導きだし、相互に残酷な殺しあいを促した。以下にわたしが具体的に見聞した事柄を記しておくことにする。

わたしのミトロヴィツァ滞在は、まず到着の翌朝、セルビア人地区にあるプリシュティナ大学の「分校」を訪問するところから始まった。

校舎は事務棟と教室棟に分かれていて、いずれもが平屋だった。前者は一応屋根が煉瓦でできていたが、後者はトタン屋根でいかにも急拵えのプレハブであるという印象を与えていた。ここは以前は警察署だったが、空爆で焼け野原となった。そこへプリシュティナを追われたセルビア系の大学人が三年前に仮校舎を建て、創立者の彫像を芝生に安置した。大学の正面玄関だけは、元のプリシュティナ大学をほぼ踏襲しているとの話だった。

大学の学部長は上機嫌にわたしを迎えた。セルビアの大学人のつねとして、彼は英語教育を受けていない世代に属しており、わたしと話すときに教員控室に電話をして、若い英語教師の女性を呼び出しては通訳をさせた。アメリカのメディアが世界中にむかってコソヴォをどのように報道しているか、自分たちはよく知っている。だが、ひとたびそうした偏見を捨てて、現実のコソヴォがどんな風であるかを日本人のあなたに見てもらいたい。どれだけの教会が破壊され、どれだけのセルビア人が今なおアルバニア人の脅威に怯えているかを、しかと知っていただきたい。そのために大学としては、あなたのために護衛付きの車を準備して、見聞を広めていただこうと思っている。学部長はだいたいそのようなことをいうと、つい先だって『ラスト・サムライ』というハリウッド映画を観てひどく感銘したといい、あそこに登場する侍たちは愛国心においてセルビア人に劣るところがないと語った。もっとも学部長はいった先から自分の約束を忘れてしまったらしく、わたしのために車が準備されたことは以後一度もなかった。

教室棟には三十ほどの教室があり、廊下はいつも学生たちで混雑していた。校舎の入口では大勢の女子大生が煙草を吸っていた。教師控室でも女性の教員たちが煙の立ち込めるなかでお喋りをしていた。とにかく誰もが煙草を吸っていた。図書室の蔵書はひどく貧しく、セルビア語の書物がわずかに千冊ほど置かれていたばかりだった。それはプリシュティナからミトロヴィツァへと緊急になされた移動の困難を物語っていた。日本語の書籍はあるかと尋ねてみると、四十冊ほどの小学校の教科書と、誰が持ち込んだのかは不詳だが、二冊の『文藝春秋』があるだけだった。わたしは学部長室と教員控室の両方の壁に、同じ油絵の複製が掲げられていることに気付いた。美しい朝焼けの野に一人の青年がすっかり疲れきって、死んだ敵兵の背に身を預け、横たわっている。傍らには民族衣装を着た少女がいて、瓶を兵士の口元に当て、水を飲ませている。周囲には累々と兵士の死体が転がり、主人を見失った馬の姿が見える。それは一四世紀終わりにコソヴォポリエでなされた、かの有名な戦闘を描いた絵画だった。

プレディチの『コソヴォの乙女』はいたるところで見かけた。

その後、コソヴォに滞在している間、わたしはこの絵の複製を、いたるところで見かけることになった。修道院の土産物屋でも、街角のキオスクでも、その絵葉書が売られていて、セルビア人の民族主義的情念を鼓舞するのに大きな役割を果たしていた。

ベオグラードに戻ったわたしは、この絵が二〇世紀の初頭、ウロシュ・プレディチなるロマン派の流れを汲んだ画家の手になる、『コソヴォの乙女』（一九一九）という作品であると知った。描かれている光景は、セルビアに中世から伝わる戦記物語の名場面であって、グスレといって、日本の琵琶法師よろしく放浪の芸人が弦楽器を手に弾き語るのが民族の伝統であるという。それはいうなれば、今日にいたるセルビアの民族主義にあって、神聖なる原初の映像であるといえた。物語のなかでは、朝まだきセルビア人の少女が許嫁の青年を激戦のあった平野に探しに行く。彼はトルコ兵を倒したものの、みずからも大きな傷を負ってしまった。少女はさんざん探しまわったあげくに青年を発見し、水を口に含ませるが、彼は力尽きて絶命する。この悲恋物語がセルビア人の聴衆に感涙を催させ、彼らに敗戦の屈辱を繰り返し認識させて、民族主義へと駆り立ててきたことは理解できた。もっとも一人の学生によれば、人口に膾炙《かいしゃ》しているこの絵ほど誤りの多い絵もないとのことだった。そもそも死体のトルコ兵の軍服は一九世紀のものであるし、中世セルビア人の民族衣装はもっと簡素なものであったはずだ。死に瀕した青年が履いているブーツは、一九世紀のハンガリー兵のものではないか。時代考証をまったく無視したこうした絵画が歴史を歪曲していることに、彼はセルビア人としてひどく批判的であった。わたしはといえば、この絵画がコソヴォのセルビア人地区のいたるところに掲げられ、絵葉書として売られていること自体を、興味深い現象だと受け取った。あらゆる民族の起源はこうして神話的映像に基づいて、後からイデオロギー的に形成されてゆくのではないか。それは以前にピョンヤンの革命博物館でさんざん見せられた巨大な革命絵画と、どこが異なっていることだろう。

ミトロヴィツァの町は南西から北東に流れるイバル川によって、四年前から二つに分断されていた。北側がセルビア人地区、南側がアルバニア人地区となり、川に架けられた二本の橋の両側ではKFOR（国連安全保障部隊）の兵士たちが検問と監視を行ない、つねに二つの地区をジープで巡回しながら治安の維持回復に努めていた。

北側を南北に横切っているクラリャ・ペトラ通りは、セルビアの多くの町がそうであったように、かつてはティトー元帥通りと呼ばれる目抜き通りだった。この通りは川を越え、さらに南側へと大きく伸びていた。クラリャ・ペトラを基軸として枝葉のようにいくつもの通りが伸びていたが、最初の二日間というもの、わたしはどこを歩いていても迷いっぱなしだった。

道に迷ったことの原因のひとつは、アルバニア人側から避難してきたセルビア人が道路の歩道部分に無許可のままカフェやキオスクを林立させたため、曲がりくねった路地や袋小路が急増し、地形が無秩序の極みに達してしまったためだった。カフェの多くは「パリ」や「ロンドン」といった風に、西側の都市の名前を付けられていた。キオスクは頑丈な金属の格子をもち、いつ何時暴徒によって襲撃されても平気なように、しっかりと準備がなされてあった。それはついしばらく前まで、セルビア人の商店がアルバニア人による度重なる強奪の対象となっていたことを物語っていた。道はどこも傷んでいて、いたるところに水溜りができていた。天気がいい午後には、乾いている路傍にビニールを敷いて、腕時計から古本、ガラクタの類までを売る露店が出現した。車のボンネットに品物を並べている者もいた。彼らは外国人であるわたしに気付くと、片言の英語で話しかけてきた。セルビア人はディナールを、外国人はユーロを払うというのが、暗黙の取り決めのようだった。

　大通りのかたわらに即席で形成された路地はいつでもひどく混雑していて、そのなかを銃をもったKFORの兵士が二人一組で闊歩していた。その言葉遣いからフランス軍がここに派遣されていることがわかった。これが戦後というものなのだと、わたしは心にいい聞かせた。東京だって、今から半世紀も前にはこうだったはずだ。

　わたしが道に迷ったもうひとつの理由は、町の地図を手にする手立てをなかなか見つけられなかったことである。未知の都市に降り立ったとき、最初にまず地図を入手して都市の大体の構造を把握し、それから散策に出かけるというのが、旅行家としてのわたしの流儀である。だが書店やキオスクを探しても、もとより観光地でもなく、昨今急速に変動を体験した町の地図など存在しているわけがなかった。

　三日目になってわたしは大学の裏側を歩いていて、たまたま電力会社を発見した。空爆によって徹底的に破壊された施設を再建するにあたって日本が援助をしたらしく、壁にも機械にも日の丸のシールが貼られている。ひょっとしてここなら町の地図があるかもしれないと期待したわたしは、所長に面会をもとめた。若い所長はどうやらわたしを日本政府から来た調査官か何かと誤解したらしい。わたしを歓迎して招きいれてくれると、町の住民が電気代を払ってくれなくて困っていると愚痴を零した。毎日かならず生じる不意の停電には、それが大きく与《あずか》っているらしい。ひとしきり愚痴が終わったところでわたしは、本題を切り出した。所長は、KFORから受け取った地図ならあるが、軍の機密だから他人に貸与するわけにはいかないと、最初は躊躇《ちゅうちょ》していた。だが多額の寄附を惜しまない経済大国から来た「調査官」の願いに最後には折れて、わたしに地図の複写を許してくれた。これはゴーゴリ的な体験だった。ただしくれぐれも内密にお願いします。間違っても兵士たちの前で拡げたりしないでくださいよと、念を押しながら。

電力会社を出たわたしは、カフェに入ると、ただちに渡されたミトロヴィツァの地図に見入った。そこには三日の間わたしが迷った町の迷路が、理路整然と絵解きされていた。地図からすると、アルバニア側はセルビア側の約五倍の面積をもち、南に大きく拡がっていることがわかった。この地図さえあればあちら側を歩くさいにも迷う心配はいらないだろうと思うと、勇気が出てきた。

駐留軍兵士のために製作されたこの地図には、ひとつ興味深い特徴があった。細かな活字で記されていた本来の地名を打ち消すような形で、新しい地名が太いゴチック活字で加えられている。その悉《ことごと》くはパリの地名だった。大学のあるところはヌイイ、ロマ集落の近くはバスチーユ、北側のお屋敷町はメゾン・ブランシュと改名されていた。南北を分かつ橋はアウステルリッツ、南側の市場街はシャトレで、ご丁寧に郊外の墓地のわきにはパリで有名な売春窟であるピガールの名前が与えられていた。こうした処置が、セルビア語もアルバニア語も解さないフランス人兵士のために、彼らが緊急時に迅速に行動できることを目的としてなされたことは明らかだった。巡回中の兵士たちは、携帯電話でパリの地名を口にしながら、現在位置を確認していた。わたしは以前ある機会に、日本を七年間にわたって占領したGHQの手になる東京地図を見せられたことがあった。そこでは銀座通りをはじめとして、多くの通りの名称があたかもマンハッタンであるかのように変更されていた。それが敗戦ということの意味なのだった。ミトロヴィツァの地図をようやく入手したわたしは、久しぶりにその日のことを思い出した。

わたしが連続講演をすることになった大学には、日本語を勉強している学生が二十人ほどいた。全員が女性だった。三分の一ほどはプリシュティナから大学とともに移ってきた難民の学生だった。彼女らは学生寮に住んでいた。ひとりの女子大生の部屋に案内されたが、狭い四人部屋には寝台と小さなロッカーを除けば、何もなかった。今は四人で住んでますが、ここに越してきたときは寝台をシェアしながら八人で使っていたのですと、彼女はいった。学生のもう三分の一はミトロヴィツァの現地の学生で、自宅通学をしていた。最後の三分の一はセルビア・モンテネグロのコソヴォ以外の地域から来た学生だった。その一人に、どうしてコソヴォの大学をわざわざ選んだのかと尋ねると、だってベオグラードの大学は難しくて入れそうにないからという答えが返ってきた。

学生たちは猫の額ほどしかないセルビア人地区のなかで、夜になればディスコに行くか、カフェでウゾやワインを呑むくらいしか、暇つぶしはないようだった。ほとんど誰もがひっきりなしに煙草を吸っていた。日本に対する漠然とした期待こそもっていたが、日本料理店もなく、日本人が在住しているわけでもないので、日本に対する知識をほとんどもっていなかった。そのかわり彼女たちはみごとにダンスのステップを踏んだ。音楽が流れてくると、手をとり列を作りながら、愉しげに踊りだすのだった。コソヴォに生まれたほとんどの学生は、子供のころに近くにアルバニア人が住んでいたせいで、若干のアルバニア語を話すことができた。わたしはプリシュティナに行くときのことを考えて、簡単な挨拶をいくつか教えてもらった。これは後で大きく役にたった。

わたしは毎晩のように、自宅通学をしている学生の家に呼ばれた。どの家にも、壁に聖デミトリウスの肖像画の複製がかけられていた。コソヴォの守護聖人だった。白い地元のチーズを詰めたピーマンとか、自家製のソーセージといった料理が出た。ワインもラキヤも、裏庭で採れた葡萄とチェリーから作るのだと、家の主人は自慢げに語ると、かならずわたしに一瓶の蒸留酒をお土産にもたせてくれるのだった。昨今、日本でも新しい食通のアイテムとなっているスローフードが、そこでは健全なまでに実現されていた。かつてユーゴスラビアを形成していた諸地域のなかでも、コソヴォはとりわけ貧しく、生活水準の低い地域として知られてきた。秋の収穫の季節ともなると、北セルビアのヴォイヴォディナ地方では貧しいコソヴォの農民が臨時に雇われて刈り入れを手伝う光景が見られたという。加えて相次ぐ戦乱と難民の流入、経済封鎖のおかげで、ミトロヴィツァの人々の暮らしはベオグラードに比べていっそう倹しいものとなった。だがその倹しさのなかで彼らは、未知の客を自家製の食材で作った料理で歓待し、互いに歌を歌いあっては愉快な時をすごす術に長けていた。

ある家でわたしは学生の父親から、我が家の家宝だと冗談めかして説明された後で、イラクのフセイン大統領の顔写真のある腕時計を見せられたことがあった。それはユーゴスラビアが非同盟諸国との友情から、多くの労働者をアラブ諸国に送りこんだときの記念品だった。働いていて一番愉しかったのはパーレビ時代のイランだったねと、彼はいった。分厚い写真アルバムのなかで、彼はイラン人のように濃い髭を生やしながら、建設工事の現場で采配を振るっていた。

別の家では、高校の英語教師と話す機会があった。町が南北に分断されるまで、彼女は南側の市場の向こうにある高校まで歩いて通っていた。今でもセルビア人のための仮設高校で教えているが、狭い建物を一日に三回転させて授業を行なわなければならないという。昔からミトロヴィツァではアルバニア人もセルビア人も仲よく暮らしてきたというのに、どうしてこんなことになってしまったのか、いまだに理由がわからないと、彼女はいった。アルバニア人の中で育った彼女は大学時代をベオグラードで過ごしたが、同じクラスにいるスロベニア人やクロアチア人とはけっして打ち解けて話すことができなかった。さびしい時に話しあうのは、同じコソヴォからやって来て学生寮で同室の、アルバニア人の親友だった。コソヴォにいるセルビア人は、ずっと長く生きているうちに段々アルバニア人みたいになってくるのよと彼女はいい、子供のときから食べてきたパンが今日は運よく手に入ったからと、食卓に出してくれた。それはアルバニア人が断食《ラマダン》の中休みの週末に食べるという特別のパンで、セルビア人の彼女にとっては喪われた幸福な時代の記号であるように思われた。

　食事が終わってお茶が出るようになった頃、わたしは「そういえばこんなものがありますよ」といって、国連軍が製作した町の地図の複写を鞄から取り出してみた。居合わせた人々の何人かが驚きの目とともに、それに見入った。彼女たちはフランス語で大きく記された新地名を無視し、その背後になかば消されている元の地名を読み取ろうと執拗な努力を始めた。とりわけ熱心な観察の対象となったのは、南側の地区だった。タコヴスカ、ネナドヴィチェヴァ、ビロアニノヴァ……。高校教師は苦心して細かな活字を読み取ると、そのひとつひとつの母音と子音の結合を懐かしげに舌先に乗せてみるのだった。それらはかつて彼女が教鞭をとっていた南側の高校へと通じている通りの名前だった。わたしたちが食卓を囲んでいるその家から一キロも離れていないというのに、彼女はそこを訪れることが永遠にできなくなってしまったのだ。

「ああ、あの路地の名前はハイドゥク・ヴェリコヴァといったんだ、わたしは毎日歩いていたのに、あの道に名前があることさえ考えたことがなかった」と彼女はいうと、しばらく黙りこんだ。深い喪失感が彼女を襲っていることが理解できた。わたしは冗談半分に地図を披露したことを反省すべきだった。だがそれ以上にわたしを圧倒したのは、その場に立ち込めているノスタルジアの朦朧《もうろう》とした雰囲気であった。

アルバニア人の側へ

分断線は、これまでに幾たびか訪れたことがあった。

最初の体験は、一九九二年に国際映画祭のために赴いた朝鮮民主主義人民共和国である。板門店《パンムンジャン》の軍事境界線を、北側から眺めてみた。絶対に南の連中の挑発に乗らないでくださいよと、案内人が繰り返し指示をした。十メートルほどの中間地帯は塵ひとつなく整備されていて、向こう側に数人の白人観光客の姿が見えた。彼らが北側にいるTシャツにジーパン姿のわたしを見て、怪訝な表情で何かを話しているのがわかった。韓国兵たちはいくぶんリラックスした表情をしていたが、こちら側にいる北朝鮮の兵士たちは緊張した表情で、微動だにせず立ち尽くしていた。境界線の傍らには「祖国防衛戦争」の経緯を説明する展示施設があり、板門店の全体を象ったミニチュア模型の前で、担当将校がアメリカ軍の暴虐をわたしに説明してくれた。板門店は北にとっても南にとっても、外国人に自分たちの歴史的正当性を宣伝するために設えられた、みごとな観光地だった。わたしが足を向けた数年前、南から来た一人の大学生が、北側から南側へ境界線を抜けるという示威行為を行ない、ただちに南側に逮捕されて、懲役刑を受けた。

わたしの案内者は彼女の行為を英雄的だと呼び、賞賛を隠さなかった。

二番目に体験した分断線はセルビアに向かう数ヶ月前に、イスラエルからパレスチナへ抜けるさいに、嫌というほど体験することになったマフソム（検問）である。わたしは鉄条網に遮断された空間に入ると、強烈な太陽と土埃に晒されながら、パレスチナ人たちとともに長い時間を待たされた。順番が来ると、イスラエル兵の質問にパスポートを見せながら説明しなければならなかった。わたしは彼らがパレスチナ人に対して挑発や嫌がらせをするさまを、しばしば見かけた。検問の周囲には露店市が立っていて、ありとあらゆる日常品が路上に並べられていた。その後ろ側では分離壁を作る作業が進行中だった。

ミトロヴィツァの北側と南側を隔てる境界線は、板門店ともマフソムとも異なっていた。川に架けられた橋の両端に土嚢《どのう》が積み上げられ、鉄条網が張りめぐらされている。戦車に寄りかかって、フランス兵たちが退屈そうに煙草を吹かしていた。彼らはわたしが通行しようとしてもいっこうに無関心で、パスポートを確認しようとすらしなかった。橋の中央は車両が直進できないように、ところどころに土嚢が置かれていた。歩行者は片方の端を歩くようになっていた。川には何十羽もの水鳥がいて、冷たい水のうえで身を休めていた。川を横切って、鉄条網がいたるところに張りめぐらされていた。

わたしが兵士の一人に尋ねて判明したのは、住民の通行が軍事的に禁止されているわけではないということだった。現にわたしたちが話している間にも、いかにもアルバニア人らしき男が自転車に乗って橋の向こう側から渡ってきていた。町の北側でも、川べりや丘のうえに、少数ではあるがアルバニア人が今でも住んでいる。彼らはムスリムではなくカトリック教徒で、朝早くに特別のバスで南側に向かい、市場で買い物をして帰るという。

もっとも橋を往還するのはまずアルバニア人と相場が決まっていて、セルビア人が南側へ向かうことはけっしてない。彼らの大部分は五年前まで南側に住んでいて、ほとんどの家財道具を置去りにしたまま北側へ避難してきた。だがもし南側へ足を踏み入れたなら、たちまちアルバニア人たちに取り囲まれて私刑に会い、生命が危険であることを知っている。この三月にも暴動が生じた。いずれ事態は沈静化するかもしれないが、ともかく目下のところ住民たちは南北の両岸で対峙しあっていて、緊張関係が続いているのだ。

五十メートルほどの橋を渡りきり、鉄条網で囲まれた地帯を通りぬけると、そこはアルバニア人地区だった。北側の街角を埋め尽くしていたキリル文字が消滅し、ラテン文字だけとなる。アルバニア語の看板を眺めていると、語尾にウムラウトの記号のついたeの文字が多いことが目立った。北側から続く大通りをしばらく歩く。ほどなくして人通りの多い地域に出た。そこは市場《スーク》であり、人ごみの奥にモスクの尖塔が見えた。市場に張りめぐらされた天幕の下では、米も豆も香辛料も、すべてが過剰に山盛りに積み上げられていて、北側の商店にはない活気が感じられた。赤と黒のアルバニアの国旗をあしらったTシャツや、国連の駐屯部隊の国旗が店先で売られていた。コソヴォのガンジーと称された元大統領ルゴヴァの肖像写真が、額に入れられて並べられており、その脇には山から降りてきて民衆に歓迎される解放軍の髭面の兵士たちのポスターが売られていた。

南側に入ってただちに感じたのは、路上に北側のような急拵えのカフェやキオスクがなく、かわりにやたらと往来に人が出ていることだった。アルバニア人は眉が濃く、セルビア人と比べて額が突き出て険しげな表情をしている。ほとんどが黒髪で、金髪を見かけることは稀だった。服装は地味で、黒か灰色のくたびれたジャンパーを着ている人が多かった。北側のセルビア人の店では、売り子は巻貝のように店のなかに閉じこもっていて、訪れてきた客に対応する。店の外側は鉄の鎧扉で閉められる仕組みで、ガラスを割って店内のものを盗み出すことができないようになっている。南側ではすべてが異なっていた。店員は大概は店の外に出ていて、隣の店員と世間話をしている。たまたまショウウィンドウを覗き込む客がいたりすると、さっそく言葉をかけ、巧みに内側へ誘い込む。北側と違って品物に正札が付けられていることはなく、買い物のためには値段の交渉をしなければならない。

アルバニア人たちは話好きであり、わたしは市場を横切るだけで何回も「ジャパン？」と話しかけられた。それはベオグラードでも、ミトロヴィツァの北でも、絶えて体験した覚えのないことだった。キオスクの店頭には、ガムテープで秘所を隠したヌード雑誌などとともに、アラファトの写真を一面に大きくあしらった新聞が三紙並べられていた。パレスチナ自治政府の議長はパリの病院で危篤の状態にあった。新聞を買ったわたしがそれを手にして歩いていると、何人もの人がアラファトの名前をいいながら、わたしに話しかけてきた。わたしは雑踏の市場の中央にあるモスクに入った。モスクの壁には、サウジアラビアの援助によって三年前に建立された旨を記した銘版があった。中では説教師らしき一人の老人を取り囲んで、大勢の人たちが熱心にその話に耳を傾けていた。講話が終わると、外国人であるわたしの存在に気付いた何人かの老人が次々と「サラーム・アレイクン」と挨拶をし、手を差し伸べてきた。わたしが「アレイクン・サラーム」と正しく返事を返すと、彼らは満足してさらに話しかけてくるのだった。アルバニア語は皆目わからなかったが、どうやら日本にもモスクがあるのかと尋ねているようだった。

ミトロヴィツァでは、空爆が続いていた一九九九年四月、セルビア人によって三万人のアルバニア人が焼け出され、追放された。彼らはただモンテネグロに行けとだけ命令され、着の身着のままの格好で三日間をかけて八十キロの距離を徒歩で踏破し、ドゥボヴォという町に到着した。だがそこに駐屯していた新ユーゴ軍は彼らを阻止し、バスに詰め込んでふたたびミトロヴィツァに送り返した。飢えと恐怖から、多くのアルバニア人はもう一度この町を脱出し、モンテネグロへ向かおうとした。こうした度重なる悲惨な移動の後、彼らがようやく安心してミトロヴィツァに戻ることができたのは、二ヶ月後の六月にミロシェヴィチが軍隊をコソヴォから撤退させた後のことだった。ただちにセルビア人への苛酷な復讐が実行に移された。正教会が破壊され、虐殺と強姦が相次いだ。彼らはセルビア人の住居を襲うと、そこに住み着いた。

　ミトロヴィツァの南側は急速にムスリムの街へと変貌していった。大通りから少し離れたところにはイスラム・センターが設けられ、若い女性とモスクをあしらった絵柄に「あなたの本当のアイデンティティ」とアルバニア語で記されたポスターが、何枚も壁に貼られていた。路上ではハリウッドのスターや黒人スポーツ選手のブロマイドやポスターとともに、アラブ系の映画女優やメッカの写真が並べられていた。夕暮れともなると、街角のあちこちに備えつけられたスピーカーから、コーランの朗誦《ろうしょう》が聞こえてきた。アルバニア国旗を背に銃をもつパルチザン兵士や、中世のアルバニアの王らしき人物を象ったレリーフが、ショウウィンドウを飾っていた。たまに英語で看板を出している店があって、粗末な造りの民族

アラファト危篤を告げる
コソヴォのアルバニア系新聞。

衣装の人形やヌード写真の浮き出るライター、スペイン語やフランス語で記された銅版の碑文が売られていた。あきらかに進駐軍の兵士を対象とした土産だった。

英語はほとんど通じなかった。停留所でバスを待っている三人の女子大生に道を尋ねようとしたが、彼女たちは母国語のほかにはドイツ語しか話せなかった。わたしが北側の大学に来ているといっても、そんな場所に大学などあるわけがないと主張して譲らなかった。セルビア人がいなくなった後のプリシュティナ大学の学生だった。そのうちの一人が手にしている女性雑誌を見せてもらうと、日本の雑誌と同じように、パリの最新流行の紹介から星占いまでが満載されていた。だが同時にそこには、コソヴォのアルバニア系著名人が、自信に満ちた表情で先だっての選挙に投票している写真が掲載されていた。いつもながらにほとんどすべてのセルビア人が棄権した選挙のことである。

ミトロヴィツァの町の南側は、北側とは比較にならないほどに大きく、ほとんど果てがないように感じられた。もし軍事用の地図をもっていなかったとすれば、わたしはここまで大胆に足を進めることができなかっただろう。市場の喧騒《けんそう》に疲れたわたしは、町外れにむかって東の方角に歩き出した。

鉄道駅はほとんど廃墟と化していた。かつてはプリシュティナとベオグラードを結ぶ路線の中間にあった駅には、もう特別の貨物列車を除いて一般の列車が通過しなくなってから、短くない歳月が経過していた。無人のプラットフォームに立つと、空地の向こうにイタリアの国旗が風に靡いているのが見えた。線路は錆びついていて、雑草がいたるところに生えており、空地に不要となった自動車を圧縮した金属の塊が、いくつも放置されていた。駅舎にはどうやら難民が住んでいるらしく、洗濯物が干してあった。駅前のバスの停留所には標識も切符売り場も見当たらず、一台のバスが待機しているだけだった。顔に被り物をした女性が、バスの中でひっそりと出発を待っていた。

駅からさらに東へと歩いていくと、貧しい家が何十軒も連なっている集落に出た。アルバニア人は未婚の娘を男たちの視線から守るために、家の周囲を高く囲む習性があると聞いていたが、はたしてその通りだった。大きさもまちまちの木切れをつなぎ合わせただけの塀の間を、舗装もされていない曲がりくねった道筋に沿って、泥濘に足を取られないよう歩いてゆくのは、懐かしい気持ちがした。それはわたしがまだ小学校に入学したばかりの、一九五〇年代の後半には、東京や大阪で普通に見かけた風景だった。夕暮れ時の路地には、いかにも失業中といった若者たちが数人、退屈そうに佇んでいた。彼らはわたしに話しかけていいのか迷っているらしく、じっとこちらを眺めている。緊張を解くために「ミルディタ！」とアルバニア語で「こんにちは」と挨拶をすると、途端に表情を崩して挨拶を返してきた。

わたしは自分をじっと見つめている視線があることに気付いていた。路地の住人たちは、突然に迷いこんできた未知の外国人に、家々の内側から警戒の眼差しを向けていた。すれ違う老人は例外なく白い帽子を被っていた。それは彼らが敬虔なムスリムであることを示していた。大通りに出ると、トラクターを道に横付けしてキャベツやジャガイモを売っている若者がいた。小さな川を渡ったが、川べりには大量の塵が捨てられていて、悪臭を放っていた。何十ものタイヤが捨ててあるのが気になった。水は汚れていた。

プリシュティナへ通じる幹線道路の傍には、有刺鉄線に囲まれた一角があった。怪我をしないように気をつけながら身を潜らせ内部に入ってみると、はたしてそこはセルビア人の墓地だった。墓石が二つに割られたり、無惨に転倒させられたりしていた。石が持ち去られて、黒い穴が口を覗かせているものもあった。納骨堂は外壁だけを残して内部は完全に焼かれていて、塵が散乱していた。野良犬が一匹いたが、わたしの姿を見つけるとどこかへ出て行った。わたしは西エルサレムの公園の傍にある、パレスチナ人の墓地を思い出した。そこでは墓石の転倒こそなかったが、もはや訪れる者もなく荒廃が進行し、ホームレスが小屋を建てて住んでいた。

太陽が沈みかけていたので、わたしはそろそろ北側に引き返すことに決め、最初に通過した橋とは違う橋を渡ることにした。橋の手前にはスイス政府の援助によって建設された「多民族的市場」Marche Multiethnique の空間が、巨大な看板とともに広がっていた。もっともそこは無人で、店が並んでいた痕跡すらなかった。ふたつの民族が市場を通して融和することを目的として築かれたこの建物は、駐留軍の人道主義的な善意がいかに的外れのものであるかを端的に物語っていた。

あってなきがごとき検問を通過して北側に入ると、焼討ちにあった家屋が黒々としたシルエットを見せていた。かつてアルバニア人たちが住んでいた家だった。ある豪華な邸宅が、建物の外側だけを残してみごとな廃墟と化していた。たぶん富裕なアルバニア人の持ち物だったのが、周囲のセルビア人の恨みを買って、放火されたのだろう。壁にはスプレーで落書きがなされていた。薄明のなかでわたしはキリル文字をノオトに控えた。

ГДЕСТЕ　САДА　ШИПТАРИ
ЛЕПЕ　КУЧЕ　ЛЕПО　ГОРЕ

念のためにと思って、デジタルカメラのシャッターを切ったところ、たまたまそこを通りがかった三人の男がいきなりわたしを取り囲み、なにやら強い調子で難詰を始めた。明らかにわたしの撮影に怒りを感じているようだった。わたしがカメラを操作して撮影したばかりのショットを消去すると、彼らはようやく納得したらしく、包囲を解いた。一人の男は、どうやら日本がアメリカと共同してイラクに派兵していることに言及しているようすだった。そうか、やはり彼らにしても、アルバニア人へ加えた暴行が公にされることを恥じているわけだなと、わたしは推測した。翌朝、大学にいって学生の一人に頼むと、彼女はわけもなくわたしが記録したメモを翻訳してくれた。落書きは「どこにいるのか、アルバニア人よ。いい家はよく燃える」という意味で、この二行目は『いい村はよく燃える』という、ボスニア戦争を題材としたセルビア映画の題名に由来しているとわかった。アルバニア人は「アルバニア」と呼ばれず、「シュピタル」ШИПТАРと綴られていた。それが公式的な呼称ではなく、場合によっては軽蔑的陰影を帯びた言葉であることを、わたしは教えられた。

ミトロヴィツァのアルバニア人側の見当が大体ついたわたしは、翌日には南側のバスターミナルから一時間ほどバスに乗って、コソヴォの中心地であるプリシュティナへ向かうことにした。もっともこれは大学側には内緒にしておかなければならなかった。

バスに座席を見つけ、出発までしばらく時間を待っていると、プリシュティナ大学の学生だという曲毛《くせげ》の青年が隣に座ってきて、ひどく親しげな調子で話しかけてきた。バスにはいくらでも空席があるので、彼がわたしと話したくて席を選んだことは明らかだった。彼はわたしの国籍や家族、ここにいる理由などを忙しげに尋ねたが、だからといって格別それに関心をもっているわけでもないようだった。自分はプリシュティナ大学でイスラム神学の勉強をしているといい、得意げにアラビア語の単語をいくつか披露した。そうかと思うと、パッとバスを飛び出していって、頼みもしないのにわたしのためにコーラを買ってくるのだった。わたしがモロッコで見知っていた多少の体験からすると、この手の人物は観光客をひどく高い土産物屋に連れて行って、後で店から謝礼を受け取る手合いと踏んでまず間違いがない。だがこの青年はどうやらそのような小遣い稼ぎとは違って、外国人であるわたしと知り合うことで、何か外国でいい収入を得る道がないかと考えているようだった。彼は執拗にわたしのメイルアドレスと電話番号を教えてくれと頼み、日本のヴィザを獲得するために助力してくれといった。だがわたしがべオグラードから来ているというと、これは脈がないと判断したのか、彼の大学があるはずのプリシュティナに到着するはるか手前の、別の町の市場で、そそくさとバスを降りてしまった。

バスのなかではもうひとつ事件が起きた。車掌を務めていた小柄な若者が、あるとき突然に運転手にむかって走行中の車を停止するように命じた。バスが停止すると彼は客たちにむかって、何やらアルバニア語で注意を促した。後部座席からひとりの客が前に出てきて、口に銜《くわ》えていた煙草を降車口から外へ捨てた。バスはふたたび動き出した。しばらく考えてみて、ようやく納得がいった。今は断食《ラマダン》の時期にあたっており、厳格な車掌としては、イスラム教徒が煙草であるにせよ、何かを嗜《たしな》んでいることが戒律に背くことであると判断したのである。このささいな挿話は、コソヴォが目下急速にイスラム原理主義へと傾斜しようとしつつあることを、わたしに認識させた。

プリシュティナはミトロヴィツァよりもはるかに大都会で、整然とした大通りのわきに高層ビルが建ち、鉄道駅の前には巨大なセミヌードの広告が掲げられていた。社会主義の終焉と急速なイスラム化、アルバニア民族主義の支配と国連軍の進駐といった、この二十年間ほどの間に生じたあまりに目まぐるしい変化が、街角にはくっきりと刻印されていた。町の一角にはいくつもモスクが固まって存在しており、熱心な信者たちがラマダンの祈りをあげに来ていた。ここでもわたしは礼拝の後で何人もの人々から握手を求められた。

祈禱が終わって靴を履こうとしたわたしは、いっせいに何人もの物乞いに取り囲まれた。大概が汚れた顔をした子供だったが、若者もいた。二人の若者は右手首から先がなく、それが地雷によるものであることは明白だった。他にもモスクの入口に両足のない若者が蹲《うずくま》って、物乞いをしているさまを認めた。商店街を歩いていると、額縁屋の店先には、ピカソの複製とともにメッカの風景写真が陳列されているのが目に付いた。ラマダン明けが近づいているので、菓子屋の前には特別に注文しておいた大きなケーキを受け取りに来る客たちが列をなしていた。セルビア人がすべて追放されて五年になり、街角からはキリル文字の看板が一掃されているはずなのに、ブレク屋だけはいまだにБУРЕКと綴られていた。それはイスラエルで人々がよく食べていた、粉食だった。写真屋のショウウィンドウを飾っていたのは、結婚式のためにアルバニアの民族衣装を着た若いカップルや赤ん坊と並んで、演説をするクリントン大統領の映像だった。博物館では「大アルバニア考古学展」なるものが開催されていた。そうか、考古学を民族の神聖なる起源の定立のために援用するのはイスラエルだけではないのだなと、わたしは思った。わたしは書店を覗いてみた。アルバニアを解放したパルチザンの英雄についての子供用の絵本が、店先に飾られていた。小さな英書コーナーには、『コソヴァのヘミングウェイ・クラブ』という書物があった。アメリカ西海岸に住む主婦が、軍関係の夫に随行してプリシュティナに赴き、大学生を対象に『老人と海』の読書会を開催し、英語を通して民主主義的考え方を若い世代に教えていく過程を日記風に綴った書物だった。

かつてティトー元帥を讃えていた大通りは、今ではアルバニア人でノーベル平和賞を受けた尼僧に因んで、「マザー・テレサ通り」と改称されており、その中心となる広場には一九九七年に殺害された、コソヴォ解放闘争の青年の銅像が置かれていた。デパートの壁には、以前記されていた文字を削りとった形跡が残されていた。もうひとつの大通りは、コソヴォ空爆を決定したアメリカ大統領を記念して「ビル・クリントン大通り」と呼ばれており、ディスコやバア、CDショップ、ファーストフード店、それに英語の看板を掲げる土産物屋が林立していた。店々には「ビッグベン」「スイス・コデント」「ヴァレンチナ」といった、西側を連想させる名前が与えられていた。欧米のみならずアフリカへの国際電話の極安カードを売る看板を、いたるところに見かけた。クリントン大通りには別にサウジアラビアの援助によって建設された大層なショッピングモールがあったが、ほとんどが空室で人気がなかった。人々はより粗末で急拵えではあるが、気さくな路上の店を好んで利用していた。入り組んだ路地の白壁には黒いスプレーで、UNMICK KOSOVA に続いてナチスの鍵十字の徴の落書きがあった。

プリシュティナから距離にして十キロも離れていないグラチャニツァに行くのは、直接には不可能だった。というのもセルビア正教会の修道院で名高いこの町は、コソヴォ内に点在するいくつかのセルビア人の飛地のひとつであって、このふたつの場所を同時に訪れることのできる者など、外国人を除けば誰一人いなかったためである。プリシュティナから戻ったわたしは、別に日を改めて、ミトロヴィツァのセルビア人側からグラチャニツァに向けて出発しなければならなかった。

運がいいことに、大学で言語学を講じている教授が、別の日の午後にグラチャニツァにあるもうひとつのプリシュティナ分校で講義をもつというので、彼の車に便乗して彼地に行くことになった。出発に際して彼は、自動車のナンバアプレートを外した。ミトロヴィツァの境界を出るとただちにアルバニア人地区となり、その間を一時間ほど走行しなければならない。「敵地」を通過するにあたって、車がセルビアのものであると発覚しないように、万全の配慮が必要なのだった。

わたしは数日前とまったく同じ道を通ってプリシュティナの町外れまで行き、市内に立ち寄らずにそのままさらに奥地へと進んだ。前回のバス行は車内の観察に終始していて、外の風景を眺める余裕がなかった。今回の走行では、教授の説明によって途中の風景を細かく観察することができた。ミトロヴィツァ南の、破壊された墓地から幹線道路に入ると、右手になかば廃墟となった工場地帯がしばらく続いていた。以前はセルビア人が技術者として働いていたのだが、彼らが全員いなくなり、アルバニア人の労働者だけになってしまったとき、機械のメインテナンスが困難となって多くの工場が閉鎖も同然になっていると教授はいい、病院も同じ状況だと付け加えた。それはコソヴォが現下においてアルバニア人国家として独立することの困難を意味していた。だが同時に、これまで旧ユーゴ時代に工場や病院といった職場で、アルバニア人がセルビア人と比べていかに低い地位しか与えられず、技術者として専門的な訓練研修を受ける機会から遠ざけられてきたかという事実をも物語っていた。

工場地帯を抜けた車は、進駐軍が接収した広々とした軍事基地のわきを抜け、何十台というバスの燃え殻が放置されている傍らを過ぎた。そこからは緑の平野が延々と続いている。

ところどころにアルバニアの国旗が翻っていて、小さな碑が置かれていた。戦闘で死亡したUCKの英雄を記念するものだった。平原には二種類の家屋が存在していた。アルバニア人の家はいずれもが新しく建てられたばかりで、煉瓦の積み上げ方がどれも同じだった。セルビア人の家は例外なく焼討ちに遭っていて、鉄骨と汚れた煉瓦の壁の一部しか残っていなかった。運転席でハンドルを握っている教授が、左手に近づいてくる残骸を指差しながら、ぽつりとドイツ語でいった。あれは母の家だったんだ。わたしがカメラを取り出し、急いでシャッターを切ろうとすると、彼は慌ててそれを制した。もしアルバニア人に発見されて車を止められてしまったら、大変なことになるという理由だった。

わたしを乗せた車は、六世紀前にオスマントルコとセルビア王国が天下分け目の戦闘を行なったという神話的な場所に近づこうとしていた。左手に控えている緩やかな丘の上に、ティトー時代に建てられた巨大な記念碑の姿が見えた。この時代の碑という碑が次々と撤去されてゆくなかで、それは奇跡的に消滅を免れていた。もっともセルビア側にとって敗北の屈辱の土地であるこの平原は、イスラム教を奉じるアルバニア側にしてみれば、以後四世紀以上にわたって続くトルコの覇権を事実上明確なものにした勝利の場所だった。その証拠に道路のわきには、その名も「オスマン石油」Osmani Petrol というガソリンスタンドが設置されていた。やがて車はプリシュティナの町を見渡すところまで来た。ビル・クリントン大通りの手前では、瓦礫の山の傍で新しく煉瓦が積み上げられ、建築ラッシュが生じていた。前回は気が付かなかったが、ホテルの屋上にはニューヨークの自由の女神を象った小さな複製が置かれていて、アルバニア人がアメリカ風民主主義を歓迎するという意思表示になっていた。あの建物はセルビア人のものだった。この建物も……プリシュティナに本来の大学があった時代のことを回想しながら、教授は感慨に耽っていた。

　プリシュティナを過ぎて殺風景な田舎道をしばらく行くと、やがて道路のわきにキリル文字の標識がふたたび現われてきた。グラチャニツァの町だった。ここまで運転してくればもう安心だと、教授はいった。ミトロヴィツァとは違い、セルビア人地区に入るにあたって、目に見える厳密な境界線があるわけではなかった。ただ要所要所に国連軍の兵士と戦車が駐屯していて、有事となればただちに出動できるようになっていた。しばらくすると急に車の数が増え、市場めいた往来へと出た。橋のうえでは四十人ほどの農民たちが、自分の畑で収穫したビーツや人参、南瓜、トマト、さらに自家製の蜂蜜やピーマンの酢漬けなどを売っていた。ほとんどが老人だった。修道院の前まで来て教授はわたしを降ろし、自分はこれから分校で講義をするので失礼といった。わたしが車に乗せてもらった礼を口頭でいおうとすると、彼はそれを封じるかのように十五ユーロの金を要求した。

グラチャニツァの修道院には、みごとなフレスコ画が壁のいたるところに残されていた。中世セルビア王国でこの修道院を寄進した王とその幼い王妃の肖像にはじまって、聖母と聖人たち、そして最後の審判に際して生じる天変地異の有様が克明に描かれていた。二人の尼僧が物静かに建物の清掃をしていた。売店に置かれているパンフレットには、頭を割られ血塗れとなった司祭たちや破壊された教会の写真が満載されており、コソヴォではアルバニア人の手によって、この数年の間に三十六の教会が破壊され、数多くの聖職者が生命を喪ったとセルビア語で記されていた。この修道院が無傷のまま残されていることは、まさに奇跡といってよかった。

見学を終えて外に出てみると、建物の周囲には夥しいコンクリートブロックが並べられ、監視塔が備え付けられていることが判った。わたしは入口で警備をしているアジア系の兵士に英語で話しかけた。彼は自分がスウェーデン人だといい、両親の故郷であるタイにはまだ行ったことがないといった。自分たちの駐屯によってこの小さな飛地が襲撃されずに一応の治安を維持していることに、自分としては誇りをもっていると、彼はいった。もっともコソヴォの仕事はもう三年目に入るが、食事はすべてスウェーデンからケイタリングで送られてきていて、現地の食物は一度も口にしたことがない。現地人と個人的に口を利いたことは一度もないと、彼は語った。わたしたちが雑談をしていると、一人の痩せた少女が近寄ってきて、いかにも習い憶えた科白といった英語で、家族がすべて殺され、自分には住む家もないからユーロを恵んでほしいといった。彼女がこれまで何十回、何百回と同じ科白を兵士たちにむかって口にしてきたことが、容易に推測できた。

グラチャニツァは猫の額ほどの場所で、日に三回往復するミトロヴィツァとのバスと、ナンバアプレートを外した車によって、かろうじてセルビア側コソヴォ、引いてはベオグラードと繋がっていた。国連軍が立ち去ることになれば、この町がアルバニア人の襲撃によってたちどころに消滅してしまうことは目に見えていた。おそらく近い将来にコソヴォの独立が云々されるとき、この町の最終位置決定が激しい議論を呼ぶことは間違いがない。そこでは町の住民とセルビア本国、ミトロヴィツァの三者の間で、意見の統一を見ることはきわめて困難となるだろう。この不自然な集落のあり方はわたしに、数ヶ月前に訪れたパレスチナのヘブロンを連想させた。そこではユダヤ人たちは孤立した島のような狭い空間に居住し、特別仕立てのバスによって西エルサレムと接続していた。彼らとパレスチナ人の間には敵意に満ちた緊張が走っていた。もっともグラチャニツァの場合には、決定的な違いがあった。ここではセルビア人は新参の入植者などではなく、もとよりここに根を下ろしてきた篤実な農民たちであって、ユダヤ人のように武装して先住民を挑発するという身振りからはほど遠い振舞いを見せているのだった。

グラチャニツァからミトロヴィツァに戻ったわたしは、難民キャンプを訪問することにした。それは大学の仮校舎から二分ほど歩き、外し忘れた鉄条網のあるプレハブ小屋を抜けたところにあった。老朽化した小学校の木造校舎を転用した施設で、二階建ての建物にある教室がそれぞれ二つに区切られて、ひと世帯ごとに割当てられていた。わたしにこの場所を教えてくれたのは学生のひとりだった。彼女はただ一言「難民」といい、「あそこにいる人たちは毎日、援助物資を配給されているだけで、何もしてないのよ」と説明しただけだった。その口調から、彼女が難民に対し、嫌悪の混じった無関心しか抱いていないことがわかった。夜のことで、周囲から孤立して黒々とそそり立つ校舎の窓の半分ほどから、小さな光が漏れていた。そのようすを外から眺めていると、なにかひどく悲痛なものに立ち会っているような気持ちになった。この光景はいつかどこかで見たことがあるという気がしてくるのだった。

翌朝、わたしは単独でキャンプを訪れた。誰に紹介されたわけでもないので、場合によっては入場を拒否されることがあるかもしれないと覚悟を決めながら、建物へと近づいていった。建物の前は本来は運動場だったようである。わたしが訪れたときには空地になっていて、廃材や塵埃《ごみ》が散らばっており、三匹の野犬が巫山戯《ふざけ》まわっていた。建物のなかにも犬はいて、薄暗い廊下の入口のところに排泄物が落ちていたりした。一階の廊下には薪が積み上げられ、絨毯や下着が無造作に階段の手摺にかけられている。二階に登ってゆくと、廊下のいたるところに洗濯物が干されていて、どの部屋にも多くの人々が住んでいることがわかる。それは部屋の前にきれいに並べられている靴の数の多さからも、推察できた。わたしが廊下をうろうろしていると、三十歳代の太った女性が洗濯物を干しに部屋から出てきた。日本から来たと挨拶をすると、片言の英語で気さくに話しかけてきた。ツェツァという名前だというので、「じゃああの有名な歌手と同じ名前じゃない？」というと、「あの人、わたし大好きよ」と言葉が返ってきた。髪の毛は真白だった。

ツェツァはこの町からほど遠くない村に住んでいたが、五年前にアルバニア人に追われてここにやって来たと説明した。今は家事で忙しいが、午後には何もすることがないから、コーヒーを飲みに来てくれという。彼女は廊下を通る人ごとに、わたしを日本人だと気さくに紹介した。肥満している人が多かった。彼らはいきなりの闖入者《ちんにゅうしゃ》であるわたしに対して、いささかの敵意を向けるわけでもなかった。

午後になって、大学の連続講義が終わった後、わたしはふたたびキャンプを訪れた。どの部屋にも子供がいる気配がしていたので、今回は手ぶらではなく、大通りのキオスクでリュックサックいっぱいにお菓子を買い込んでいった。ツェツァは部屋のなかでジャガイモの皮を剝いていた。子供たちは小学校にいっているらしく不在だったが、老人が一人いた。彼はキャンプの住民ではなく、コソヴォにかろうじて残存しているいくつかの農村のひとつから、バスを乗り継いでミトロヴィツァに到着したばかりだといった。

部屋の壁には、教室を分断した痕跡として、UNHCRという国際援助機関の文字が大きく入った壁紙が貼られていた。二台の簡易寝台の間にところ狭しと荷物が置かれ、壁には聖母マリアのイコンの複製にはじまって、雑誌から切り取ったと思しきパリの観光風景、さまざまな家族写真までがピンで留めてあった。傷んだソファには、子供たちの汚れた人形や縫いぐるみが散乱していた。つけっぱなしにしてあるＴＶからは、日本のアニメ『セーラームーン』が流れていた。部屋に足を踏み入れたときから、なんともいえない饐《す》えた臭気がした。おそらく窓を閉めたまま一部屋のなかで睡眠から調理まですべてを賄っているのが原因なのだろうが、わたしには家具や荷物と同様に、そこでは空気までもが疲弊し停滞しているように感じられた。

ツェツァによれば、この小学校校舎には四十二室に四百三十人が居住しているという。ほとんどがＮＡＴＯの空爆のさいにミトロヴィツァ近郊の農村を追われてきたセルビア人だが、クロアチアから逃げてきた者もいる。ロマも三世帯いるが、別に分け隔てなく生活している。自分には夫がいて、トラックの運転手をしていたが、五年前にアルバニア人に殺されてしまった。三人の子供を抱えてここまで来たが、難民キャンプに住みだしたものの、毎日何もすることがない。以前は警察署の床を掃除していたが、今は仕事がなく、毎日コーヒーを飲んだり、ＴＶを観て時間をつぶしている。食料は配給されているので不自由はないから、ここに住んでいるとみんな太ってしまう。地元の住民は自分たちを馬鹿にして汚い言葉を投げかけたり、わざわざ建物の前に塵埃を捨てにきたりする。そのたびに若者どうしで喧嘩が絶えない。

ツェツァは壁の方にわたしを連れて行って、写真を一枚一枚説明しだした。まだ平和だったころ、両親に連れられて始めて海水浴にいったときの写真。結婚式の写真。子供たちの写真。写真について思いをこらすことは、彼女にとってけっして蔑ろにできない儀礼だった。それは家と村を追われた彼女にとって、過去のすべてだった。わたしは一枚の折れた形跡のある写真のなかに、まだほっそりとしていた高校生のツェツァの姿を認めた。わたしたちはコーヒーを飲みながら、小一時間ほど話をした。別れしなに彼女はわたしに折れた皺のある聖母のカードをお土産にくれ、それから「ちょっと待って」といいながら、さらにあちらこちらを探し回ると、今度は皺のない別のカードを見つけ出して、取り替えてくれた。

同じセルビア人であるにもかかわらず、難民たちは周囲から孤立して暮らしていた。キャンプの近くには社会主義時代に建てられた団地街があったが、住民たちはキャンプに到来した新参者と交わろうとはせず、彼らを視界に入れずに日常を過ごしている風に見えた。難民たちは仕事を見つけることもままならず、ただ援助物資を宛がわれては無為の日々を送っていた。彼らはこの四年の間にすっかり太ってしまい、いつか後にしてきた村の家に戻れるかもしれないという希望だけを心の頼りとして生きていた。もっともそれが実現される可能性はまずなかった。

ミトロヴィツァを発とうとする日の前夜、わたしはブランカ・ヒルに誘われて、詩人たちの朗読会に行った。天候の悪い夜で、氷雨が降り続いていた。恐ろしい寒さのなかを、わたしたちは会場へ向かった。難民キャンプのある小学校と大学の学生寮の間にある高校の大教室が、会場として用いられていた。開場時間に少し遅れていくと、すでに階段教室の大方は三百人ほどの聴衆で占められており、わたしとブランカは空いている席を別々に探さなければならないほどだった。日本の現代詩人の朗読会とは比較にならない熱気が、そこには充満していた。

教壇のわきには、剣をもって龍を退治する聖ジョルジェのイコンが飾られている。その後ろの巨大な黒板には白布が掲げられ、スライドで正教会のイコンが次々と映写されてゆく。朗読者はそれを背景に、マイクの前でそれぞれ自作の詩を読み上げるという仕組みになっていた。最初に朗読をしたのは、数日前にバニャスカの修道院に学生を引率していった美術教師だった。彼はほとんど絶叫に近い調子で、ある言葉を繰り返していた。セルビア語を解さないわたしが隣の学生に尋ねてみると、「コソヴォの町よ、コソヴォの町よ」という意味だと教えられた。民族の神聖な起源の土地が戦禍に蹂躙《じゅうりん》され、異民族によって荒廃に晒されていることの受苦を、彼は連禱《れんとう》の形式を借りて訴えていた。満場の拍手とともに、彼は朗読を終えた。

詩人たちは思い思いのやり方で詩を読んだ。ギターの伴奏で美しいソプラノの咽喉《のど》を披露する女性もいれば、スライドに映し出されたミトロヴィツァの街角や山上の記念碑を、解説するかのように詩を読んでいく青年もいた。日本の朗読会のように冗長な前説をする者はおらず、ほとんどが直立不動のまま、真面目な雰囲気のもとに朗読を続けた。大教室の外側では風が吹き荒れているのが、気配でわかった。

一番最後に、五十歳代の男性が壇上に立った。白髪を獅子のように逆立て、眼光鋭いこの人物は、その威厳に満ちた振舞いと聴衆の拍手から、もっとも尊敬されている長老格の詩人であることが想像された。彼は他の詩人たちと違って、手にテクストをもたず、あたかも芝居の科白のように、長い自作の詩を暗誦してみせた。みごとな声だった。拍手があまりに大きいので、彼は会場を鎮めるためにもう一度、詩の最後の数節を繰り返さなければならないほどだった。背後のスライドはある時から次々とイコンを提示することをやめ、ある一つの映像だけを静止して映し出していた。

映像のなかでは、教師と学生たちが何十ものセルビア国旗を振りかざし、横断幕を掲げながらデモ行進をしていた。幕にはМИ СМО ЕВРОПАと記されていた。習いたてのわたしの拙いセルビア語でも、それが「我々はヨーロッパだ」という意味であることが理解できた。人々の背後にはモスクが映っていた。傍らの学生の説明によると、この写真は一九九八年に大学がまだ本来のプリシュティナに置かれていた頃、アルバニア人の暴力に抗議して立ち上がったセルビア系教員と学生の示威活動を映したものだという。これが凡ての出来ごとの始まりでした。二年後に大学はかの地を後にして、ミトロヴィツァとグラチャニツァに分散され、現在にいたっているのですと、彼は付け加えた。その発言は、このコソヴォにおけるセルビア人の状況を説明するために、写真が機会あるたびに繰り返しメディアで用いられてきたことを物語っていた。

朗読会が鳴り止まぬ拍手と興奮のさなかに終了した後で、わたしは最後に朗読した長老格の詩人に紹介された。彼は誇らしげに語った。自分たちは目下、恐ろしい停電に苦しめられ、以前に住んでいた家を丘の上から見下ろすことはできても、そこを訪れることができないという惨めな境遇にある。けれども朗読会を開催すればこれだけの人が詰め掛けてくるし、今夜はこんな悪天候だというのに、別のところではロックコンサートが開催されている。それは素晴らしいことではないかと、いうのだった。

わたしは英語を話せる人物の助けを借りて、彼の朗読の迫力を賞賛した。それから、川の向こう側のアルバニア人の方でもこうした朗読会が開催されたり、人々が詩を読んだりすることがあるのだろうかと尋ねた。詩人はしばらく考えているようだったが、それを遮って通訳を買ってでた人物がいった。「そんなことがあるわけがないじゃないか。二世紀前まで誰も文字が読めなかったような民族に、詩人などいるわけがない！」連中は詩になど興味をもっておらず、ただコーランを朗誦しているだけだろうと、別の誰かが英語でいい、話題はそれで終わりとなった。

わたしは最後のスライドに登場していた「我々はヨーロッパだ」という言葉に、どうしても納得のいかないものを感じていた。モスクを背にしてなされたこの声明は、ヨーロッパという固有名詞のもとにアカデミズムと文明を擁護し、その一方で頑迷なる暴力の徒であるアルバニア人の野蛮を非難していた。そこにはミロシェヴィチ政権時代にアルバニア人がいかに大学から追放され辛酸を舐めさせられたかをめぐる、セルビア人側の反省意識もなければ、セルビアが西側諸国からどこまでも野蛮な好戦国家として非難されてきたことの認識もなかった。この写真に一貫していたのは、正教会のイコンを信奉するセルビア人はヨーロッパ、すなわち文明に属しており、モスク（イスラム教）とアルバニア人は反文明の側に位置しているという、単純にして偏見に満ちた二分法だった。わたしはブランカがユーゴスラビアから来たという理由だけでミラノのイタリア人に馬鹿にされ、それが原因でイタリアにいい印象をもっていないことを思い出した。セルビア人は西側の、「よりヨーロッパ人」から野蛮と好戦という不名誉なステレオタイプを与えられていたが、あたかもそれを心理的に補償するかのように隣人であるアルバニア人の東方性を差別し、返す刀で自分のヨーロッパ性、文明性を確認しようと試みていた。そこでは愛国の詩を朗誦することが文明であり、コーランを朗誦することが野蛮にほかならなかった。

ミトロヴィツァを出発する朝は、激しい氷雨が降っていた。二人の学生がわざわざバス停まで見送りに来てくれた。コソヴォにいる間中続いた悪天候は、まさに頂点に達していた。これは自分の人生にあって体験したもっとも陰鬱な秋だと、わたしは考えていた。

コソヴォへの旅はこうして終わった。ラキヤの瓶を何本もリュックサックに詰めながらベオグラードへの帰途に就いたわたしは、複雑な思念に捕らわれていた。敗戦直後の混乱した町に滞在したことは、わたしにコソヴォを離れて、日本の敗戦を思考させることになった。二〇〇四年のミトロヴィッァを考えることは、敗戦四年目という伝でいうならば、一九四九年の東京を考えることだった。だが同時にわたしを襲ったのは、セルビア人が観念として抱いているヨーロッパと文明をめぐる、信仰に似た姿勢だった。分断の不幸に甘んじていたのはミトロヴィッァという町だけではなかった。文明と野蛮、西側と東側、ヨーロッパとムスリムという風にすべてを二分法で割切り、前者の優位と後者の劣位を前提とする思考自体もまた、同じ不幸を分有しているのだった。

ロマ

ロマを実際に目の当たりにしたのは、ベオグラードに滞在して何日かが経ったときである。正午ごろ、旧市街にあるカラ・ドゥシャーナの街角を散歩していると、どこからともなく賑やかなブラスバンドの音が聴こえてきた。音の方角へ気儘《きまま》に足を向けてみると、はたしてアレクサンドル・ネフスキー教会で結婚式が行なわれようとしていて、新郎新婦を取り囲むかのように黒の背広姿の男たちがめいめいに金管楽器や太鼓を抱え演奏していた。大人もいれば、まだ幼げな子供もいた。彼らが手にし、抱きかかえていた楽器は、チューバにせよ、トランペットにせよ、また太鼓にせよ、いずれもわたしが見知っているよりもはるかに巨大なものだった。その顔が例外なく日焼けで茶渋を塗ったかのように汚れていた。演奏されている音楽は陽気で祝祭的であるようでいて奇妙にくぐもった印象をもっていて、ジャズとも西洋音楽とも異なっている。素早い旋律と複雑なリズムには聴き覚えがあった。それはクストリツァのフィルムに繰り返し登場していた音楽だった。そうか、いよいよ本物のロマのブラスバンドに出会ったわけだと、わたしは興奮した。

新郎新婦が教会に無事入場し、ひとしきり演奏が終わってしまうと、ロマたちは一服して帰り支度にとりかかった。わたしが熱心に聴いているのを目敏く発見した少年の一人が、小銭を要求する身振りを見せた。彼はホルンを肩からかけていた。言葉が皆目通じなかったが、それでも彼らが結婚式を盛り上げ、それを祝福するために雇われていたことを知った。しばらく彼らを眺めているうちに、その顔の色は汚れに由来するのではなく、本来の皮膚の色であることが判明した。そうか、やはり彼らがインドを遠い起源として流浪してきたというのは本当だったのだなと、わたしは思った。

ロマを見ること自体は最初ではなかった。かつて訪れたパリでもミラノでも、彼らは物乞いをしているか、でなければ隙あらば観光客のポケットにこっそり手を差し入れようとする貧しげな服装の浮浪児として、要注意の一団だった。わたしが訪れた西側の都市という都市で、彼らは疎《うと》まれ、軽蔑され、警戒されていた。それは一九世紀のオペラや幻想小説のなかで、彼らが魔術的な力を発揮したり、その美しい顔《かんばせ》をもって貴種の姫君を誘惑するのとは対照的だった。

ベオグラードの街角では、その気になればいたるところでロマを発見することができた。クネザ・ミハイラ通りでは、タキシードに蝶ネクタイをした二人の少年がヴァイオリンとアコーディオンを手に大人顔負けの演奏を見せ、道行く人を立ち止まらせていた。地下通路には段ボールを組み立てただけの台に手袋やマフラーを並べ、浅黒い皺だらけの老婆たちが金歯をちらつかせながら無許可の露店を開いていた。彼女たちは歯に金歯を並べ、両手の指にずらりと指輪をしていた。警察が来るぞという報せを誰か若者がもたらすと、彼女たちは一瞬のうちに店を畳み、しばらくすると何事もなかったようにまた品物を拡げるのだった。市場の裏側に回ると、そこではかならずロマが塵埃箱を漁っていた。彼らはまだ食べられる物があるとビニール袋に入れて持ち帰った。旧市街の市場の前の通りには、天気がいいと、彼らがどこからか探し出してきた古いカセットテープや雑誌、壊れた家具や不揃いな食器などが、歩道のわきにところ狭しと並べられていた。聖マルコ教会の扉のわきには赤ん坊を連れた老婆が蹲っていて、信仰深い人々にむかって手を差し出していたし、子供たちは執拗に小銭を強請った。ただ彼らは西側諸国の観光地のように、ものを盗むわけではなかった。

ベオグラード大学の学生たちに、ロマについて尋ねてみたことがある。彼女たちは誰もが小学校の低学年のころには教室にたいてい三、四人のロマの子供たちがいたと語った。彼らは一般のセルビア人の生徒と打ち解けることがなく、かといって喧嘩をするわけでもなかった。リンゴと桃はどこが似ていると聞かれて、セルビア人の子供ならどちらもが果物だか植物だと、問題を抽象化して答えるところを、ロマの子供はどっちも蒂《へた》があると、自分の観察に基づいて答えるのだった。彼らは、パンは塵埃箱から、ミルクは店から来ると、平然と語った。もし家から煙がでていたらどうする？　セルビア人の子供なら、ただちに消防署に電話するか、大人を呼ぶというだろう。だがロマの子供はより実用的な答え方をし、火事を防ぐためには煙突をいつもきれいに掃除をし、薪は決められた場所に置いておかなければいけないと答えた。その発想は徹底して具体的であり、現実の生活体験から獲得されたものである。

少なからぬ生徒が、心ない教育学者や教師の手で、誤って特殊学級に編入されてしまう。というのもロマはセルビア人よりも知能が低いという偏見が一般的に信じられているうえに、生活習慣の相違から、どこまでもセルビア人の子供を基準に設定された知能検査の場にあって、高い点数を取ることができないためである。だがたとえ一般の教室に通っていたとしても、大概の子供たちは途中からいなくなってしまう。親たちが教育に価値を置かず、関心をもっていないからだ。また別の場合では、本来であれば六年生の教室にいるべき十二歳の少女が、七歳の子供たちに混じって授業を受けていたりする。この年齢ともなれば男と女の間の出来ごとにも自覚的ともなろうというのに、五歳も年少の子供たちといっしょでは、とうてい馬鹿馬鹿しくて勉強をする気にならず、学校をやめてしまう結果となる。いずれにしてもロマの教育水準はきわめて低く、それは彼らの高い出生率と皮肉な対照を示しているかのようだった。

にもかかわらず、ベオグラードではロマは映画の題材として特権的な位置を占めていた。ティトー時代に最初にユーゴスラビア映画が国際的に注目されたのは、一九六七年にカンヌ映画祭でグランプリを取ったアレクサンドル・ペトロヴィチの『ジプシーの唄を聴いた』であったし、その後もスロボダン・シヤンの『ジプシーは空に消える』（一九八〇）のような傑作が話題を呼んでいる。とりわけクストリッツァはロマの文化と音楽に取り憑かれているかのように、ほとんどのフィルムに彼らを登場させ、『黒猫白猫』（一九九八）ではカレメグダンの崖下にわざわざセットを組み、サヴァ河に船を浮かべて生活するロマの一家とマフィアとのドタバタを、猥雑にして喜劇的な調子で描いている。

ロマの起源は北インドのラジャスタンであり、一〇世紀あたりに西側に向かって移動を開始したと考えられているが、詳しいことは現在もわかっていない。エジプト人（エジプシャン）だと誤解されてきたため、長らく英語圏では「ジプシー」と呼ばれてきたが、近年になって彼らの言語で人間を示す「ロマ」（単数形はロム）を公式的には用いようという傾向が一般的となった。ペルシャからトルコを経由してヨーロッパに入ったロマは、鍛冶屋から家鴨の羽集め、占いから罪人の処刑と死体処理までさまざまな職種に従事してきたが、とりわけ歌舞音曲に長けていた。スペインではフラメンコ音楽を産み出し、バルカン半島では冠婚葬祭に際して音楽家として雇われてきた。定住を嫌い、所有という観念をもたない彼らは、足を向ける先々で差別と迫害を受けた。彼らが演奏するヴァイオリンの魅惑的な旋律は、リストからサラサーテまで多くの音楽家にロマンティックな霊感を与えたが、その一方で定住者の秩序を攪乱《かくらん》し、子供たちを誘拐する不吉な手段であると見なされてきた。とりわけ第二次大戦中にナチスドイツは、ユダヤ人とともにロマを劣等民族と見なして、計画的な大量殺害の対象とした。これは占領下のユーゴスラビアでも例外ではなく、多くのロマが絶滅収容所で生命を絶たれた。

歴史を通じて罪人の処刑と歌舞音曲に関わり、つねに不当な賤視《せんし》を受けてきたという点で、わたしはロマの存在のあり方は、近世の日本における被差別民のそれに喩えることができないだろうかという仮説を抱いていた。というのも日本の芸能史を振り返ってみた場合、旧くは能楽から歌舞伎、浪曲、猿回しにいたるまで、社会の最下層にあって差別されてきた者たちがその核となる部分を担ってきたという事情が横たわっているためである。溝口健二の映画と中上健次の小説がきっかけとなって、わたしは長らくその世界に関心を抱いてきた。

だが映画というジャンルを考えてみると、ロマと日本の被差別民とは大きく異なっていた。『破戒』のような例外的作品を別にすれば、日本映画において被差別部落民が明確に登場することはまずありえず、多くの場合、その存在を正面から言及することは禁忌に近いことと見なされてきた。旧ユーゴ、そしてセルビア・モンテネグロでは、ロマの存在は逆に公然と肯定されていた。彼らの生活の悲惨さと絶望も、音楽の多様な豊かさも、独特の世界観と行動様式も、ともかくそのすべてがスクリーンに映し出され、ユーゴ映画のローカリティを特徴づけていた。『黒猫白猫』を見終わったわたしは、こうしたドタバタ喜劇はベオグラードであるからこそ撮られうるのであって、日本映画ではただちに差別問題論議が云々され、自己規制に長けた製作者によって企画の段階で潰されてしまうだろうと想像した。いったいこの違いは何に起因しているのだろうと、わたしは考えていた。

それはそもそもユーゴ映画の大巨匠であったペトロヴィチ本人が、体内に流れるロマの血を誇りであると公言し、あの有名になったフィルムにおいてロマの等身大の肖像を描いたからだ。わたしにそういってくれたのは、美術アカデミーの助手で、ユーゴ映画の勉強をしたいというわたしのためにヴィデオの選択を手伝ってくれた青年だった。彼は最初から自分がロマであるといい、『ジプシーの唄を聴いた』こそは自分が人生で観たもっとも偉大なフィルムだといった。彼に勧められて、わたしは三十年ぶりにこの作品を見直すことになった。

『ジプシーの唄を聴いた』は原題を「羽を集める者たち」*Skupljači Perija* といい、数あるロマの職業のうちでも有名な、家鴨を飼いその羽を集めて生計を立てている者を意味している。ヴォイヴォディナのロマ集落に帰還してきた青年が、マフィアとの抗争に巻き込まれ、同胞の青年を羽細工の作業場で殺害する。彼は死骸を凍てついた河に放棄すると、ふたたび集落を後に行方を晦《くら》ます。彼の妹たちは貧しさに耐えかねて故郷を去り、ベオグラードの路傍で物乞いをする。彼女は故郷に戻ろうとして食肉業者のトラック運転手に犯されかけ、襤褸《ぼろ》切れのように殴られた後、泥だらけの道に放り出される。絶望と微かな希望とが忙しげに交錯し、その間を清冽《せいれつ》な叙情が横切ってゆく。ここには高みから眺めて悲惨を感傷で包むといった傲慢はなく、すべてが真正面から、いささかの留保も躊躇もなく見つめられているという気がする。優れたフィルムというものは一度観ただけではわからないもので、こちら側の問題意識の持ちようによっていくらでも新しい表情を見せてくれるものだと、改めて思い知った。それはまさに、ユーゴ映画を代表する巨匠にあって、面目躍如《めんもくやくじょ》というべき作品だといえた。

では、ペトロヴィチは別にして、他の映画作品における自分たちの描かれ方について、ロマの側から抗議がなされるということはないのか。わたしは助手のロマ青年に尋ねた。すると彼は、自分はロマだけれども、およそユーゴ映画に関してはそのような話は聞いたことがない。ロマはクストリッツァの映画に出演できたことを悦んでいるし、あれはいい金になったはずだ。大体ロマは映画など観る習慣がない。定住者と移動者とでは、自己認識と他者からの認識の違いはもとより存在していたはずで、セルビア人の監督たちがとりたてて差別的な描き方をしているとは思えないと語った。それから付け加えて、それほどロマに関心があるのなら、ベオグラードにあるロマの集落をいくつか教えてやるから行ってみるといいと勧め、地図にいくつかの徴を付けてくれた。ベオグラードには公式的には千二百人のロマがいることになっているが、コソヴォから流入してきた難民や届けられていない新生児を含めると、実際の数はそれをはるかに凌駕しているという。最後に彼はロマ語によるケーブルTV放送の存在といくつかのロマ語とを、機嫌よく教えてくれた。ソ・チェレス（こんにちは）。ナイ・サラヴ・トキュ（ありがとう）。テ・アベス・サ・ストー（さようなら）。教えられた放送をさっそく確かめてみると、そこではロマ音楽が延々と演奏されていた。

翌日からわたしは、この青年に教えられた場所を訪れて歩くことにした。

最初に足を向けたのは、サヴァ河の中洲であるアダ島の岸辺に停泊している船を改造して造った音楽カフェ、「ツルニ・パンテル」だった。英語に直せばブラック・パンサーとなるこの店には、六〇年代後半にアメリカで生じた黒人解放闘争を連想させる、どこかしら反体制的な雰囲気が充満しており、あるいは『黒猫白猫』の舞台のモデルになった場所のひとつではないかという空気さえ感じられた。

金曜日の夜に知り合いになった日本人留学生を誘って訪れてみると、いつもの常連客と思しき数人がすでに来ていて、ラキヤを呑みながら髭面の店主と話をしていた。やがて簡単な音あわせをすますと、演奏が始まった。ミュージシャンは五人で、ヴァイオリンは黒光りのする、通常より小ぶりのものだった。ベースは相当に使いこんでいるらしく、胴に劈《ひび》痕が走り、板木が捲れあがっていた。ベーシストが小さなカスタネットを右手に隠しもち、それを爪代わりにして不思議なパーカッシヴな音を作っているのが、印象的だった。編成は他にギター、シンセサイザー、バンドネオンである。さまざまに雰囲気の違う曲が矢継ぎ早に演奏された。いわゆるジプシーヴァイオリンの魅力を最大限に引き出したもの。アラビックな香りのするもの。誰もがよく知っているセルビア民謡。いずれもが強い陶酔力をもった音楽だった。酔った店主が「俺はジプシー・パヴァロッティだ」と叫びながらヴォーカルを取りだし、そのうちに客が混んでくると演奏から緊張が軽減した。ミュージシャンたちは客の注文に応じて、カラオケ屋を演じだした。深夜を過ぎたころ、突然に二人の警官が乱入してきて、客のＩＤを調べだした。店主はこうした事態に慣れっこであるらしく、「関係ない。関係ない」といいながら、店の興奮した雰囲気が白けてしまわないように気遣っていた。わたしたちは夜明け間近になって、朦朧とした気持ちで外に出、タクシーで帰宅した。

その後わたしは単独でふたつの集落を訪れている。ひとつは旧市街からサヴァ河を越し、ノヴィ・ベオグラードに入ったすぐ橋の下にある小さな集落で、もうひとつはノヴィ・ベオグラードの隣町にあたるゼムンの鉄道線路のわきにある、比較的大きな集落だった。

最初のものは、高級ホテルや博物館、日本大使館のある最新流行のビルディングが林立する公的な空間からすぐ間近にあって、偶然にもそこだけひっそりと残されているといった一角にあった。家の数は十軒ほどで、ひどく老朽化した木造建築の周囲は雑草が生い茂り、荒れ放題になっていた。空地の一面を使って洗濯物が干してあった。不思議なことに人影は見えなかった。訪れた時間が午後だったせいか、ロマたちは旧市街に出かけているのだろうかと、わたしは考えてみたが、やはり合点がいかなかった。ただエアポケットとして取り残されたような、この場所の奇妙さと周囲の公的な建築との不均衡が興味をそそった。帰りしなにわたしは旧市街へと通じる橋のうえから集落を眺めてみた。ロマをしてわざわざ川岸に住まわせたものは、何だったのだろう。ふと川べりを覗きこんでいると、一人の男が仰向けになって倒れていて、それを数人の警官が取り囲んでいる光景を発見した。男がロマなのか、死んでいるのか、まだ生きているのかは、遠くからでは識別がつかなかった。

二番目に訪れたゼムンの集落は、目的地に到達するのにずいぶんと道草を食わなければならなかった。ゼムンポリエ（ポリエとは平原のこと）という土地の名前だけを手がかりに旧市街からバスに乗ったのだが、サヴァ河を渡り、社会主義時代に建てられた団地街を越えてしまうと田園風景が延々と拡がるばかりで、いっこうにロマの集落など見当たらない。ゼムンポリエと呼ばれるバス停で降りると、そこはセルビア人の普通の村落にすぎなかった。そこで道を聞くことになったが、地元の人間にはロマという言葉はまったく通じず、セルビア語で「ツィゴーネ」か、英語で「ジプシー」といってようやく意思疎通をはたすことができた。外国人が珍しいのか、たちまち何人かがわたしを取り囲んだが、もとより地図というものを読む習慣などもたないうえに、ほとんどの者が近隣にロマ集落が存在していることを知らずにいた。何人もに尋ねて、ようやく望む集落の場所を確認することができた。それはバス停から二キロほど離れた、鉄道線路のわきにあると判明した。半時間ほど線路にそって歩いてゆくと、やがてトウモロコシの皮を焼く煙が見え、どうやらその煙のあたりに集落があることがわかった。川べりといい、線路沿いといい、ロマ集落の劣悪な立地条件が、わたしがかつて訪れたことのある日本の被差別部落のいくつかに酷似していることが気になった。

集落の入口には小さな露店が店を展げていて、二人の男がお喋りをしながら店番をしていた。先ほどのセルビア人との会話では「ロマ」という語が通じなかったので、ここは「ジプシー」の集落なのかと尋ねてみると、彼らは真顔で、自分たちのことはロマと呼んでほしいといった。彼らはコソヴォから避難してきたムスリムで、サラエヴォで製作されたヴィデオカセットを商っていた。その表面には、メッカの方角にむかって金曜礼拝を行なっている何百人もの人々が映っていた。

集落はずいぶんと広かった。舗装されていない泥濘だらけの曲がった道を歩いてゆくと、どの家の前にも広い庭があって、トウモロコシやトウガラシが乾されていたり、洗濯物が吊るされていた。塵埃が散らばったままのところもあった。崩れた土塀の内側に屋根が毀たれた木造建築があったり、錆びたブリキとトタンの壁に囲まれた老朽建築がある一方で、四階建ての新築が建てられたりしていた。井戸は共同で、洗濯の跡があった。どの家も違っていて、それはつい今しがた後にしてきたセルビア人の家々がどれも同じ屋根の色と形をしているのと、対照的だといえた。集落のなかをどんどん奥に入ってゆくと、一群の少年たちがわたしを取り囲み、「ジャッキー・チェン！」と呼びかけてきた。道の向こうから若い女性が、甕《かめ》を片手に一人で歩いてきた。思いがけない異人を前に、彼女が不自然なまでに緊張しているのがわかった。

一人の少年が仲間たちを代表するかのように、片言のドイツ語とイタリア語で話しかけてきた。彼の一家はながらくドイツに住んでいたが、そこを追い出されてコソヴォへ、さらにモンテネグロに向かい、さらにセルビアに移って現在にいたるという。イタリア語はモンテネグロにいたときに聞き覚えたらしい。わたしはその語学的敏捷さに感嘆した。彼らは語学学校に律気に通ったわたしとは違って、同じ外国語を生き延びるために路上で体得するのだ。少年はわたしを自分の家にまで連れて行ってくれた。ほかならぬ異邦人を独り占めできたことで、彼は少しく得意そうだった。そこには痩せて疲れた表情の母親と、寝たきりの姉、姉の幼い娘がいた。壁にはメッカの黒い岩柱を象った絨毯が掲げられている。雨が降ると天井から雨漏りがして困ると、母親がいった。コソヴォではどうだったと尋ねると、セルビア人の間で生活していたときの方が、アルバニア人のときよりもはるかによかったという回答が返ってきた。

少年に案内されてふたたび外を歩いていると、三匹の豚を屋外で丸焼きにしている一家にでくわした。豚はどれも痩せていた。主人らしき人物が気持ちよさそうにビールを呑みながら、豚に突き刺した鉄串をときおり廻していた。彼は、自分はムスリムではなく正教徒だから、豚を食べることに何ら問題はないのだといった。ロマはその土地ごとにたやすく言語を変えるばかりか、信仰をも合わせてしまうという適例を見たような気がした。わたしが最後に言葉を交わしたロマは、ひときわ大きな家族の家長然とした中年男で、どうやらこの集落のなかでも一目置かれている人物であるようだった。彼はスペインに滞在していた期間が長かったらしく、スペイン語を解した。四年前にコソヴォを追われここに来たのだが、ご覧の通り金もなければ職もない。耕作の許可もなく近くの空地にトウモロコシを植えて糊口を凌いでいるのだが、いつまでこうした状況が続くのかと思うと心もとない。ここはひどく条件の悪い土地で、洗濯物を干していても悪臭がこびりついてしまう。日本政府が何かしてくれるということはないだろうか。彼はおおよそこういった意味のことを話した。

ゼムンポリエの集落は、コソヴォから避難してきたロマが四年前に築いた、比較的新しい集落である。彼らはセルビア人の集落とはまったく交渉がなく、孤絶した生活を送っていた。わたしが会った者たちは、本来の母語であるロマ語のほかにセルビア語、それぞれにドイツ語やスペイン語、イタリア語を口にした。彼らは充分な学校教育を受けてはいなかったかもしれないが、きわめて現実感覚に満ち、未知の者に対する歓待の掟なるものを体得していた。ロマとは定住を嫌い、永遠の放浪に生きる民族であるという、語りつくされた感のあるロマンティックな思い込みを、わたしははたしてどこまで信じていいのかと自問するようになっていた。彼らははたして天性の導きによって放浪を続けているのだろうか。否、単に定住を許されることがかなわず、結果として少しでも住みやすい場所を探して、転々と移動を続

屋外で豚を焼くロマ、ゼムン。

けているにすぎないのではないだろうか。
わたしはドゥブラヴカ・ウグレシチというクロアチア人の作家がロマについて書いていた、奇妙な一節を思い出していた。クロアチアに住んでいたころ、彼女はロマに関心をもつわけでもなく、故郷をもたず定住の習性をもたないという彼らの存在に、とりたてて気をかけることがなかった。だが独立戦争が終了し、日に日に民族主義的社会と化してゆくクロアチアを捨ててドイツに亡命したウグレシチは、ある日、たまたま自分が流浪の身を休らえている町にも、外れの場所にロマがいることを知った。少し離れたところから彼らを眺めていると、彼らもまたこちらを見つめていることがわかった。それはまるで、お前もわたしたちの同類になってしまったのだよといわんばかりの、同情と憐憫《れんびん》の混じった眼差しだった。ロマには、自分たちと同様に故郷を喪失してしまった者を直感的に見分ける才能が備わっているのだという意味のことを、ウグレシチは書いている。

ゼムンポリエを訪れた後、わたしはベオグラードの民俗学博物館で、ロマをめぐる二本のドキュメンタリー映画を観ている。『プリティ・ダイアナ』（ボリス・ミチィチ監督、二〇〇二年）は、ノヴィ・ベオグラードに住む四家族のロマを描いている。彼らはもう廃棄処分になっても不思議ではないような旧式のシトロエンを無料同然の値段で手に入れると、それを巧みに修理し、廃車の部品を組み合わせたりして、自分たちの必要に合わせた車に改造してしまう。その改造のあり方はまことに独自のものであり、巨大な荷台を後方に取り付けたり、大家族が一時に移動できるように二台を接合してしまったりする。彼らはそれをダイアナと呼び、車検も免許証も無視して、大っぴらに天下の公道を運転している。このダイアナを縦軸として、ロマの生活と意見が紹介されてゆく。コソヴォではアルバニア人からいっしょにセルビア人殺しを手伝えと命じられ、それを拒んでベオグラードに逃げてきたこと。段ボールと空瓶回収に明け暮れる日々のこと。塵埃捨場にティトーの肖像画を発見した一人が、あの時代は差別が和らいでいてよかったと回想すること。最後にこのフィルムは、八歳の子供が銜え煙草のまま嬉々としてハンドルを握っている様子を映し出しているところで、幕を閉じる。

もう一本のドキュメンタリー『ユダヤ人の村』（ダヴィッド・ソロモン監督、二〇〇四年）は、イスラエル生まれでロンドンで映画製作を学んだ青年の手になる短編であった。セルビア東部の町ニシュに、第二次大戦前まで少なからぬユダヤ人が住んでいた集落が存在していた。ナチスの占領によって住民の悉くは殺害され、今では旧墓地が訪れる人もなく荒涼とした姿を晒しているばかりだ。近年になってコソヴォを追われてきたロマが、その墓地に勝手に住み着き始めた。監督のソロモンはこの地を訪れ、一人のロマの少年と友だちになる。彼は摩滅した墓の銘文をひとつひとつ読み解き、刻み込まれた謎の蛇や半月の記号の意味を探る。だがロマの少年には、過去を遡行しようとするユダヤ人の情熱が理解できない。ペンテコスト派の信仰をもつこの少年は、二〇〇六年にキリストの再臨が起きると信じて疑わず、他の子供たちとともに墓石のうえで嬉々として遊んでいる。監督はなんとかロマとユダヤ人との間に歴史的な共通項を見つけ、それを手がかりに少年と意思疎通を図ろうとするが、少年はあたかも永遠の現在に生きているかのように、その提言を理解できないでいる。

いずれもが興味深いフィルムだった。『ユダヤ人の村』では苛酷な日常を生きるロマの少年が、記憶と歴史にとらわれるユダヤ人の観念的あり方を前に当惑している姿が描かれる。ユダヤ人の監督は少年を前に、世界の周縁に長らく置去りにされ、歴史の主人公たりえたことが一度もなかったこの二民族を重ねあわせることで、なんとか普遍的なものに到達しようと考えている。だがその試みは、少年の前で空振りに終わっている。おそらく日本のような強度の管理社会にあっては、改造車ダイアナを乗り回すことも、墓地を不法占拠して住み着くこともただちに警察と地域住民の関与するところとなって、許されないはずである。もしロマが朝鮮半島を通って日本に到来していたとしても、徹底した管理社会に生きる日本人は、はたしてここまでの表象を彼らに対して持ちえただろうか。

ベオグラードでコソヴォ難民であるロマと出会うことが増えるにつれ、コソヴォに行くことがあればかならずやロマの集落を訪れてみたいという気持ちが強くなった。はたしてそのようなことが可能かわからないままに、わたしはコソヴォへと向かった。

　幸いにもミトロヴィツァに滞在していたとき、わたしは大学のプレハブ校舎の裏側から町外れへ歩いていったところに、ロマの集落を発見した。塵埃の散乱する鉄道線路を越したところに、家々が線路に沿って築かれていた。集落としては中規模の大きさで、目算では四百人くらいが住んでいた。平屋の家々は例外なく廃材を拾い集めて建てられており、恐ろしく密集していた。どこから手に入れてきたのか、学校で用いる黒板を壁がわりに打ち付けてある家屋もあった。それは先に訪れたことのあるゼムンポリエよりもさらに貧しく、ひどい境遇にある集落だった。ただいかに貧しい家でも、TVの丸いアンテナを取り付けていた。しばらくこの風景を見ていたわたしは、それがつい二週間ほど前にベオグラードで観た『ケネディ、故郷に帰る』というドキュメンタリーに登場した集落であることに気付いた。

　わたしが線路を渡って集落に近づくと、その姿を目敏く見つけた子供たちがいっせいに「シュピタル！　シュピタル！」と叫びながら、家のなかに隠れようとした。シュピタルとは以前にも説明したが、アルバニア人を意味している。わたしが片言のセルビア語を用いて、自分はシュピタルではないと説明すると、ようやく彼らは戻ってきて、ロマの子供たちの例に漏れず人懐っこい表情でわたしを取り囲んだ。彼らは路地から路地へとすばしっこく走り回り、わたしを集落の内部にある一軒の家の前に連れ出した。そしていささか得意そうに「シュコーラ」と呼び、そこで自分たちの写真を撮ってほしいという意思表示をした。学校をもっていることが、子供たちの自慢だった。彼らはさらにわたしを別の家の中へと連れ込んだ。そこには聖地メッカの風景を象った絨毯が、大きく壁に掲げられていた。わたしは子供たちが早口で唱える言葉のほとんどが理解できなかったが、そこに先ほどの「シュピタル」という単語が頻繁に登場することから、彼らにとって自分たちを突然に訪れる他所者とはアルバニア人にほかならず、それが癒しがたい原痕《トラウマ》となっていることが想像できた。

コソヴォ紛争におけるロマの悲惨については、七十八人のロマの証言を集めたうえで報告書が書かれている。*5 それによると、彼らはセルビア人とアルバニア人の双方から残虐行為に手を染めるよう強要され、その結果、いずれの側からも軽蔑と憎悪を向けられてきたことが判明する。

まずセルビア社会主義党SPSは、一九八九年に行なわれたコソヴォ総選挙の際に、人道的援助を与えることを代償としてロマに投票を求めた。選挙のボイコットを主張していたアルバニア人側が、ロマをセルビア側の回し者と見なすようになったのは、これが発端である。十年後の一九九九年、NATOによる空爆が開始されると、セルビア人側に立つコソヴォ警察は、ロマを積極的に徴用した。彼らはアルバニア人との接触を絶たれ、虐殺されたUCK（コソヴォ解放軍）の兵士やアルバニア系住民の死体の埋葬を強要された。それが一段落すると、次に塹壕掘りとアルバニア人の家屋の破壊と強奪を命じられた。その見返りとして、彼らはセルビア人に与えられる食料援助のお零れを得た。もっともこの際には、正教系のロマの方がムスリムのロマよりも優先された。

セルビア人がコソヴォから撤退を余儀なくされたとき、彼らに協力したロマは行動をともにせざるをえなかった。残虐行為に関わっていなかったロマはそのまま土地に留まった。彼らは先にセルビア人の民族主義政策によって暴行を受けていたが、今度は復讐心に燃えたアルバニア人によってさらなる暴行の犠牲となった。ムスリム同様に処女性を重視するロマの家庭は、度重なる女性の強姦によって深刻な破壊を体験した。UCKもまたロマを酷使した。セルビア人の虐殺死体の埋葬と家屋の破壊が強要された。セルビア人と違って、アルバニア人はロマに何も与えなかった。彼らは逆に家屋を破壊され、拷問を受けた。生活の辛さに耐えかねた多くのロマはコソヴォのセルビア人地区へ、またさらにセルビアへと逃亡した。数千人のロマがモンテネグロからイタリアへ逃げようとして、運悪く船の転覆に会い、多数の溺死者が生じた。いかなる西側諸国もロマの移動に対して消極的態度を示した。コソヴォに駐留しているKFORにしたところで、ロマを救済することができなかった。およそコソヴォ紛争において、ロマは自分たちこそが最大の犠牲者であると考えている。

ミトロヴィツァのロマ集落に話を戻すことにしよう。

子供たちの歓声を聞きつけて、今度は二十歳代の青年がふたり、わたしにドイツ語で話しかけてきた。一人はジャッキー・チェンのヴィデオをもっているかと執拗に尋ねてくるだけだったが、もう一人ははっきりとした口調で「なぜ、ここに来たのか」と真顔で尋ねた。わたしはベオグラードでコソヴォから逃げてきた沢山のロマに会ったからだと英語で説明したが、はたしてどのくらい理解されたのかは心もとなかった。そこで作戦を変え、去年ベオグラードの監督がここで映画を撮っただろうと尋ねると、相手は「ケネディ、ケネディ！」といい、表情を崩した。どうやら撮影隊にいい印象を抱いているようだった。青年の話によると、この集落は以前は町の南側にあったのだが、五年前に追放されて、ここまで逃げてきた。だがここでもアルバニア人に家屋を破壊され、焼討ちを受けたので、さらにもう一度、家を建て直したらしい。集落に足を踏み入れた瞬間に子供たちがいっせいに立てた「シュピタル！」という叫び声の意味が、ようやくわかったような気がした。どんな仕事をしているのかと尋ねると、彼は言葉を曖昧にして、一時は警察の仕事とかいろいろしていたが、今は何もないと答えた。警察の仕事とは死体の埋葬に関わるものではないかと、わたしは推測した。

ロマはその気になれば、どこにでもいた。サラエヴォに向かったわたしは、そこでも川べりの廃屋のなかに彼らが住みついているのを知った。ベオグラードに近いパンチェヴォの市場はものが安いことで有名だったが、そこでは半数の売子がロマだった。だが彼らはわたしが西ヨーロッパの観光地で見かけたロマとは、まったく異なった印象を与えた。なるほど彼らは貧しく、塵埃捨場に食物を探してはいたが、けっして人からものを盗もうという素振りは見せず、わたしが集落を訪れると彼らの礼儀に従って受け入れてくれた。

セルビア人たちはロマにはほとんど関心を示さなかった。「ロマ」と呼ぼうとすらしなかった。彼らの住居が眼と鼻の先にあっても、視線をそこに向けることを避けているふりが窺われた。わたしがコソヴォで出会った年配の女性の一人は、ロマの悲惨についてはかねがね聞き及んではいるのだが、自分たちは目下困難が山積みで、とうてい彼らを助けてあげることができないのだと語った。わたしはロマの集落のなかを歩いていて、ふと中上健次のことを思い出したことがあった。彼が四十六歳の生涯を忙しげに駆け抜けてしまってから、すでに短くない歳月が経過している。今年は十三回忌の年に当たるが、はたして新宮で彼を偲ぶ会合があったのだろうかと、わたしは思った。中上健次は生前にロマと言葉を交わしたことがあっただろうか。

廃墟と奇跡　ボスニア・ヘルツェゴビナ

ベオグラードを朝八時に出発したバスは、途中で強い吹雪に見舞われた。雪がひとしきり収まると、みごとな雪原と林が続いていて、ブリューゲル描くところの、冬の狩人の絵を思わせる光景となった。ドリナ河に差しかかり国境を越える際に、橋の両端を利用して検問があった。セルビア側の係官はわたしのパスポートと滞在証明をもってひとたびバスから出、出国印を押した後に戻した。ボスニア・ヘルツェゴビナ側はパスポートをチラリと眺めただけだった。長距離バスではあるが、ボスニアに入ると運転手は途中の住民を拾っては乗せるようになった。ある村では中年女性が完成したばかりの大きなクリームケーキを剝出しのまま両手で抱え、そのまま車内に乗ってきた。彼女は二つ向こうの村で降りていったが、運転手はどうやら旧知であるらしく、別段料金を請求しようともしなかった。

夕暮れの薄明のなかを、バスは渓谷にそって執拗に曲がりくねった道を走り続けた。あるときいきなり両側に視界が開くと、そこには無数の小さな光を湛《たた》えた、広々とした盆地が展がっていた。サラエヴォだった。バスが都市の周囲を旋回するように丘を下り出すと、光のひとつひとつが家々から発せられているさまが識別できた。その佇まいを俯瞰《ふかん》していると、ベオグラードに比べてはるかに整然としており、空間が秩序づけられていることが判った。

バスが到着したのは午後五時だった。だがわたしが降り立ったのはサラエヴォの中心地ではなく、はるか郊外にあってセルビア人共和国の領内の端にあるターミナル駅にすぎなかった。そこからボスニア・ヘルツェゴビナの通貨であるKM（兌換マルク）で料金を払い、三十分ほどバスに乗らないと、ボスニア人の住む市内には入れなかった。すでに陽が落ちていたので、二つの地区の境界を見定めることはできなかった。窓の外はただ退屈で陰鬱な団地街が続いているだけだった。

人口四十万あまりのサラエヴォは、ベオグラードに馴れたわたしには、ひどくこぢんまりとした都心に思えた。町の中心を東西にミリャツカ河が流れており、それに沿う形で町が細長く展がっている。大まかにいって町の東側がムスリム地区で、逆に西側へと歩いていくとオーストリアに支配された痕跡が強くなる。ここまでが旧市街で、それを廻るように環状線の市電が走っている。この市電の環を出て少し西に歩いていくと新市街となり、官庁や博物館、鉄道駅、中央郵便局といった公的な空間が続いている。河にそってさらに西に向かうと、新しい住宅地となる。わたしはこの西側からバスで旧市街に入り、戦後になって新しく建てられたホテルに泊まることにした。

サラエヴォは歴史を通して、文化的寛容さを体現してきた都市だった。ムスリム人と呼ばれるボスニアのイスラム教徒、セルビア人の正教徒、クロアチア人のカトリック教徒、それに中世スペインの異端審問を逃れて来たユダヤ教徒という四つの民族と宗教が、オスマントルコの統治下に共存し、モスクと二種類の教会、シナゴーグが思い思いに鐘を鳴らしあい、祭礼を認め合うといった場所であった。イスラム教徒は充分に世俗化が進んでいて、モスクに足を向けるよりもウィーンにオペラ見物に出かけることに気を取られている、とさえいわれていた。ある時期まで住民は、この文化的多元性をエルサレムに喩えたりもした。これはボスニア・ヘルツェゴビナ全体についても指摘できたことで、一九八〇年代を通して百九あった行政区分のうち七割が複数民族による混住地域であり、人々は隣人が異教徒である事実を平然と受け入れていた。

ユーゴスラビアにおいて社会主義政権が崩壊し、その間隙を縫って民族主義が台頭してきたとき、民族の差異を明確にするために援用されたのが宗教だった。一九九二年三月にボスニア・ヘルツェゴビナがユーゴからの分離独立を宣言するや、ただちにセルビア人によって組織された非正規軍がボスニア・ヘルツェゴビナ政府に攻撃を仕掛けた。当初は連邦国家を護持する政策を唱えていたミロシェヴィチのユーゴ軍が豊富な武器をもってこれに参加し、これに対してサラエヴォに住まうコスモポリタンなムスリム人、セルビア人、クロアチア人は、旧式の武器で応戦しなければならなかった。セルビア人の手で悪名高い民族浄化が行なわれ、ムスリム人勢力がそれに対して復讐を行なった。

このときいかなる残虐行為が行なわれたかについては、真偽を裁定することは今日ではしばしば困難であり、「羅生門」的状況と化している。多くの証拠が抹殺されたうえに、当事者の大部分が沈黙を続けていることが一因であるが、加えて西側のメディアが政治的宣伝に利用しようとして、事実を過度に誇張して報道したことが、その一因でもある。

この年の四月からサラエヴォはセルビア勢力に包囲され、盆地であったために四方の山々から砲撃を受けた。それは都市のコスモポリタニズムに対する、「田舎」の側からの民族主義の攻撃でもあった。国連監視団がサラエヴォに入り、かろうじて空港と市内を繋ぐ道を確保したが、食料から衣料品までが払底《ふってい》し、サラエヴォ市民はきわめて困難な状況に追い込まれた。翌九三年一月に和平交渉が開始されたが、原案が提出されては当事者のいずれかがそれを拒否するという事態が続いた。四月になると、それまで協調してきたボスニア・ヘルツェゴビナ政府と国内のクロアチア人の間に対立が生じ、軍事衝突から民族浄化へと事態が進展した。国際会議の場で政府はどこまでも三民族混住国家構想を主張したが、セルビア人とクロアチア人の眼中にあったのは、いかにこの地域をそれぞれが分断して併合するかという領土的野心だけだった。九五年にはクロアチア人とセルビア人との間で長期の戦闘が行なわれ、NATOがボスニア・ヘルツェゴビナのセルビア人地区に空爆を行なった。その年の十月、ようやくデイトン協定が締結され、国連の平和維持軍の駐屯を条件に戦争に終止符が打たれた。ボスニア・ヘルツェゴビナはクロアチア人とムスリム人による「ボスニア連邦」と「セルビア人共和国」の統合という形で存続することになった。千二百六十四日にわたる境界線の封鎖によって、サラエヴォはすっかり疲弊しきっていた。四十万人の人口のうち、すでに一万一千人が死亡していた。昔日の文化的寛容は現実の苛酷さを前に摩滅し、不寛容をもってなるイスラム原理主義が権力を握ることになった。わたしがこの都市を訪れたのは、終戦から九年目のことである。

わたしが滞在したホテルの部屋の窓を開けると、そこには一面の廃墟が展がっていた。それが名高いホテル・ヨーロッパの残骸であると知ったのは、朝食に階下へ降りていったときだった。ホテル・ヨーロッパはサラエヴォのトルコ側とオーストリア側のちょうど中間にあり、東西両文明の重なりあう地点に立つという矜持をほしいままにしてきたホテルだった。わたしはベオグラードのストヤノヴィチが、機会あるたびにこのホテルに漂っていたコスモポリタニズムを懐かしげに語っていたことを思い出した。そこでは東洋趣味に満ちた内装を背に、人々が優雅にダンスをし、美酒に酔い痴れていた。ロビーをひとめぐりするだけで、九つの言語が話されているのがわかるといわれていた。

だがわたしの眼前にあるホテル・ヨーロッパは、サラエヴォが包囲された年にはただちに難民収容所と化し、その七月に燃え崩れた。なんとか歴史的ホテルを守ろうと消火にあたった人たちのうち、五人までが死亡した。それ以来、現在にいたるまで、それは放置されたままだった。空地の一部は駐車場に利用されていた。ガラスもない建物の窓からは、折からの寒さで氷柱が垂れていた。壁の隙間からそっと内部を覗いてみたが、薄暗い空間には塵埃が積み上げられているだけだった。

ホテルの残骸から河の方へ歩いていくと、灰色の地味な建物の壁に小さな銘があって、第一次大戦の発端となったオーストリア皇太子殺害の場所であると記されてあった。なんだ、ここだったのかと、わたしは周囲を見回した。建物はそれを記念する博物館となっていたが、閉鎖されていた。真ん前の河には簡素な橋が架けられていた。以前にはそれなりに装飾の施された堂々たる橋があったようだが、爆撃で破壊されて久しいようで、よく見るとその痕跡が残されていた。爆撃は皇太子暗殺からちょうど八十年目の出来ごとだった。

廃墟と化したホテル・ヨーロッパ、サラエヴォ。

十一月半ばだというのに、大雪のせいで、昼間でも零下の寒さとなっていた。メモをとりながら歩いていると、ボールペンの芯のインクが凍ってしまい、字が書けなくなった。それでもミリャツカ河に沿って歩くことは、金沢やアムステルダムの街角を散歩するときに似て、気持ちがよかった。あてもなく散策するわたしの傍らを市電とバスがときおり通り過ぎていった。バスの車体にはいずれも日の丸が描かれていて、日本の友情によって送られたという説明が記されていた。

東側にどんどん歩いていくと、ムーア様式を真似た、壮麗な雰囲気の建築に出くわした。かつてサラエヴォ市の図書館として用いられていたものだった。だが窓という窓にガラスはなく、扉は木板で封鎖されていた。図書館は一九九五年に屋根から爆撃を受け、古代中世の貴重書を含め、九割の書籍を炎で喪失していた。この建築の正面には何枚もの巨大な立て看板がけばけばしく並べられていて、建築の微妙な装飾がそのために隠されていた。その一枚は、何か大量の血液を思わせる赤い液体が古代の円形劇場を取り囲んでいるという合成写真で、ひどく不吉な印象があった。よく眺めてみると、それが真紅のネクタイだと判明した。クロアチアのネクタイ会社の宣伝だったのである。このポスターは戦後九年を経て、もはやクロアチアの服飾資本がボスニア・ヘルツェゴビナ経済に流れこんでいることを示していた。ちなみにわたしは、そもそもネクタイがクロアチアの民族衣裳に端を発していたことを、後になって知らされた。

破壊された図書館の裏側にまわると、トルコ風の街並みが続いており、その中央にみごとな装飾を施した噴水《セビリ》が設置されていた。ベオグラードのスカダルスカ通りにある噴水の原型となったものだった。噴水の周囲はすっかり観光化されていて、西側の旅行者を目当てに銅細工やら絨毯やらの民芸品が土産物屋の店先に並べられていた。モスクがいくつか、威厳ある佇まいを見せていたが、その傍らにあるイスラム神学校《メデルサ》の門は土産物屋の看板に隠れて、しかと見つけ出すことができなかった。伝統を商品化して空間を演出するという点で、このトルコ街はソウルの仁寺洞《インサドン》と同じ原理が働いていることがわかった。

街角を行く人のなかには、ヴェールで顔を覆った女性をときどき見かけた。トルコでは法律的に禁止されて久しい、房のついたトルコ帽を被っている若者もいた。道端では三人の老人がアラビア語の教則本を手に、文字の読み方を話し合っていた。サラエヴォのイスラム教徒たちの社会が、クストリッツァの自伝的映画に描かれているようなコスモポリタンな性格を喪い、しだいに原理主義へと移行してゆくさまが、街角を歩いているだけでも感じられた。

すっかり観光地化された繁華街から離れ、北側にある閑静な住宅地を歩いていると、イスラム教徒による都市計画の端整さに感嘆しないわけにはいかなかった。一つ一つの家屋が隣りあい、重なりあって、中空構造をもった区画を形成している。一区画ごとに噴水と祈禱所、墓地が組み込まれている。古い家の扉には思い思いに異なった色硝子が嵌めこまれていた。みごとなバルコニーをもった邸宅の連なりを眺めていると、バルコニーとソファのいずれもが、本来はトルコの発明だったという事実が思い出されてくるのだった。

裏通りの一角に警官が一人立っていた。奇妙に思って傍の建物を見上げると、窓につい数ヶ月前までわたしに親しかった国旗が半旗で掲げられている。建物はパレスチナ領事館で、半旗はアラファトの死を悼んでのことだった。おお、パレスチナ！　わたしは半年前にラッマラーにいたのだった。アラファトが海外の国々から受けた援助のかなりの金額を、個人的な管理下に置いていたことが思い出された。アラファトの個人口座に流れた十億ドル近い公金は、これからどうなるのだろうか。

サラエヴォの旧市街を逆に西側に歩いてゆくと、ホテル・ヨーロッパを越したあたりから途端にオーストリア色が濃くなり、ウィーンを思わせる街並みとなる。壁面にバロック風に裸女や天使の彫刻を施した、背の高い建築が隙間なく並んでいる。劇場が並び、正教会とカトリック教会の尖塔の連なりが見えてくる。路上では若者が海賊版のCDやDVDを、嘘のような値段で売っていた。何枚か買って雑談をしていると、「こんなものもあるのだが」といって、サラエヴォが戦時下にいかに包囲されていたかを漫画風に説明する地図を見せてくれた。

旧市街を抜け、さらに西側へと歩いてゆくと、「狙撃者通り《スナイパー》」と渾名《あだな》された道に出る。ミリャツカ河にそって走るこの通りは、河のすぐ向こうまでセルビア軍が迫っていて、通行する者を面白半分に狙撃していたことから、その名前が付けられた。

ここに並んでいる建物は、いずれも壁に何十、何百もの弾痕を残していた（後にわたしは、サラエヴォ人がそれを半ば冗談めいて、「薔薇」と呼んでいる光景にでくわした）。戦時中、外国人ジャーナリストのためにあてがわれていたホリデイ・インの黄色と茶の建物は、完全に修復がなされていた。その手前にあるビルはモスグリーンの壁に灰白色の染みのように、コンクリートで荒々しく補修を企てた跡が残っていた。建物の周囲を廻ってみると、弾痕は南側だけについていて、北側の壁はきれいだった。狙撃者たちの位置と近さがそこから明確に推測できた。真新しいビルが目立つのは、破壊されたものを撤去して新しく建てられたことを意味していた。

通りの河側には巨大な戦争博物館と国立博物館があったが、いずれも閉鎖されていた。仕方なく方針を変えて河を越え、元セルビア軍が戦車を駐屯させ、砲撃の陣地としていた向こう岸に渡ろうとした。その途中、ひときわ高いビルのわきを通った。壁には一メートルほどの穴が十いくつも空けられていて、建物全体がコンクリートの塊以外の何物でもなくなっていた。ボスニア共和国議会の建物だった。その傍らにある背の低い建物は、壁に無数の穴をもっていたが、なんとかまだ機能しているらしく、大勢の人々が忙しげに出入りしていた。川べりには一般人のためのアパートが並んでいた。ここでもすべての壁が、蜂の巣のように穴で覆われていた。信じられないことではあるが、そこにはいまだに人が住んでいて、洗濯物を干したり、鉢植えに水をやったりしていた。

わたしは橋を渡った。橋の途中には小さな慰霊碑があり、イタリア語で文章が添えられていた。橋の南側にある建物の壁には、北側ほどに密度の濃い弾痕はなかった。薔薇はまばらに、ぽつりぽつりと跡を記していた。それは攻撃者であるセルビア側と比較して、応戦するサラエヴォ側の武器弾薬がいかに貧しかったかを語っていた。河の南側の、セルビア軍が待機していたあたりの空地をしばらく歩いていると、どこか外国の援助によって最近建てられたと思しき、洒落《しゃれ》た尖塔をもったモスクがあった。近くの廃墟は塵埃捨場と化していた。雪の寒さのせいで足先が刺されるように痛かったが、わたしはかまわず歩き続けた。悲惨の痕跡を最後まで見ておきたかったからだ。雪のなかをひどく傷んだスニーカーを履いた子供が近寄ってきて、汚れた顔でわたしに向かってユーロを強請った。よく見ると、塵埃捨場の向こう側にある、半ば崩れかけた建物にロマが住み着いていた。

別の日、わたしは知り合ったサラエヴォ人に勧められて、トンネルを見学にいった。三年間に及ぶ封鎖の際に、市民たちは医療品や武器を入手するため、ＮＡＴＯが駐屯する空港を全速力で横断し、向こうのボスニア側に到達しなければならなかった。帰りには重い荷物を背負って逆に走ってゆくのだが、それはセルビア側にとって格好の射撃目標となった。誰かが一案を講じて、空港の下に秘密裡にトンネルを掘ろうということになり、厳重な緘口令《かんこうれい》のもとに工事がなされた。地下水が噴出したり、飛行機の滑走で地盤が崩れかけたりといった難事はあったが、ともかく全長八百メートルに及ぶトンネルが数ヶ月後に完成した。食糧や武器弾薬が持ち込まれたばかりか、重病患者がここを通じて外部へと運ばれた。

戦争が終わると、役割を終えたトンネルは、ただちに内部が陥没し、通行が不可能となってしまった。トンネルに農地を提供した農夫が一案を思いつき、それを私設博物館に切り替え、見物料をとって人に見せることを思いついた。わたしが訪れたとき、トンネルはもはや二十メートルしか先に進めなくなっていた。高さは大人が背を曲げて通れるほどで、幅は一メートルあった。木材を上下にしっかりと組み、トロッコを通すためのレールまで準備されていた。わたしはつい数ヶ月前にいたテルアヴィヴでのことを思い出した。ガザ地区のラファからエジプトへ抜けるトンネルが掘られ、武器が密輸されたというので、イスラエル軍は連日にわたってラファを激しく攻撃し、トンネルを摘発した。穴を掘った専門家たちはとうの昔に逃げてしまっていたので、彼らは仕方なく無実の市民たちを嬲《なぶ》り殺しにした。ラファのトンネルが博物館となるにはどれだけの時間がかかるだろうか。

サラエヴォでわたしが言葉を交わした人たちは、封鎖の三年間のことを尋ねると、けっして真顔で答えようとしなかった。いやあ、大変だったけど面白かったよという人がいれば、あの時ほどクラシック音楽の生演奏を聴いたことは人生になかったなあという人もいた。海がないサラエヴォで、女性たちが水着を持ち寄って即席のファッションショウを開催し、冗談半分にミス・コンテストを開催したり、わざわざ「TARGET」と描いたTシャツを着て、建物から建物へと駆け抜ける競争をしたり、彼らは絶望的状況をなんとか生き延びるためのユーモアを編み出していた。書店では「サヴァイバル・ガイド」と称して、戦時下のレシピ集が売られていた。彼らは薬用アルコールと米とイースト菌を混ぜ、それに砂糖と水を加え寝かせて、「白ワイン」を造った。脱脂粉乳と小麦粉、レモンジュースを用いて「マヨネーズ（ただし卵抜き）」を考案し、わずかの肉をスライスにして油漬けにし、長く持たせた。主婦たちは顔を会わせるたびに、いかに巧みなレシピを思いつくかを自慢しあった。だがわたしがサラエヴォ人の真の悲嘆に触れることは、わずかの滞在ではできなかった。彼らの自己韜晦《とうかい》の巧みさから、それを推察することしかできなかった。

サラエヴォに滞在中にどうしても訪れておきたいところのひとつに、シナゴーグがあった。というのも歴史的に見てこの都市は、中世の終わりにスペインを追放されたスファラディームにとって、ギリシャのテサロニキと並んで、文化の中心ともいうべき場所であったからである。一九世紀にこの都に生きたラビであるイフェダ・アルカライは、ヘルツルに先行してユダヤ人国家を建てることを提唱した。彼は同胞にむかってオスマン帝国統治下の土地を買収する計画を呼びかけ、パレスチナで客死している。彼は後のシオニズムとは異なり、熱烈なる宗教的ナショナリストであった。わたしはかかる人物を輩出した風土というものを、この眼で確かめておきたかったのである。

サラエヴォ市内には、現在二つのシナゴーグが残されていた。ひとつはミリャツカ河の北側にあって、一六世紀に建てられたものであり、残念ながら目下改装中だった。地図を確かめてみると、その周辺がかつてのユダヤ人街であることが判明した。もうひとつは河のすぐ南側にあり、一九〇二年に建立されていた。こちらは赤煉瓦の壁をもった四階建てで建物の一階がコシェルの食堂と集会所、三階がシナゴーグとなっていた。運がいいことに、わたしは館長のモギス・アル・バハリと話すことができた。彼は七十歳くらいで、気さくだが矍鑠としており、ブロークンではあるがイタリア語を話した。アル・バハリというアラブ風の姓からして、スファラディームであることは明白だった。

第二次大戦が始まるまで、サラエヴォにはビエホ（旧）とかヌエボ（新）といった七つのシナゴーグがあり、五千人のスファラディームが暮らしていた。大方が強制収容所に送られ、殺された。このシナゴーグが残ったのは偶然であって、ハウプトマンというナチスの将校がここを自宅代わりにするからといって、破壊させなかった。ナチスが撤退するとき、彼は一通の手紙をボスニア人に託した。そこには彼の四代前の先祖にユダヤ人がいて、民族の伝統を保存するためには自分が個人的にこの建物を接収するしか手段はなかった、という旨のことが克明に記されていた。戦後になってニューヨークから新たにラビが到来し、シナゴーグが再開された。現在サラエヴォには七百人のユダヤ人が暮らしている。アシュケナジームが十一人、残りはスファラディームである。金曜日の夜に礼拝を行なっており、その際、祈禱の文句をヘブライ語、ラディーノ語、イディッシュ語の三通りで唱えなければいけない。なんとか妥協策を見つけ、言語を統一することはできないだろうか。アル・バハリはそう語ると、苦笑いをした。

いつもは何語を話しているのですかと、わたしは尋ねた。ボスニア語とラディーノ語だよと彼は答え、わたしの頼みに応じてラディーノ語で少し話してくれた。初めて耳にするラディーノ語は、統辞法こそ異なっていたが、ほとんどがスペイン語の語彙からできている言語であるように思えた。そうか、これがエリアス・カネッティが幼少時に親しみ、ヤコブ・ラズが誇りとする祖父が口にしていた言語なのだなと、わたしはいささか感動しながら聞いていた。

アル・バハリもまたティトー時代に郷愁を感じていた。「ティトーはわしらに向かって、ユダヤ人である前にまずユーゴ人であれといった。民族を超えて社会主義を実現することが進歩なのだと、いつもいっていた。自分たちは対等に扱われたという実感をもっている。けれどもボスニアが独立して以来、イスラム原理主義の台頭によって時代は大きく逆行してしまった。原理主義に未来はない。もっともユダヤ人は二千年にわたって辛い目にあってきたのだから、今回のイスラム化によって暮らしがより辛くも楽にもなるわけではないがね」

彼は一方で、イスラエルという国家に対しても懐疑的だった。「四百万のユダヤ人が二億のアラブ人に取り囲まれ、憎まれながらどうやって生き延びられるというのか。エルサレムが生き延びるとすれば、それは政治ではなく観光によってであって、三つの宗教の聖地はインターナショナルであってしかるべきだ。もっともこういう話をこないだ駐ボスニア・イスラエル領事を前に話したところ、えらく叱られてしまったがね」

アル・バハリは、自分の名前がイスラム風だというので、アメリカに入ろうとしたとき、もう少しでテロリストと間違えられそうになったと語り、孫のために改姓をせんといかんなと、笑いながらいった。美しいステンドグラスに囲まれたシナゴーグのなかで、わたしたちは一時間ほどお喋りをした。別れしなに写真を撮っていいかというと、彼は慌ててポケットのなかのキッパを頭に付け、親しげな表情を見せた。

ボスニアの首都サラエヴォからヘルツェゴビナの首都モスタルへの旅は、パノラマのような風景の連続だった。あれほど降り積もっていた雪は、バスが南へと向かうに従って消滅してゆく。道路にそってどこまでも続く細長い湖は、さながら鏡のように美しく輝き、遠くの雪山を映し出していた。湖が終わると、ダ・ヴィンチの『モナ・リザ』の背景を思わせる田園が展がっている。モスタルは盆地の町で、山々に囲まれている。中央を南北に流れるネトレヴァ河は群青色の水を清らかに湛え、左右の切り立った崖と相まって、独特の景観を呈していた。地形的にはもう少し行けばアドリア海に出るわけだが、風景にその気配はどこにもなく、ただ暖かさから海が近いと知れた。もしこの間の戦争さえなかったとしたら、深い静寂に支配されたこの町は理想的な小国寡民《かみん》の都だといえただろう。

だがこの町を特徴づけていたのは、夥しいまでの廃墟であり、爆撃とテロによって破壊されたまま放置されている建築の連なりだった。ベオグラードはもとより、つい今しがた後にしてきたサラエヴォでさえ遠く及ばないその徹底した破壊のされ方に、わたしは言葉を失わざるをえなかった。

ボスニア戦争を通して、モスタルはもっとも激しい戦闘が繰り返された場所だった。一九九二年にボスニア・ヘルツェゴビナが独立を宣言した直後から、セルビア人を主体としたユーゴスラビア軍と国内セルビア人軍は、東側の山上からムスリム人地区を中心に激しい攻撃を加えた。クロアチア人とボスニア政府側とは協力しあって、セルビア人から町を死守しようとした。国連が仲介の労をとり両軍が引き上げると、彼らは東の丘の中腹にあったセルビア正教会をただちに爆弾で破壊した。一九九三年に入ってクロアチア人とボスニア政府側が決裂したとき、戦闘は第二の段階へ移った。クロアチア人がムスリム人を襲撃し、河を挟んで前者が西側、後者が西側の川べりと東側に住みわけることが強引になされた。西側の住宅地はほとんど被害を受けなかったが、東側の住民は十一ヶ月にわたって外界から遮断され、このときほとんどの家屋が破壊された。美しいアーチ型をなし、歴史的に名高いモスタル旧橋がクロアチア人の手で爆破されたとき、人々はオスマントルコ時代に端を発するこの町の文化的伝統が無惨に断ち切られ、町の誇りが侮辱されたことを知った。爆破を担当したのは、三つの学位をもったクロアチア人の映画監督だった。一九九四年、ワシントン協定によってようやく和平が成立した。だが民族の反目は解き難く、住民たちは敵方の地帯に足を向けることなく生きることになった。結局、二つのバスターミナル、二つの病院、二つの高校が設けられた。かつて十二万人いた住民の少なからぬ部分は四散して、スカンジナヴィアやアメリカ、オーストラリアに移民してしまい、けっして分断された町に戻ろうとしないでいる。わたしが宿泊することになったホテルはネトレヴァ河の西側の岸辺にあった。バス停を降り立って夕暮れ時に表通りをホテルまで歩いていくと、深い霧のなかに黒々とした建物のシルエットが、次々と浮かび上がっては後方へ退いていった。それはどれも例外なく廃墟であり、ひどく陰鬱な気持ちとなった。道を歩いている者はほとんどいなかった。ただ一人、わたしを目敏く外国人だと見抜いた青年が近寄ってきて、戦争で家族を喪ってしまったから金銭の援助をしてほしいと、イタリア語で話しかけてきた。

翌朝、ホテルの窓から河を見下ろしたわたしは、深く澄んだ流れの向こう側もまた例外なく廃墟であることに気付いた。かつてはムーア様式の建築を誇り、おそらく町の最高級ホテルであったと思しき建物が、爆撃による無惨な残骸を晒し、一部に赤と白に彩られた壁が残されているだけだった。隣には豪奢を極めたティトーの別荘があったが、これも鉄骨と焼け焦げたコンクリートを除けばいかなる形跡も留めていなかった。ただこちら側は再建の目処が立っているらしく、朝早くだというのに基礎工事のために人が入っていた。わたしはまず西側を歩いてみた。三階建てのムーア様式からなるモスタル高校は、壁一面に蜂の巣のように銃弾の跡があった。一、二階は窓にガラスが入れられ、修復がなされていたが、三階は破壊されたままで放置されていた。高校の前の広場に面した建物は、噴水を含めて一つの例外もなく破壊されていた。奇妙なことに破壊から十年の時間が経過してみると、瓦礫のなかにたまたま落ちた植物の種から芽が吹き出し、それが五メートルの高さにまで伸びているさまを見かけた。

わたしは数ヶ月が経って日本に帰国した後、日本のＮＨＫエンタープライズがこのモスタル高校を舞台に興味深いドキュメンタリーを制作していることを知った。そこではクロアチア人とムスリム人の両方の生徒を同じ校舎で授業を受けさせるという実験が行なわれていた。数学や理科の授業は差し支えないが、歴史や国語となるとどうしてもナショナリズムが関与してしまうので、別々の授業をしなければならない。番組では、三年生の生徒たちが立候補する生徒会長の選挙の経過が映し出されていた。だがここでもクロアチア人とムスリム人の生徒たちは反目しあい、理想主義を唱えて立候補した混血の少年は、全学を通してわずか一票しか獲得できなかった。高校には都合二人の校長が存在していた。ムスリム側の校長は、増え続ける生徒に対処するために校舎の三階を至急修復すべきだと主張し、クロアチア側の校長は、もし修復すればムスリム側の生徒が大量に通学することになり、生徒の人口比率が崩れてしまうと反論していた。撮影者側はかなりの長期にわたりこの町に滞在し、地元の住民たちの信頼を獲得しないかぎり、こうした微妙な民族問題をめぐってドキュメンタリーは撮れない。わたしは日本のＴＶ制作スタッフはいい仕事をしたという感想をもった。

さらに西側を歩いていると、カトリック教会の堂々たる塔が見えた。それは背後の山並みに築かれた巨大な十字架に対応しながら、クロアチア人による空間のヘゲモニーを強く主張していた。山上の十字架の向こうには、聖地メジュゴリエが位置している。教会は閉鎖されていたが、神父は親切にも内部を案内してくれた。中には何もなかった。広大な空間にはキリストや聖母の像どころか、祭壇や椅子すらなく、ただコンクリートの裸の壁だけが四方を覆っているだけだった。わたしは礼をいって退出した。神父は最後まで一言も言葉を発しなかった。

モスタルの街角をしばらく歩いていると、奇妙な気分になった。黒く焼け焦げていたり、崩れ落ちた廃墟の傍らに、新しく急拵えされた建物が林立している。廃墟はいずれもが社会主義時代に設計された、威圧的で巨大な建築であり、それなりの装飾が施されていた。新しい建物は灰色がかったオレンジや緑、ピンクといった色で壁一面を塗り潰した平板さにおいて、共通している。両者が隣り合っているさまはいかにも不自然に思えた。だがそれは避けようのない事態だった。ここでは日本のように、破壊を受けた建物をただちに取り壊し、更地にして新しい建物を設けるだけの経済的余裕がないのだから。したがって廃墟の二階以上はそのままに残し、一階だけは黒々とした壁にペンキを塗りなおしたり、新たに派手な看板を取りつけたりして店舗に転用するという現象が見受けられた。西側から河をわたって東側に向かうあたりはトルコ時代に町の中心だった地域で、クロアチア勢力が徹底した破壊を行なったところだった。わたしが訪れた時点ではほとんど町並みが修復され、オリエンタルムード溢れる観光地の装いを見せていた。その中心ともいえるモスタル古橋は、つい最近に原形を模して建て直された。橋の傍らには英語で「Don't Forget '93」と記した碑が置かれていた。いうまでもなくクロアチア人による破壊を歴史のなかに刻み付けることを目指した碑であったが、わたしにはそれがボスニア語（セルビア語）ではなく、英語で記されていることが妙に気になった。碑は住民に向けてというよりも、ここを訪問する観光客に向けてのメッセージのように思えた。

橋の傍の書店でわたしはムスリム人の写真家としばらく言葉を交わした。彼はひどく早口の英語で、今は事態が鎮静したからいいが、二、三年前まではけっして西側になど足を向けることは考えられなかったといった。それから、西側に忍んでいって殺されてしまった友人がいたことを告げ、それにしてもどういう理由からこのような民族対立が生じたのかが、今もって理解できないと付け加えた。写真家は書店に並べてある大判の写真集を拡げ、古橋がいかに崩れていったかを説明してくれた。橋は一九九二年にセルビア軍によって最初の砲撃を受け、一部が損傷した。住民たちはなんとか橋を守ろうとして、木板を敷いたり、鉄骨で補強を試みたりした。橋に沢山のタイヤが括りつけられている写真を見ると、かくも高い文化の矜持をもった橋にしてかくやという情けなさが漂ってきた。翌年、わずかに両端を残して橋が崩れ落ちてしまうと、人々は粗末ではあるが木の吊り橋を設け、生活の便に役立てようとした。その稚《いたいけ》な努力を写真を通して眺めているだけで、ひどく痛ましい気持ちとなった。

橋をわたると、トルコ様式の旧市街といくつものモスクとは、みごとに修復されてい

破壊されたセルビア正教会の向こうに見えるモスクとカトリック教会。

る。だがコソヴォの町々とは違って、モスクで祈りをあげている者を見かけることはなく、すべてが観光用の修復ではないかという疑いが生じた。路地はもとより大通りにあっても、格別にエキゾチックな魅力をもっていない建築は、破壊されたまま放置されていた。わたしは東側の丘を登った。丘の中腹には夥しい瓦礫の山があり、隣の空地には瓦礫の一部で固定されたゴールがあり、即席のサッカー場ができていた。さらに上に登ると小さく粗末な教会堂があり、普段着の髯面の青年が車に乗って出かけようとするところだった。

わたしが呼び止めたので彼は教会へ引き返し、説明を施してくれた。彼はベオグラードから派遣されてきた正教会の神父で、ドイツの援助によってなったこの新しい教会に、ときおり立ち寄って、わずかにモスタルに帰還してきたセルビア系元住民のためにミサをあげるのだという。ここでも教会のなかには何もなかった。以前にあったイコンはすべて燃えてしまったので、今は他の教会にあるイコンをカラーコピーして祭壇に貼り付け、それを縁として祈禱を続けているのだった。わたしたちの眼前にある巨大な瓦礫の山は、一九九一年にセルビア軍が撤退した直後にムスリム・クロアチア側の住民によってただちに爆破された教会の跡だった。この瓦礫の山の向こうに修復された古橋があり、カトリック教会の尖塔があり、山上の十字架があった。わたしは喩えようもない疲労感に襲われた。歩き疲れていたこともあったが、眼に留まるもののすべてが廃墟であるという現実を前に、嫌気が差してきたのだ。詩人の高橋睦郎は書いている。「私の見ることは　塩である／私の見ることには　癒しがない」一日中モスタルを歩き回ったわたしは、いつしか三十年前に知ったこの二行の詩句を口誦《くちずさ》んでいた。

モスタルまで来たわたしには、時間の都合さえつけば是非立ち寄ってみたい場所があった。メジュゴリエである。ヘルツェゴビナのなかでもこの村はクロアチア側に属しており、二百五十世帯ほどの、何の変哲もない小さな集落にすぎなかった。それが一九八〇年代の初頭に聖母マリアの出現という奇跡が起きて以来、世界のカトリック信仰にとってもっとも重要な聖地のひとつと化してしまったのである。大学時代に宗教学を専攻したわたしは、宗教の本質は既成の教義や教団にあるのではなく、目下生成しつつある宗教的現象のなかにおいてもっとも明確に認めることができるという姿勢に、共鳴するところが大きかった。メジュゴリエにマリアが顕現《けんげん》したことの真偽を問いたいのではない。宗教的対立から緊張が続くこの地域においてこそ奇跡が喧伝され、それが村の社会と景観をいかに変容させているかを、この眼で確かめておきたかったのである。

　メジュゴリエには簡単に行くことができた。一日に三本しかなかったが、モスタルのターミナル駅から路線バスが出ていた。急斜面の山道を登りきると、岩だらけの荒地に灌木がわずかに生えているばかりといった風景となる。途中、崖下に何十台となく車が捨てられたままになっているのが、チラリと見えた。家の壁や土地の境界が石を積み上げて出来ているあたりは、アイルランドを思わせなくもない。路傍にはところどころに戦死者を慰霊する碑があり、このあたりが十年ほど前には激戦地であったことを示していた。メジュゴリエのバス停はいかにも最近に造成された一画にあった。周囲の建物はいずれも新しかった。停留所の案内を見ると、ミュンヘンやボン、ミラノといった西側の大都市からのバスの直行便の時刻が記されている。それはこの村が国際的な巡礼地であることを意味していた。小雨が降るなかを、わたしは案内板を頼りに教会にむかって歩き出した。道の両側には土産物屋がずらりと並び、絵葉書からキーホルダー、マグカップ、それに大小さまざまのマリア像を店先に並べていた。

　一九八一年六月二十四日、夏至を過ぎたばかりでひどく長く感じられる夕暮れどき、ミリアナとイヴァンカという二人の少女が村外れの丘に登って遊ぼうとしていたところ、幼子を抱いた美しい女性が丘の中腹に佇んでいるのを発見した。その光り輝く姿から、彼女が聖母マリアであることがただちに判った。怖くなった二人は村に逃げ帰り、四人の少年少女を連れて戻った。イヴァンカがふたたび幻を見たので、全員が恐怖に襲われた。翌日、二人の大人がつき従って丘に向かったが、少年少女はまたしても聖母を見て、大慌てで逃げ帰った。だが大人たちには何も見えなかった。噂は噂を呼び、翌々日には三千人が丘を訪れた。イヴァンカの問いに答えて、女性は自分がマリアであると語り、信徒信経《クレド》を唱えるよう求めた。聖母は黒髪で灰色の服を着、星の冠を戴いて空中に浮いていた。騒ぎが大きくなり、警察が調査を開始した。聖母は彼らを通して人々に、世界に蔓延《はびこ》る悪から解き放たれるために祈り、金曜ごとに断食をし、神にすべてを委ねよと告げた。やがて次々と押しかける人々の間から、長年の宿痾《しゅくあ》が直ったり、麻痺が癒されるといった奇跡が生じだした。医師たちは繰り返し少年少女を厳重に検査したが、いささかも異常は認められなかった。彼女たちはただいっせいに中空を見つめ、恍惚状態のなかで聖母のヴィジョンを体験するばかりだった。最初の発見者である二人は、天国から地獄までを廻ったことを告白した。

最初の出現から十年が経って、メジュゴリエは壮絶な戦争に巻き込まれることになった。にもかかわらず聖母は毎日現われ続け、少女たちにお告げを与えた。もっともそこにはいささかも政治的メッセージはなかった。この小さな村はいつしかルルドに続くヨーロッパ第二の巡礼地と化した。ムスリム勢力に取り囲まれ、多大な宗教的ストレスを感じてきたクロアチア人にとっては、自分たちのカトリック主義を全世界に喧伝する絶好の場所となった。陰謀説がないわけでもなかった。地元のフランチェスコ会はもとより狂信的なことで周囲から孤絶しており、ヴァチカンとも微妙な関係にあった。そのためる司祭が民衆扇動の嫌疑を受け、拘留されるという事件も起きた。だがひとたび嫌疑が晴れると、この社会主義政権下に生じた奇跡は二〇世紀キリスト教世界で最大の事件のひとつとして注目され、世俗化の極に至ろうとしていた西側社会に対して強い霊的喚起力を主張するようになった。メジュゴリエは日に日に脅威を増してくるイスラム世界の野蛮に対し、キリスト教世界の側が築いた神聖なる要塞として、きわめてイデオロギー的な力を担うことになったのである。

メジュゴリエの町の中心にある聖ヤコブ教会はまだ新しく、明らかに奇跡の数年後に建てられたもののようだった。清楚な印象の聖母像もまだ新しく、教会の内装はきわめて簡素なものだった。教会の前の広場では若いガイドたちが何組かの巡礼客を相手に、英語やスペイン語を駆使して場所の説明をしていた。観光客はこの村に設えられたいくつかの聖所を廻りながら、ここで一泊し、満足がいくまで奇跡の地の雰囲気を味わうことができるようになっていた。わたしは案内板に従ってふたたび土産物屋の通りを抜け、そこから外れて畑のなかを進んだ。そこは地中海の沿岸であればどこにでもあるような赤土の葡萄畑にすぎなかった。秋も晩《おそ》かったので収穫はとうに終わっていて、枯枝が風に低く揺れているだけだった。ときおり村人がビニールテントを張って、レースのハンカチや民芸品を売っていた。奇跡が一般の農民の生活を大きく変えてしまったことが、それからもわかった。二十分ほど歩くと、ふたたび土産物を並べている店が何軒か並んでいたので、その向こうにある丘がマリアの顕現の場所であると見当がついた。

折からの小雨のせいで、石ころだらけの濡れた丘を、野薔薇の蔓を避けながら登るのには、それなりの注意が必要だった。わたしの前には二十人ほどの老女の一団がいた。彼女たちは臆することなく、嬉々として丘を登りきると、記念写真を撮っていた。話しぶりから、イタリアからツアー旅行で来た一行だとわかった。聖母が出現した場所には大きな褐色の十字架と二枚の銅版のレリーフが置かれていた。丘の中腹からはメジュゴリエの村が一望できた。教会の鐘が鳴り響くと人々が耕作の手を休めるといった、いかにも平和な村という感じがした。後になってわたしは、第二次大戦中にウスタシャのカトリック教徒がこの丘に十数人の正教徒を生埋めにしたことを、書物から知らされた。聖母の奇跡を喧伝した西ヘルツェゴビナのフランチェスコ会は極右の傾向で知られ、戦後も反ユーゴ活動に携わる人士を隠匿したり、亡命の手助けをしていた。それは同じクロアチア人のカトリックであっても、ザグレヴのローマ・カトリックとは深い対立関係にあった。次章でも言及することになるが、メジュゴリエの一帯は血で血を購《あがな》う復讐の土地として著名であり、「ナイフは鈍ることなく、銃身は錆びることなし」という諺が巷間に知られているほどであった。*6

この虐殺からまさしく四十年後に、同じ地で聖母を見た少年少女が、はたしてそれを知っていたかどうか。おそらく祖父母や両親の世代は過去の残虐行為について、頑なな沈黙を守っていたことだろう。だがこの丘にはどこかに触れてはならないものが隠されているといった伝承は、無意識的記憶となって住民の心理のどこかに残されていたはずであり、それが形態を変えて無垢な年少者にヴィジョンを体験させたことは想像できなくはない。彼女たちが最初に若い女性を目撃したときに感じた恐怖とは、はたして何だったのか。報せを聞きつけてあの丘のことかと、一瞬だが過去の悪夢を想起した年長者たちの恐怖の背後には、隠蔽された原初の殺人の記憶が禍々しく横たわっている。

メジュゴリエで売られていた、
マリアの奇跡を語る絵葉書。

土産物屋の一角にあるレストランで晩い昼食をとりながら、わたしは店員に尋ねてみた。奇跡を見た子供たちは今どうしているのかと。彼女たちはすでに中年に差しかかっていて、五人までがアメリカを始めとする海外に移住していた。すでに聖母は現われなくなって久しかった。ただ残された一人の女性の前にときおりお告げがあるのだが、それもほどなく終わりを告げるだろうといわれていた。事件としての奇跡はすでに終わったのだ。だがムスリム地区のなかの飛地ともいうべきこの村の宗教的孤立は、いささかも解決していない。メジュゴリエはルルドに似て、日本の温泉町を思わせる巡礼の地として今後も存続してゆくことだろうが、この奇跡の意味については宗教社会学の立場からより詳しい探求が必要とされるだろう。

土産物屋の一軒を覗いていると、フィリピンからやって来たという二人の女性が英語で話しかけてきた。一人はイタリアでメイド暮らしが長いらしく、ここに来るのはもう三度目だという。わたしが日本人だとわかると、彼女は「それじゃあアキタに行ったことがあるだろう」と尋ねてきた。メジュゴリエに先立つこと数年、秋田の修道院で聖母像から人間の涙が噴出し、数年間にわたってこの奇跡が続いたのだという。彼女はいつかこの日本の町を訪れることが夢だというと、狐に抓《つま》まれたような顔をしているわたしを置いて、連れとタガログ語でお喋りをしながら、土産物屋を出て行った。

民族浄化の記憶　クロアチアまで

サラエヴォに一度戻ったわたしは、クロアチアのザグレヴに直接向かう前に、途中のバニャ・ルカに一泊してみることにした。一気に十時間近くの汽車に乗るかと思うと気が滅入ったので、途中で休憩したかったためである。だがそれは別にしても、ボスニア・ヘルツェゴビナ全体の領土のほぼ半分を占める、セルビア人共和国の首都を見ておいても悪くないという気持ちがあった。

列車はどのコンパートメントもほとんど乗客がいなかった。わたしが席を見つけてひと息ついていると、一組の東洋人らしい若い男女が入ってきた。明らかに同じ眷属《けんぞく》の者がいると知っての行動だった。女の方は二十歳代中ごろ、男は少し年下のようだった。わたしたちは英語で挨拶をしたが、女が連れに話しかけている調子から、二人が韓国人の姉弟だと判った。わたしが片言の韓国語で話しかけると、姉の方は途端に打ち解けた態度になり、自分はロンドンの映画学校に留学しているのだが、韓国から弟が来たのでいっしょに大陸を一周しているのだと答えた。彼らは全羅南道《チョルラ・ナムド》の光州出身だった。わたしがその都市をよく知っていて、つい先ほども訪れたことがあるというと、彼女は眼を丸くした。一九八〇年の民主化抗争の翌年に生まれた彼女は何も記憶してはおらず、ただ両親といっしょに墓地に行ったときのことをうっすらと憶えていると語った。サラエヴォと光州は似ていると思うかと尋ねると、説明されればその意味はわかるが、サラエヴォの方がずっと期間が長く、ひどかったと思うと答えた。弟の方がわたしに向かって、ユーゴスラビアというのは過去に「北韓」のスパイがうろうろしていた国だから気をつけろといわれてきたが、実際に訪れてみると少しも怖いところではなかったといった。

夕暮れ時にバニャ・ルカの駅に到着すると、ふたたびほとんどの標識がキリル文字で記されていて、久しぶりにセルビア人の国に戻ってきた気がした。いや、その比率はベオグラードよりもはるかに高いように感じられた。街はおよそ観光するには何の魅力もないところで、中世にオスマントルコが築いた城壁の跡を散歩し、二つの教会を見てしまうと、後は何もすることがなくなってしまった。満足に外食のできるレストランを探すにも苦労しなければならないほどだった。ホテルの若い従業員はわたしがベオグラードから来たと知ると、ここは確かにボスニアと呼ばれているが、自分たちもセルビア語を話しており、セルビア人であることには変わりないと堂々といった。何事にものんびりと構えるところのあるベオグラードとは少し違う、ある緊張がそこには感じられた。

翌朝、わたしはこの従業員にむかって、昔モスクがあったところを地図で教えてくれないかと尋ねた。彼は若かったので充分に答えられず、年配の者に相談に行った。結果として判ったのは、町の中心であるそのホテルから城壁へ向かう大通りのすぐ傍に、バニャ・ルカを代表するモスクが以前は存在していたという事実だった。わたしが足を向けてみると、そこは何の変哲もない芝生と駐車場と化していて、かつての宗教建築の痕跡を窺わせるものは皆無だった。芝生には十本ほど樅《もみ》の木が植えられていたが、一メートル半ほどのその高さからして、ごく最近に植林されたものと推測できた。バニャ・ルカという都市の歴史を考えてみた場合、ここに存在したモスクはおそらくオスマントルコが城壁を築くのと前後して建設されたものであり、セルビア人の精神的中心であった正教会に拮抗する形で、町の今ひとつの中心を構成していたはずである。モスクの消滅は、十年ほど前に生じた民族浄化の徹底ぶりを物語っていた。

ホテルではもうひとつ、市の中心から一キロほど離れたところにもモスクがあったと教えてもらっていた。地図を片手に閑静な住宅地とテニスコートの間を歩いていくと、まるでアルバニア人の家屋のように周囲が木の塀で覆われ、内部が見えないようになっている一角があり、そこがモスクの痕跡だった。塀に空いている節穴から覗きこんでみたところ、ここでも徹底した破壊がなされていることがわかった。石のアーチと百基ほどの円柱状の墓石だけが、雑草の生い茂るなかに残されている。写真を撮影しようとしたが、向かい側が警察署になっているので諦めることにした。墓があるために完全に更地にできないんだなと、わたしは睨んだ。

わたしは数ヶ月前にも似たような事態をいくつも目の当たりにしていた。エルサレムでも、ハイファでも、ティベリアスでも、およそユダヤ人が入植してパレスチナ人を追放した場所では、モスクがあったはずの場所がきれいな更地と化して、一面に芝生が植えられていたり、でなければ廃墟か塵埃捨場になっているのが常だった。

現在のバニャ・ルカは、いかにも平和そうな地方都市だった。だがそれはごく最近の姿であるにすぎず、わずか十五年ほど前まではサラエヴォのようにムスリム人が平然と通行し、礼拝と商業を営んでいた都市であった。人々はその時代の記憶を拭い去り、ここが純粋にして完璧なセルビア人の土地であると信じようとしていた。かつてマルクス・エンゲルス広場と名付けられていたに違いない広場には、何軒かの露店が出ていた。セルビア人共和国の大統領であったカラジチと軍の総司令官であったムラジチ将軍の顔を大きくあしらったカレンダーやキーホルダー、カードなどが、そこでは平然と販売されていた。カラジチは知的で優しげな風貌をして、明るく笑っていた。ムラジチは坊主頭に太い首で、ずんぐりとした風貌が日本風にいえば体育会系の印象を与えていた。広場の掲示板には、軍服姿の兵士たちがセルビア国旗の下で訓練に励んでいたり、整列しながら正教会の司祭から祝福を受けている写真が飾られていた。バニャ・ルカではムスリム人とクロアチア人に囲まれているという孤立した意識と、セルビア・モンテネグロへの対抗的意識とが微妙に重なりあって、民族主義的なイデオロギーが津々浦々にまで浸透しているように感じられた。ベオグラードにはない緊張が、見えない形で走っていることに、わたしは気付いた。人々はいつまで記憶を隠蔽し、不自然な緊張を保ちながら生きてゆくのだろうか。それが予想もつかない形で噴出することはありうるだろうか。

メジュゴリエの生埋めの丘に聖母が出現したことを知るわたしは、いつかこの町でも隠蔽されたイスラム的なるものをめぐって、何らかの事件が起きるのではないかと想像した。

バニャ・ルカの露店。左上はカラジチ、下はムラジチのカレンダー。

ザグレヴは整然とした印象を与える都市だった。一九世紀の終わりにウィーンから建築家を呼んで都市計画を設えたと聞いていたが、なるほど街角の隅々にまでハプスブルグ王朝の雰囲気が漂っている。それはベオグラードの喧騒に満ちた混沌ともサラエヴォの多文化の並存とも異なり、明確にカトリック的な秩序を志向していた。

鉄道駅を降り立つと、百メートルほどの幅をもった公園が一キロあまり展がり、二筋の歩道が走っている。駅のそばにもショッピングモールがあるが、すべて地下に纏められていて、その姿は地上からは見えない。緑地のなかには噴水や美術館があり、人々はベンチでお喋りをしたり、犬を散歩させたりしている。歩道の脇には高く聳え立つ樹木が並び、夜ともなれば何百というオレンジ色のガス灯が柔らかい光の諧調《かいちょう》を奏でている。公園の両脇には堅固にして荘重な建築が並び、どの建物のファサードにも、裸体の男女や天使の顔の装飾が細やかに添えられている。市の中心である繁華街に到達するには、この優雅な空間をまず越えなければならなかった。

わたしが親しんでいるベオグラードでは、鉄道駅の前には食物や雑貨を売るキオスクが並び、バス停と駐車場が併設されていて、つねに騒然としていた。道路は曲がり、いたるところで幅と高さを変え、四方八方に伸びている。大通りの向こう側の建物は汚れて老朽化していたり、派手派手しい増築のおかげでいっそう憔悴《みすぼら》しく見える。ザグレヴはその整然さにおいて、旧ユーゴの首都とは一線を画していた。

こうした第一印象の違いは、街の中心である共和国広場を比較したとき、さらに明らかとなる。ベオグラードでは共和国広場とは、目抜き通りを歩いているうちにいつの間にかだらだらと出てしまう場所であって、周囲の空間との境界が明確ではない。中世の王の銅像だけが広場の徴である。それは複雑に交差する道路の結節点でもあって、いたるところからバスと市電が乗り入れてくる。国立劇場や国立博物館といった公的な建物から、社会主義時代のモダニズム建築、さらに現在風の広告塔までが渾然と並び、レストランから靴屋までが軒を連ねている。アイスクリーム売りから政治的示威行動までが、段差や植込みの多いこの広場に犇《ひし》めきあっている。若者たちは中央の銅像のまわりの階段に平然と腰を降ろして、待ち合わせをしている。そこは落書きだらけである。最初にこの広場に立った外国人は、一瞬だが方向感覚を喪い、雑踏のなかで次に進むべき道を誤ってしまうだろう。ザグレヴのイェラチ広場はそれとはまったく異なった雰囲気をもっている。一九世紀にクロアチア独立のために戦ったイェラチの像が象徴的中心であることは、ナショナリズムが空間を統合するかぎりにおいてベオグラードと同じであるが、加えて空間の分節化がすこぶる明確である。物売りの姿は見かけない。広場を取り囲む建築は灰白色に色彩が纏められ、空間に落ち着いた感じを与えている。夜ともなれば広告や時刻表示のネオンが点灯されるが、青と赤に色調が統一されていて、傍らに掲げられたクロアチア国旗と調和するようになっている。広場には規則正しいリズムがあり、書店とブティックの大きなショウウィンドウには、芸術的な配慮が施されている。広場の背後にはカトリック教会の二本の尖塔が聳えていて、この広場が旧市街と新市街の境界にあって、その統合点であることが歴然と判るようになっている。

都市空間におけるこうした秩序志向は、街角のグラフィズムのあり方にも、人々の行動様式にも見合っているように思われた。古色蒼然たる中央郵便局は、外観に反して機能的でモダンな内部をもち、黄色とモスグリーンで色調が纏められていた。それはわたしがこれまで世界中で見てきたどの郵便局よりも美しかった。人々は別に指示があるわけでもないのに、窓口から一メートルの距離を保って、静かに順番を待っていた。それは窓口にべったりと張り付いて、お喋りに耽っているベオグラードの客とは、まったく異なっていた。街角の広告を特徴づけていたのは、肉感的な女性がフェロモンを周囲に振りまくようなセルビア風の意匠ではなく、軽いウィットを漂わせた、クールな感じのモデルたちの映像だった。目抜き通りのショウウィンドウを覗いても、洒落た構成で品物を展示する工夫が施されていて、ベオグラードではまだ見かけるような、社会主義時代特有の退屈で原則一点張りの展示はどこにもなかった。まだ足を踏み入れていないスロベニアのリューブリヤナは別にすれば、ザグレヴはこれまで訪れてきた旧ユーゴのどんな都市と比べても、消費主義が浸透しているようであり、多くの店にはクレジットカードの標識が掲げられていた。買物は基本的にはキャッシュで行なうべしというベオグラードとは、大きな違いだった。どこを見回しても、ベオグラードやサラエヴォのような戦争の痕跡はなかった。九年前に幕を閉じた戦いはもっぱら隣国を舞台になされたものであって、空爆とも無縁のこの国は、第二次大戦の後に取り消されてしまった独立をふたたび取り戻したことで嬉々としているように思えた。ナチスが後ろ盾となって戦時下に成立した「クロアチア独立国」の国旗を部分的に改訂したものが、国旗として掲げられていた。通貨はこの「独立国」を踏襲して、クーナと呼ばれていた。ザグレヴの人々の悠々とした態度は、ベオグラードの意気消沈ぶりとは対照的だった。クロアチアは二〇〇八年あたりにEUに加盟することを計画し、強い期待を抱いていた。共和国政府の建物には、クロアチア国旗とともにEUの旗がすでに靡いていた。

わたしはベオグラードの知り合いに頼まれて、村上春樹の翻訳を買って帰らなければならなかった。セルビア・モンテネグロでは、彼の作品はまだ一冊しか翻訳されていないのだが、クロアチアではすでに五冊が刊行されているという情報を、彼女は入手していた。書店に行くと、ナボコフとガルシア＝マルケスに挟まれて、『ノルウェイの森』の翻訳が平積みにされていた。一冊を手にとってレジに行こうとしたところで、わたしは不意に日本語で呼びかけられた。信じられない偶然であったが、そこには東京で勤務している大学で英語を教えている巨漢のアメリカ人が立っていた。わたしたちは奇遇を悦び、この町の習慣に従って近くのカフェでお喋りをすることになった。

ジョン・ビサーザは言語学者で、クロアチアとボスニア・ヘルツェゴビナにおいてエスニシティに基づく罵倒語がいかなる様態を示しているかという調査に来ていた。昨日はレンタカーで国境を越えてボスニアに入ろうとしたが、盗難車ではないかという嫌疑をかけられ、手続きにすっかり消耗させられてしまったという。クロアチアでは万事がスムーズだが、ボスニアに入ると途端にすべてがややこしくなってしまうと、彼は諦め顔で不平を漏らした。第二次大戦中にこの地域を占領したナチスは、イスラム教徒を積極的に徴用して、パルチザンやチェトニクを暗殺する専門集団を組織した。その中心にあって活動し、イスラム教の指導者でもあった人物が、ボスニアのビハチにいまだ高齢で生存しているというので、苦労して車を飛ばしたのだが、残念なことに昨年死んでしまっていたという。そんな人物が社会主義時代によくもまあ生き延びることができたものだと、わたしが感心していると、モスクの奥深くに潜み、巧みに権謀術策を駆使したのだろうなあと、彼は語った。

話し込んでいるうちに、ビサーザの家系では、祖父がクロアチアの沿岸地域からアメリカに移民してきたと教えられた。もっとも祖父は自分では、オーストリア出身だといつも自慢していましたがねと、彼は懐かしそうな表情をしながら付け加えた。それには一理があった。二〇世紀初頭にはクロアチアはまだ独立しておらず、オーストリア＝ハンガリー連合王国の領土だったのである。わたしはその日の昼にレストランの主人と交わした対話を思い出した。「ここはバルカンなんかじゃありません」と、彼は断言した。「そりゃ地図を見ればバルカンかもしれませんが、文化はオーストリアです。ヨーロッパです」

ザグレヴでわたしは一人の日本人青年に出会った。彼は東京でサラリーマンをしていたが、クロアチアのサッカーチームを愛するあまりに、ここに越してきて何年にもなるといい、実際に生活してみるとこの国のもつナショナリズムの強さには閉口するときがあると語った。一旅行者であるわたしには窺い知れぬ情報だったので、ここに彼から聞いたことを敷衍《ふえん》するかたちで、いくつかのコメントを記しておきたい。

クロアチア人がもっとも好意を抱いているのはドイツ人である。学校教育でもドイツ語に重点が置かれている。一九九一年にこの国が独立を宣言したとき、ＥＵにあっていち早くそれを承認したのが、統一を果たした直後のドイツであった。だがドイツとその文化的伝統への親近感はそれよりはるか以前に遡る。クロアチア人はハプスブルグ王朝に統治されることで、自分たちがオスマン帝国の野蛮から解放されたという歴史観を奉じてきた。またクロアチアがセルビア中心主義の頸木《くびき》から自由となり、曲がりなりにも「独立国」となったのは、ナチス占領下においてであった。そのため現在でも中学高校の歴史教科書では、当時の状況を肯定的に叙述する傾向が強く、強制収容所を設置してセルビア人やユダヤ人、ロマ人を計画的に殺害したという事実への言及はほとんどなされることがない。

ちなみにユーゴからの分離独立を説いたトゥジマンは本来はティトー傘下のパルチザンの古参であったが、民族主義者としてウスタシャを歴史的に評価した。トゥジマンはかくして長らく続いていた対立を統合し、大衆に対してより説得力をもつにいたった。彼は独裁者として君臨したが、死後もなお人気があり、墓には献花が絶えない。

セルビア人が、同じくアメリカの空爆を体験した国民として日本人に共感を抱き、酔ってそれを口にするとすれば、クロアチア人は別の形でやはり日本人への親密感を表現する。第二次大戦下にあってナチスの占領下に成立したウスタシャ政権は、ただちに日独伊の枢軸国に参加した。ザグレヴでは若者にとって先の昭和天皇裕仁は、ヒトラー、ムッソリーニと並んで、アンテ・パヴェリチの親しい盟友として知られている。数年前にもワールドカップの際にサッカーチームの監督が日本刀を抜き、天皇の名前を叫ぶCMがTVで話題を呼んだ。スポーツ立国を目指しているクロアチアでは、サッカーの試合はそのまま国家間の代理戦争であり、ナショナリズム発揚の場である。対セルビア戦では興奮した観客たちは、第二次大戦時の記憶を呼び覚ますかのように「行くぜウスタシャ！　くたばれチェトニク！」と声援を送っている。つい最近のことであるが、チェトニクの指導者の名前を腕に刺青したセルビア人の選手が国内で試合に出場することを、クロアチアは許可せず、大いに面目を施した。

中国人の数はこの二年ほどで驚くほどに増えている。彼らは主に日常雑貨を商っているが、つねに仲間同士で固まり、クロアチア社会に溶け込もうとしないと非難されている。また旧ユーゴ時代には社会主義の盟友としてセルビア人と癒着していたという印象が強く、好感をもたれていない。ザグレヴの町外れに集落があると聞いたので、市電に乗ってでかけていったが、発見できなかった。ティトー時代には「第三世界」との友情が喧伝され、ユーゴは多くのアジア系留学生を迎え入れたし、大量の労働者を中東に派遣していた。国民は外国人を隣人にもつことに馴れていた。だが後に台頭してきた民族主義は他民族を排除することを旨とした。出稼ぎも留学生も激減した。旧ユーゴ全体にいえることだが、現在の若者は先行する世代の外国人体験をほとんどもたず、稚拙な排外主義の観念を抱いている。

もっとも行儀のいいクロアチア人は、けっして人前で公然と彼らを嘲笑したり揶揄したりはしない。これはわたしが、とりわけボスニア・ヘルツェゴビナからこの国に到着したときに個人的にも感じたことであった。サラエヴォやモスタルでは、道を行く若者たちはわたしの姿を見つけると、平然と「キネスキ！」と挑戯《からか》いの声を立てたし、レストランでは客たちが「キネスキが来た」と排他的な調子で話題にすることがあった。ザグレヴではわたしを見て直接にそう口にする者こそいなかったが、そこには明確に冷たい距離感が窺われた。それともっとも対照的だったのがコソヴォのアルバニア人地区で、わたしはいくたびも「キネスキ」と間違えられたが、人々の口調には強い親しみが感じられた。

クロアチア人は神経質なまでに言葉の訛りを警戒している。かつてセルボ＝クロアート語という統一的な名称でいい習わされてきた母国語を、なんとかセルビア語から切り離すことに懸命であって、ために次々と単語のナショナリズム的改編がなされている。飛行場を示す「アエロドローム」は、空の港という意味の「ズラチュナールカ」となり、「インターナショナル」という外来語は、「間」と「国民」を結合させた「メジュ・ナロドゥニ」という新語によって置換えられた。この造語主義はわたしに、北朝鮮の漢語排斥運動を想起させる。ニュース番組でセルビア人が話す場面やセルビア映画には、わざわざ字幕が添えられ、外国語であることが強調された時期もあった。こうした不寛容の雰囲気は、ボスニア・ヘルツェゴビナに在住しているクロアチア人を居心地の悪い立場に置いてしまっている。彼らは本国のクロアチア人以上に民族主義的であり、みずからのクロアチア性を強調するのだが、言葉に訛りがあるためにムスリム人と間違えられ、ときに手酷い差別を受けることがある。

わたしはザグレヴに五日間ほど滞在した。ベオグラードやサラエヴォと違って、すべての博物館と美術館が開いていた。国民的彫刻家であるメシュトロヴィチの美術館を訪れ、当地に一流派を築いている素朴派の画家たちの作品に感嘆した。アドリア海に広い岸辺をもつこの国には、みごとな魚料理の伝統があった。およそこの都市にあっては、ベオグラードでしばしば垣間見ることのあった粗暴さや約束不履行に失望するということがなかった。だがそのうちにわたしは見えない閉塞感に囚われるようになった。この都ではどこまでいっても、いっこうに人々との距離が縮まることがない。ベオグラードが見せる、ときに荒唐無稽なまでの人懐っこさは、ここには微塵もなかった。

街角を散歩しているうちに、わたしは次第に景観の単調さに飽きを感じ始めた。なるほどここにはウィーンが厳然として存在していた。だがそれはどこまでも一九世紀の終わりのウィーンであって、大地震で崩壊した街並みを建て直すために召喚された、当時のウィーンの建築家の手になる、ウィーンの複製に過ぎなかった。わたしは映画祭を通してこのオーストリアの首都を知っている。そこにはもちろんハプスブルグ朝の堂々とした建築もあったが、同時に二〇世紀の表現主義の建築もあったし、トルコ人やクルド人の集落が都市に文化的多様性を与えていた。ベオグラードほどではないが、このメトロポリスにはメトロポリスなりの混沌が横たわっていた。だがザグレヴ人が自慢する純粋なウィーンには、こうした夾雑物《きょうざつ》が何一つとしてなかった。それはある特定の時期のウィーンであって、そこにクロアチア人が主張する民族主義的独自性を発見することはできなかった。奇妙な不充足感を胸に抱きながら、わたしはザグレヴを後にして、ベオグラードへと戻ることとなった。高速道路をバスで五時間ほどかけると、いつもの見慣れたノヴィ・ベオグラードの団地街が見えてきた。わたしは残り少なくなった滞在の間になすべきことを、計画しなければならなかった。

一九九〇年代の戦争について、わたしはそれを体験する人々から話を聞き、自分でも機会あるたびに書物を読んできた。歴史家でも国際問題の専門家でもないわたしは、自分がこの問題をめぐって独創的な意見を提出できるとは考えていない。ただ探求の途上でわたしは、三人の人物のあり方にとりわけ深い興味を抱くようになった。それを以下に記しておきたい。一人はセルビア人として非正規軍を率いたアルカンであり、もう一人はボスニア・ヘルツェゴビナのセルビア人共和国大統領を務めたカラジチである。最後の一人はクロアチアの元国防大臣のシュシャクである。いずれもが立場こそ違え、民族浄化を積極的に唱え、敵側の民族に対して憎悪のかぎりを尽くすことに情熱を傾けてきた権力者であった。そのかぎりにおいて、彼らに容赦の余地はない。だがそこに至るまでの彼らの出自と経歴はひどく異なっており、わたしはそこに人間的な意味において関心を抱くようになったのである。

アルカン（一九五二～二〇〇〇）は本名をジェリコ・ラジュナトヴィチといい、生前からさまざまな神話と醜聞に満ちていた。まさに生けるフォークロアを体現していた人物の典型であったといえる。

ユーゴ軍の軍医であった父親のおかげで、彼は幼少時より国内を転々とした。ある時期から彼は黒社会と関わり、麻薬と密輸で財をなした。彼はイタリアをはじめとする四つの西側諸国で銀行強盗を行なった。アルカンとは、彼が贋《にせ》のトルコ・パスポートに書き入れた偽名である。イタリアで服役を終えたアルカンはスウェーデンに渡り、現地の女性と最初の結婚をした。彼は生涯に四回にわたって結婚を重ねた。その職業はあるときは「国家治安要員」であり、あるときは「実業家」であった（彼はベオグラードで両替商とパン屋を経営していた）。「ツルヴェナ・ズヴェジャ（赤い星）」というサッカーチームのファンクラブ会長としても有名だった。

一九九二年にボスニア・ヘルツェゴビナが独立を宣言すると、彼はただちに私兵を組織してボスニアのセルビア人地区に向かい、同胞の保護と称してムスリム人とクロアチア人を相手に激しい戦闘を重ねた。「バルカンの虎」と呼ばれるその部隊は、サッカーのファンクラブに集う男たちを主体とし、隊員の平均年齢は三十歳から三十五歳だった。多くは田舎の農民出身で、都会に出てはきたものの社会的に下層の生活を強いられ、不満を燻らせていた者たちだった。彼らは率先して戦地に赴き、残虐行為を行なうことに躊躇しなかった。

ミロシェヴィチはこの「善良にして誠実な男」をことのほか重用し、同年暮れにコソヴォで行なわれた地方選挙で、彼の政党に五つの議席を与えた。独裁政権のTVチャンネルは数週間にわたってアルカンの勝ち誇った姿を放映した。彼はミロシェヴィチとともに、コソヴォのセルビア人にとって守護聖人と見なされた。アルカンの武装した一党はプリシュティナのグランドホテルに陣取り、コソヴォ中を闊歩してまわり、アルバニア人の生殺与奪の権利をほしいままにした。そこでは彼の過去の罪状は、故意に隠蔽された。もっともベオグラードでは、反体制運動家たちはアルカンの虚偽を見抜いていた。彼の選挙ポスターには「われわれは約束を実行する」というスローガンが記されていたが、「約束《レチ》」を「悪事《レケト》」と書き直した落書きが、ただちに街角に氾濫した。

　アルカンを国際的に有名にしたのは、一九九五年になされた四度目の結婚式である。今度の相手は、当時人気絶頂の流行歌手ツェツァだった。彼は式場にあえて旧ユーゴスラビア王国の軍服を着て登場し、民族主義者としての面目躍如をはたした。結婚は国際的なスキャンダルとなり、西側のメディアにも大きく報道された。だがそれは同時に、彼のすべての行動がキッチュで表層的なスペクタクルにすぎないことをも証し立てていた。

　ツェツァとの結婚は民衆の間にさまざまなフォークロアの種を蒔いた。わたしが耳にしたある噂では、あるときオーストリアの町で歌っていたツェツァが悪心をもったホテルの主人に監禁されてしまい、彼女を救出するためにアルカンがベオグラードから赴いた。救出の代償として、ツェツァは彼と意に沿わぬ結婚をすることになったという。この物語では、セルビア人が深層心理においてクロアチア人に抱いている恐怖が、オーストリア人に置換され、民話によくある花嫁獲得譚の枠組みが援用されている。わたしにこの噂を話してくれたのはベオグラードの普通の大学生であった。彼女が中学生のころには、周囲は誰もがこの物語を信じていたといった。セルビア人の集合的無意識のなかで、アルカンは龍に見立てられた異民族を退治する勇敢なる聖ジョルジェの今日的再現であると、見なされていたふしがある。

別の噂では、アルカンはベオグラード郊外の貧民街に生まれ、本当はトルコ人であるとのことだった。それをわたしに語ってくれた女性はインターコンチネンタル・ホテルの従業員であり、二〇〇〇年に彼がホテルのレストランで謎めいた暗殺の犠牲となったとき、傍らにいたツェツァが純白のドレスを血塗れにして、泣き叫んでいたと、掃除婦の同僚から聞いたといった。暗殺は事実であったが、真相は不明である。独裁政権に反対する勢力によるものか、対抗するマフィアの手になるものかは、今もって判然としていない。わたしはベオグラードのノヴォ・グルブリェ墓地に、アルカンの墓を訪れたことがある。ひどく広い墓地であったが、老いた職員に尋ねると、あのマフィオーゾのことかといって、ただちに案内してくれた。それは四メートルほどの幅をもった記念碑であり、アルカン本人の胸像が備え付けられていた。ひどく童顔の男だったのだなあという感想をもった。墓の手前にはまだ新しい花が四束置かれていて、死後四年を経ても崇拝者が後を絶たないことを示していた。『キル・ビル』を撮ったタランティーノが、今度はアルカンについて映画を撮りにベオグラードに来ているという噂を聞いて、多くの人々が信じたのも、彼の悪漢としての神話の健在ぶりを示していた。アルカンがスウェーデン人の最初の夫人に産ませた息子は、ベオグラードの旧市街にただ一軒ある日本料理店を経営していた。彼は日本人の留学生にむかって、日本では裸の女の肉体の上に握り寿司を盛っていく習慣があると聞いたが、店のポスターにしたいので協力してくれないかと持ちかけ、彼女を当惑させていた。

ベオグラードにあるアルカンの墓。

ラドヴァン・カラジチ（一九四五〜）は、サラエヴォでは心理療法家であり、詩人にして児童文学者として活躍していた人物だった。彼は学生時代に政治運動に関わり、一年を獄中で過ごした経歴をもっている。わたしが親しく話したストヤノヴィチの証言によれば、彼がサラエヴォでシネマテックでの上映活動に関わっていたころ、カラジチはよく顔を見せていたという。アントニオーニが好きな大人しい青年だったという印象があったねと、かつてサラエヴォの社会民主党で副党首を務めたこの人物は語った。

サラエヴォの狭い文学サークルのなかで、カラジチはいつも控えめで、けっして自分の意見をひけらかさず、相手の話に注意深く耳を傾けているといった類の人物であったようである。詩や児童文学をときおり発表し、心優しい児童心理家として通っていた。もっとも彼が才能に恵まれているわけではないことは、すでに周囲の誰某《たれがし》となくが認めていることであり、それを一番知っていたのは本人だった。サラエヴォにムスリム人として生まれ、三年間の封鎖を生き延びた詩人セメジン・メフメディノヴィチは、そう回想している。*7

メフメディノヴィチは戦争が勃発した翌日、TV画面に登場したカラジチが、以前とはまったく違った口調で堂々と虚偽の言説を吐いているのを聞いて、まだ幼なかった自分の息子が手にしていた彼の子供向きの詩集『奇跡はある、奇跡はない』を思わず奪い取り、子供が抗議するのを無視して引き千切ってしまったという。そのとき彼の脳裏にあったのは、まだ無名時代のカラジチが書き付けた詩のなかに、強い憎悪の一節がすでに記されていたことだった。「憐れみはいらない、行こう／街のあの屑どもを殺してしまえ」それは後に彼が先導した民族浄化の標語ともなった。

一九九〇年にユーゴスラビアを構成している各共和国が複数政党制による自由選挙を開始したとき、カラジチはドイツに倣って「緑の党」を結成し、サラエヴォの主だった通りのアカシアの枝に色とりどりのプラスチックバッグを被せるという芸術的なパフォーマンスで話題を呼んだ。だがそれから数ヶ月後には、彼は完璧なるセルビア民族主義者になりかわっていた。メフメディノヴィチによれば、これは別に変節でも転向でもなかったという。というのもカラジチは懲役を終えたときからユーゴの秘密警察と関係が出来、サラエヴォの文学者や知識人の言動を定期的に報告するという密命を与えられていたのだった。彼が会合にあってもっぱら人の言葉に耳を傾けていたのは、ひとつにはそのためであったという。カラジチがあるとき、『ソフィーの選択』というフィルムに特異な関心を示し、主人公のメリル・ストリープがナチスの将校を前に体験する道徳的屈辱と心理的動揺について、いつになく熱弁を揮《ふる》ったことを、メフメディノヴィチは記憶している。二人のわが子のいずれかを助けるとすれば、どちらを選ぶのか。

後にセルビア人共和国大統領となったカラジチは、難民と化したムスリム人の母親を前に、この困難な問いを突きつける将校の側に立つことになった。彼が緑の党結成のさいに配ったプラスチックバッグは、サラエヴォの市民が避難するさいに利用された。旧知の文学者が閉じこもって抵抗する家の前で、カラジチはみずからハンドマイクで呼びかけた。「家族の思い出の写真だけをもって、早く外へ出てこい」

カラジチを侵していたのは、民族差別に由来する多幸症だった。これが虚偽の意識に基づく虚偽の認識であったことは、サラエヴォという都市で数百年にわたって三つの民族が、宗教と生活習慣を異にしながらも仲良く暮らしてきた事実から明らかである。あるときメフメディノヴィチは冗談半分に、サラエヴォの電話帳で「カラジチ」という姓名を引いてみた。十人がムスリム人、九人がセルビア人、一人がクロアチア人だった。ヒトラーの例ではないが、芸術的な野心の挫折から来る屈辱と劣等感が、彼の不幸な政治参加の一因であったことは間違いのないところだろう。

カラジチはある時点までセルビアのミロシェヴィチと歩みを共にしてきたが、一九九四年に訣別した。その後もセルビア人大統領の座に君臨して、軍の総司令官であったムラジチ将軍と共にセルビア人の大義のために戦い続けた。その最大のものは一九九五年七月になされた虐殺である。

その三ヶ月後になされたデイトン合議によって、セルビア人共和国はどこまでもボスニア・ヘルツェゴビナを構成する一共和国に留まる形で国際的な承認を受けた。平和プロセスが進行してゆくなかで、カラジチの政治力は急速に精彩を喪っていった。九七年により穏健な人物が大統領として選ばれると、ハーグの国際司法裁判所は彼を戦犯として指名し、出頭を命じた。

カラジチは盟友ムラジチと時を同じくして地下に潜り、現在なおその所在は判明していない。セルビア人たちの噂では、モンテネグロかどこかの山中に潜んで動静を窺っているというが、真偽は定かではない。ベオグラードの政権は、この二人をハーグに差し出さないかぎりEU加盟の道が開けるはずもないということを充分に知っているが、もしそれを行なえばふたたび大統領が暗殺され、政情に大混乱が生じることを懸念している。カラジチは今どうしているのだろうかと、わたしは想像した。彼は回想録を執筆しているのだろうか。それとも古代中国の詩人に倣って、わが身の政治的挫折と悔恨を詩に認《したた》めているのだろうか。

わたしが三番目に興味を覚えたゴイコ・シュシャク（一九四五～九八）は、前章で述べたメジュゴリエからほど遠くないシロキ・ブリエグという西ヘルツェゴビナの町に、クロアチア人として生を享けた。*8「独立国」が滅びる数週間前のことである。父親はウスタシャのために戦っていた。彼の誕生後まもなくして、ティトーの率いるパルチザンが村に熾烈な復讐を行ない、家は焼かれ、父と兄は消息不明となった。シュシャクは地元のフランチェスコ修道会に庇護される形で成長したが、その家系ゆえに社会主義政権下では人生にいかなる未来ももてなかった。一九六七年に結婚し、一児の父となったシュシャクは、当時ユーゴ政府が推奨していた移民政策に乗って、カナダへと渡った。後に彼は、フランチェスコ会の計らいで僧侶に変装し、必死の覚悟でアルプスを越えたと語っているが、どうやら事実は異なっていて、きわめて合法的な形でオーストリアに出国し、翌年にオンタリオに移ったようである。

六〇年代から七〇年代にかけて、カナダは多文化主義政策に基づいて、十万人以上のクロアチアからの移民を受け入れた。その大半がオンタリオに住み着いていた。四月十日にこの町に降り立ったシュシャクは、何千人ものクロアチア人が故郷の音楽を演奏し、ダンスに我を忘れ、かつての「独立国」の建国記念日を祝賀しているさまを、恍惚とした気持ちで眺めていた。それはセルビア中心主義の社会主義政権下ではありえない光景だった。

彼は道路沿いのケンタッキー・フライドチキンの小さな店舗から始め、やがてデリバリーのピザ屋を経営するようになった。名前を英語風にゲイリー・ササクと変えた。その一方で、クロアチア語学塾で非常勤講師を務め、母国語を知らない次の世代の子弟に言葉を教えた。同胞には西ヘルツェゴビナから来た者が少なくなかった。クロアチア人のなかでももっとも貧しい者が住むこの辺境から新天地に到来した者たちにとって、時間は故郷を離れた時から停止してしまっていた。故郷はつねに美しく夢見られたものであり、クロアチアが敗北しセルビアの社会主義者が勝利したときから、喪われたものと化していた。移民たちは心に怨念を燃やしながら、異国での生活に甘んじなければならなかった。

七〇年代に活発化したクロアチア独立運動は、まずハイジャックという形をとった。スウェーデンに移民したクロアチア青年とアメリカのフラワーチルドレン世代の恋人が共謀して起こしたハイジャックは、長らく語り草となった。この二人はニューヨークやシカゴといった大都市にむけて飛行機の上から「クロアチア解放軍」の宣言を記したビラを撒くことと、アメリカの大新聞にその宣言文を掲載することを要求した。彼らはまもなく逮捕されたが、クロアチア人の間では民衆の英雄として記憶されることとなった。

一九八七年、後にクロアチアの初代大統領となるフラニョ・トゥジマンがカナダに講演旅行にやって来た。パルチザンの古参でありながら、一九七一年の「クロアチアの春」に連座して獄に下り、その後は民族主義者として大クロアチア主義を主唱しているこの歴史家に出会ったとき、シュシャクはこの人物こそ祖国を救い、移民が長らく携えてきた屈辱とルサンチマンを晴らしてくれる展望をもった人物だと直感し、彼に宿を提供した。トゥジマンは貧困、政治的抑圧、戦争といったさまざまな動機から国外に居住している、二百万近いクロアチア人に向かって、今こそ祖国の解放のために結束せよと扇動し、ディアスポラの終焉を呼びかけた。共産主義こそは「バルカンの悪と暗黒の深淵」にほかならないと糾弾し、セルビア人がもたらした暴力と憎悪を非難した。古参の移民のなかには、元パルチザンという彼の前歴からその言動に疑いの目を向ける者もいたが、トゥジマンはみごとな修辞を用いて、パルチザンもウスタシャも、クロアチアを想う心情においては同じであったという論理を説き、移民たちのデラシネの心性に訴えた。シュシャクはただちに彼に駆け寄り、資金援助を約束した。いつしか彼は、北米のクロアチア移民に大きな影響力をもつ民族主義者へと成長していた。まもなく彼は二十年ぶりに祖国の地を踏んだ。

一九九〇年、トゥジマンがクロアチアの独立を宣言し、ユーゴ軍との間で戦闘状態が生じると、シュシャクは帰還移民省の大臣に任名された。彼はただちに全世界の同胞にむけて緊急の訴えを送り、祖国の解放のため武器と財政的援助を求めた。多くの移民たちがこれに答え義捐金《ぎえんきん》を送ったり、志願兵として帰国した。トランクに堂々と自動小銃を入れてザグレヴの空港に降り立つ十歳代の少女すらいた。シュシャクは翌九一年、国防大臣に任命された。その後彼は文字通りトゥジマンの右腕として、民族浄化政策に邁進した。彼は中学校で見知っていたクラデン・ナレティリナ（通称「トゥタ」）をモスタルを拠点とする旅団長に起用し、故郷の地に燻る積年の怨讐を晴らした。ドイツ滞在歴の長いトゥタは極左の活動家として著名で、ドイツ赤軍やカルロスとも繋がりがあった。シュシャクの故郷には、かつて彼がオンタリオのクロアチア人コミュニティーで見たものと同じ、パヴェリチの黒白の肖像写真が大きく掲げられた。

シュシャクが一九九八年に肺癌で逝去したとき、トゥジマンはその死を惜しんで、「クロアチアの夢の実現のためには何事も惜しまなかった男」と呼んだ。その翌年、トゥジマンもまた他界した。ハーグの国際司法裁判所は彼らを召喚する準備をほとんど終えていたところで、惜しくもその機会を逃したのだった。

三人の人物は、シュシャクが少し年長であることを別にすれば、一九五三年生まれのわたしとほぼ同世代である。彼らのうち二人までがすでに死亡し、もう一人は消息を絶って八年になる。本来であるならば、セルビアのミロシェヴィチ元大統領などとともに、ハーグの法廷に呼び出され、長々とした起訴状の対象とされている人物たちである。

最初のアルカンは、凶々《まがまが》しきキッチュである。彼は本質的に空虚な存在であり、そのためにいかなる道徳をも蹂躙する道化として、派手派手しい生涯を終えた。彼はセルビア人の民話的想像力のなかで、怨霊の神格として以後も語り継がれていくことだろう。

　カラジチは挫折した芸術家であり、通報者という両義的な位置にあって、帰属先を見失ってしまった存在である。だがこの芸術愛好家の居心地の悪いありようは、ひとつの重要な問題を突きつけている。それは残虐行為が野蛮と無教養に由来するのではなく、アントニオーニの愛好家の主唱するところであったという事実に由来している。民族浄化を理解するためには、はたして従来のような、文明と野蛮といった古典的二項対立に無邪気に依拠しているだけでは不充分ではないだろうか。カラジチはこの問いの前に、われわれを立たせてしまう。

　最後のシュシャクは、ナショナリズムの醸成をめぐってある示唆を行なっている。すなわち人は国外に移民なり亡命をしたときにこそ、強い民族主義的衝動に駆られるという心理である。われわれの知っている例として、孫文がそうであり、ガンジーがそうであった。シュシャクは彼らの呪われた陰画である。クロアチアとセルビアという兄弟関係にある民族の間では、第二次大戦時からこの方、憎悪と怨恨だけが継承されてきた。セルビアはクロアチアの隷属を笑い、クロアチアはセルビアの野蛮を詰《なじ》った。おたがいに相手を恐怖していることには変わりなかった。この複雑な感情が地下水脈のように抑圧された無意識の隙間を走り、社会主義の崩壊を機会にマグマのように噴出した。クロアチアの独立運動とはイスラエルのシオニズムの卑小にしてグロテスクな反復であり、それはディアスポラのさなかに恐怖の夢として育まれた。人類の宿業ともいうべきこの憎悪を軽減させるためには、われわれは何をすればいいのだろうか。

旅の終わり

　十二月の始めに戻ってきたベオグラードは、相変わらず無秩序と喧騒のうちにあった。バスターミナルから市場の地下道まで、壁という壁にひとりのサッカー選手のポスターが貼られていて、ただひとこと「セルビア男」とだけ言葉が添えられていた。チェトニクの指導者の名前を腕に刺青していたために、クロアチアで試合に出場することを拒否されたセルビア・モンテネグロの選手の男気を讃える目的のものだった。セルビア人の間に強烈に存在しているマッチョ主義とナショナリズムが、そこではみごとに結合していた。

　十一月の終わりには、あわや大統領の暗殺未遂かと疑われる事件が生じていた。タディチ大統領を乗せて走行中の自動車にむかって正面から別の車が車線を越えて接近してきて、護衛の別の車と衝突したのである。新聞報道は、これは単に相手の車が対向車に気がつかなかっただけの交通事故であると発表したが、ベオグラードの市民はなかなかそれでは納得しなかった。というのも時を同じくして別のところで、警官が二人、謎の死体として発見されたためだ。さまざまな噂が流れ飛んでいた。彼らはたまたまカラジチかムラジチが潜んでいる隠れ家に足を踏み入れてしまったために、護衛の私兵たちによって殺害されたのではないかという話を、わたしは何人もから聞かされた。それからしばらくして、ムラジチがボスニア・ヘルツェゴビナのセルビア軍によってこの六ヶ月にわたって匿われていたという、地下倉庫が発見されたという報道があった。

セルビア・モンテネグロを発つ前の三週間ほどを、わたしは日本映画の連続講演と現地の映画の研究に費やした。民俗学博物館で夜ごとに開かれた講演会は好評で、最終回に三島由紀夫と武士道の表象について話す頃には、二百の席が最初から満員となり、立ち見が出るほどだった。セルビア人はとりわけ侍に深い関心と共感を寄せており、聴衆のなかには、わたしが例に出した逸話に対して自分たちの中世叙事詩にも同様の物語があるといった意見を述べる者もいた。三島が私兵を組織したことについて、もっと詳しいことを知りたいという質問があった。私兵と非正規軍こそは、戦時中のセルビア人にとってきわめて身近の問題だったのである。

わたしは民俗学ドキュメンタリー映画祭と学生映画祭に通い、知り合いとなった映画人の家を訪れた。学生映画祭には新しい発見があった。何の変哲もない工場での労働に日々を過ごしていた若い女性が、あるとき突然に誘拐され、地下室に監禁されて、強姦され続けるという日々を強いられる。部屋に備え付けられたラジオからは、古いシャンソンだけが流れてくる。突然彼女はふたたび解放され、元の工場労働者の平凡な日常に戻る。彼女の失踪を気に留める者は誰もいない。しだいに彼女は、過去のあの悪夢のような体験が孤独な自分の空想ではなかったかと、思い込むようになる。マヤ・ミロシュという無名の女性監督によって手がけられたこの短編は、戦後世代から見た十年前の戦争の記憶とその風化を寓意的に描いている点で、きわめて興味深いものだった。誰に語ることもできない記憶を携えて生き続ける者が、その記憶が曖昧となってゆくことに対して抱く複雑な心情が主題とされており、いうなれば記憶の政治学ともいうべきフィルムになっていた。

マカヴェイエフはいつもながらに上機嫌にわたしを歓待してくれ、毒気に満ちたユーモアを連発した。彼は第二次大戦が終わった直後にベオグラードで公開された『イワン雷帝』の感動について懐かしそうに語り、仏教について何でもいいから教えてくれといった。ストヤノヴィチは相変わらず呑んでいて、カラジチはただセルビアを守ろうという理念だけに突き動かされていたのに、そのナイーヴさにおいて失策を行なったと語った。クストリツァは、やはり捕まらなかった。誰に尋ねても、今はキューバにいるとか、来年のカンヌ映画祭の審査委員長に選ばれたために、準備でパリにいるとか、人ごとに異なった情報が入ってきた。わたしは彼に会うことを諦めた。

共和国広場では、一刻も早く戦犯を見つけ出してハーグに送れというデモが行なわれていた。その傍らでは、商店はすでにクリスマスの飾りつけに入っていた。セルビア正教ではクリスマスは一月七日と決められているのだが、ラテン文字とともに浸透しつつある資本主義は十二月二十四日をクリスマスイヴに見立てて、西側諸国と同じく樅の木とサンタクロースの人形をマスコットにしていた。知り合いになった大学生が傑作な話を教えてくれた。わたしがザグレヴに到着するしばらく前に、冗談好きのベオグラード大学の学生三人がこの都市を訪れ、こともあろうにチェトニク時代の英雄の肖像をプラカードにして街角を練り歩いたのだという。彼らはただちに警察に連行され、二週間にわたって拘留されたらしい。クロアチアがこうした冗談を笑ってすまさない場所であることは、容易に想像がついた。

出発が近づいてきたとき、わたしはベオグラードの思い出にイコンをひとつ買って帰ろうと考えた。聖マルコ教会の近くには何軒か、聖人関係のグッズを扱う店があった。売られているイコンには、手描きのものとフォトコピーによるものの二種類があった。前者は著名な教会にあるイコンを、画家が家庭用の小さなサイズに合わせて肉筆で模写したものである。後者は直接に教会のイコンを写真に撮り、それをコピー機で複写したものを、金を塗った台木に貼り付けたものである。人間の手か機械という違いこそあれ、どちらもが複写という点では変わりがない。実際に描かれたものには、画家の個性によって聖母や聖人の表情に少なからぬ違いがあり、なかにはこれはどうかと思われるようなものも混じっている。コピー機にかけたものは一様に端整な表情をしているが、イコンとしては薄っぺらい印象を免れない。とはいえ値段からすると、手描きのものの五分の一である。わたしは一月ほど前にモスタルの粗末な正教会で、財政的な理由からコピー機にかけたイコンが祭壇に掲げられていたことを思い出した。

しばらく迷った末に、わたしは聖ジョルジェ（ゲオルギウス）を描いた手描きのものを購入することにした。それは五千ディナールで、わたしがこの都に来てからもっとも高価な買い物となった。エルサレムではエステルの人形を手にすることに逡巡したわたしだったが、ベオグラードでイコンを求めることにはいかなる躊躇もなかった。その態度の違いは、無意識のうちにわたしがイスラエルとセルビア・モンテネグロという二つの社会に寄せている距離の違いを示しているように思われた。わたしがベオグラードにより親密感を感じていたことは、隠しようがなかった。

聖ゲオルギウスとは一体誰なのか。彼に槍を突き立てられ、今にも殺されようとしている龍とは誰なのか。わたしは二年前にディディ＝ユベルマンと会ったときのことを思い出した。聖ゲオルギウスの絵画について優れた研究書を著したこのパリの美術史家は、この聖人の映像の背後に控えているヨーロッパの暴力と民族迫害に言及していた。さらにわたしの想起は、花田清輝に及んだ。彼によれば聖人と龍の双方にひとしくお燈明をあげる「日和見」主義こそが、つねに弱者として歴史を生き延びてきた庶民の知恵とされるのだった。

いよいよベオグラードを出発するという前日は、聖ニコラの日に当たっていた。多くの人々が家々で拵えたパンを手に教会へと出かけ、神父から葡萄酒をパンに注いでもらうと、自宅に持ち帰るのが慣わしである。これから三日間はどの家も大勢の客や親戚を招き、賑やかに祝宴を開くことになっていた。わたしも誘われて、教会で開かれた三時間に及ぶ典礼を見学した。その後に招かれたノヴィ・ベオグラードの家庭では、居合わせた客たちに向かってみごとな家庭料理が供された。九十歳近い老女が二人の孫にむかって、聖体を受けたパンの割り方を伝授し、若者たちは神妙にそれに耳を傾けていた。そこには家庭料理の継承が世代を超えてなされていた。家の女主人は教育学の教授で、日本を訪れたことがあった。やがてラキヤが回ってくると、自然と歌になった。誰かがティトー時代の歌を歌いだすと、もう後が止まらなかった。パルチザンを讃える歌から旧ユーゴ国歌、「インターナショナル」まで、三十歳以上の者たちは声をかぎりに歌い、それ以下の年齢の者たちは取り残されたように、それを眺めていた。「わたしたちは聖ニコラの日に、こんな歌を歌っていていいのかしら」と一人がいったが、それを気にする者はいなかった。わたしはいくつかの家庭料理のレシピを教えてもらって、帰路に就いた。

翌朝、わたしはミュンヘンに向かって出発した。そこにはわたしの最初のユーゴスラビア人の友人がいて、彼らの最初の日本の友人の到来を待っているのだった。

ローラとサーシャと知り合いとなったのは、一九九四年にボローニャに住んでいたときだった。わたしたちは語学学校の上級クラスで始めて出会った。彼らは結婚したばかりで、自分たちをユーゴスラビア人だと自己紹介した。ローラはクロアチアのコルチュナ島の出身で、心理療法家の学位をもっていた。彼女は魚料理が得意だったが、内陸のボローニャには碌《ろく》な魚屋がないと零していた。サーシャはドイツ生まれのセルビア人で、サーフィン大会で優勝した経歴をもっていた。彼はブルースとヴィム・ヴェンダースのフィルムが大好きで、わたしたちはよくその話をした。

わたしたちが初めて知り合った時期は、旧ユーゴの解体の拗れから来る戦争がなかなか調停に至らず、業を煮やしたNATOがセルビア人地区に空爆を開始したときに当たっていた。もっともわたしの心は、当時研究していたイタリアの映画作家パゾリーニのことでいっぱいで、「レプブリカ」紙に連日のように報道されている隣国の惨禍については、通り一遍の関心しかもっていなかった。祖国を離れたところにいるローラとサーシャが難しい状況にあることは想像がついたが、それを気軽に問い尋ねていいものかどうかは、わからなかった。彼らも直接は戦争のことに言及しなかった。

あるときわたしとサーシャはバールでひどく遅くまで呑んだ後、深い霧のなかを彷徨い、町の中央にある広場に出てしまったことがあった。彼は突然、カトリックがこの広場でどれだけ多くの無実の人間を魔女として火刑に処してきたかを考えたことがあるかと、強い口調で叫び、こんな野蛮な文明に怒りを感じなければおかしいとさえいった。また別のあるとき、目抜き通りにある両替屋の前まで来た彼は、ショウウィンドウをじっと覗き込み、しばらく離れようとしなかった。そこにはアメリカのドル紙幣や日本の円札に混じって、おそらく店主が冗談半分でコレクションを披露したかったのだろうが、つい先日まで旧ユーゴで猛威を振るっていたインフレのさなかにあるディナール紙幣が何枚か展示されていた。数のゼロが九つも並ぶ紙片のなかでは、澄ました表情をした少女が大写しにされていた。サーシャはひどく情けない顔をしながら、それを見つめていた。わたしがボローニャを去ってしばらくして、彼らがミュンヘンに移住し、子供が生まれたという通知が到来した。それから十年の歳月が経過して、わたしはミュンヘンを訪れたのだった。空港から地下鉄と市電を乗り継ぎ、深く積もった雪のなかを目指してゆくと、彼らは瀟洒《しょうしゃ》なアパートの四階に住んでいた。二人の子供がいて、玄関から飛び出してきた。わたしがセルビア語で挨拶をすると、子供たちは両親以外の人間が片言のセルビア語を口にするのが珍しいらしく、喧噪《はしゃ》いでいた。

いつか東洋にいけるようにというので、男の子にはマルコという名前を付けたのだと、ローラがいった。彼女が生まれ育ったコルチュナ島は、マルコ・ポーロの出身地だった。わたしは長い間、この偉大な旅行家がてっきりイタリア人だと思い込んでいたので、それを知らされて驚いた。だが、なるほど一三世紀にはクロアチアの沿岸地域の大方はヴェネツィアの領土であったから、巷にそう喧伝されていたのも理由がないわけではないと考え直した。子供たちは家のなかではドイツ語とセルビア語（もちろんローラに従えば、クロアチア語）の両方で育てられていた。部屋にはたくさんの飾りをつけたクリスマスツリーが置かれていた。サーシャはスポーツ用品の輸出のために、今では世界中を飛び回る商社マンになっていた。

ミュンヘンにいる五日の間、わたしはローラに案内されて年の暮れの繁華街を歩き、日本の熱燗に似て熱した赤ワインを街頭で呑んだり、美術館でクレーやカンディンスキーを眺めて暮らした。フランクフルトからわたしの書物の翻訳者が来てくれ、二人で翻訳上の細かな疑問を検討しあったりした。ミュンヘンはベオグラードとは桁外れに豊かな大衆消費都市であり、堅固に聳え立つゴシック建築とアールヌーヴォーの意匠を凝らした住宅を眺めながら散歩しているだけで、時間が過ぎていくのだった。物価は東京並みに高かったが、店という店は品物で溢れかえっていた。

1993年のユーゴスラビア紙幣。10億ディナール札。

「まさかあなたがベオグラードから来るとは思わなかったわ」と、ローラはいった。彼女はクロアチア人ではあったが、学業はベオグラードで済ませており、わたしから見た街角の細かな印象を知りたがった。彼女が七歳のとき、ティトー大統領がコルチュナ島を訪問したことがあった。彼女は学校で選ばれて歓迎の挨拶を述べ、彼と握手をした。けれども自分がベオグラードに到着したころは、ティトーが死んでしばらく経っており、周囲ではそんなことに関心をもっている人は誰もいなくなっていたと、彼女はいった。

「ボローニャの頃は、実は大変だったのよ。ユーゴが解体してしまい、クロアチアはトゥジマンなどというファシストが権力を握ってしまった。イタリアにいると故郷のことが充分にわからず、安全な場所にいることが後ろめたくて、ひどく焦燥《じれ》ったい気になったものよ。それに不用意にユーゴ人に会うことは避けなければならなかった。だって相手がどの共和国の立場に立っているかわからないものだから、できるかぎり会わないように避けていた。わたしは一応クロアチア人だし、サーシャはセルビア人で、ドイツで生まれたとはいっても、親戚は全部ベオグラードかノヴィサドに住んでいる。クロアチア人とセルビア人の夫婦なんて、あちらでは許されない雰囲気だったはずでしょ。結局わたしたちがミュンヘンに住むことになったのも、それがあると思う」

彼らは今ではドイツのパスポートを所有していた。サーシャはほかにもセルビア・モンテネグロのパスポートを持っていたが、それを口にするときはつねに「ユーゴスラビアの」といった。ローラは思い迷ったあげくに、独立したクロアチアのパスポートを拒否し、大分後になって、かなり回り道をした後で、子供たちの母親としてドイツのパスポートを獲得した。彼女は今でも三ヶ月に一度はイタリアに行くのだといった。気に入った美容院がミラノにあるので、車を飛ばして駆けつけるらしい。美容院から来たクリスマスカードには、「ミュンヘン、オーストリア」と住所が記されていた。ＥＵに加盟してからは、みんなどの町がどの国だってことに興味がなくなってしまったのねと、彼女は笑いながらいった。一家はわたしが東京に発つ翌日の朝から、北イタリアの山岳地帯にスキーに出かけることになっていた。

いよいよ東京に帰るという日は、サーシャが空港まで車で送ってくれた。あのときは聞けなかったけれども、あの戦争のことはどう考えているのかと、わたしが尋ねると、彼は気さくに答えた。

「自分がイタリアに来た直後に戦争はひどいことになったが、最初からこれは仕掛けられた政治の巧猾《からくり》が見えていた。だから無念だがどうにもならないと思っていた。ミュンヘンに生活の基盤を置いてしまうと、とてもベオグラードで生きることはできない。親戚がいるからときには立ち寄ることもあるが、それだけだ。それでも戦争が終わって長い間、ローラの故郷の島に行くことは遠慮していた。最近になってようやく島を訪れたけれど、もう昔みたいにサーフィンはできないな。

いずれ十年、二十年が経てば、旧ユーゴだった国だって、EUに加盟することになるだろう。スロベニアは一足お先に加盟してしまったし、クロアチアはもうすっかりその気になっている。セルビアが野蛮だと嫌っていたトルコでさえ、最近ではお声がかかっている有様だ。もしすべての旧ユーゴの国家がEUに加盟してしまったら、どうなると思う？　EUに参加するというのは国境を廃止し、徴兵制をほとんど無に近くすることだ。結果として、スロベニアと、クロアチアと、セルビアと……すべての国同士の間に横たわっていた境界がもう一度廃棄されることになる。それはユーゴスラビアの再現でもあるのだ。こないだの戦争がかぎりなく愚かで無意味に見えてくるとすれば、この点にかかっている。もしユーゴスラビアが分裂せず、血腥い戦争をしなかったとしたら、東ヨーロッパの社会主義国家のなかでもとりわけ優等生だったユーゴこそが、真先にEU入りを果たしていたことだろう。いずれにせよ近い将来にEUに入ったとき、人々は気づくことになるのだ。あの時あれほどまでに大きな犠牲を払って勝ち取ったそれぞれの共和国の境界線など、何の意味もなくなってしまったということに」

ローラとサーシャが体現していたのは、あらゆる民族的対立を凌駕したところに生まれる達観の姿勢だった。だがこうした感想は、ミュンヘンという「外部」においてはじめて可能なものでもあった。ベオグラードの意気消沈とサラエヴォの疲弊に対して、ミュンヘンが見せたのはコスモポリタンなシニシズムであった。旅は終わろうとしていた。今度はクロアチアの島で会おうと約束をして、わたしたちは空港で別れた。わたしはふたたび日本で、日本人たちに混じって生きることをしなければならなかった。

第3部　見ることの塩

ブレスカを食べる人々

イスラエルからパレスチナへの旅を終えたのが七月はじめ。一呼吸してからセルビア・モンテネグロを中心に旧ユーゴスラビアの国々を廻る旅に出発し、すべてを終えて東京に帰ってきたのが十二月末。それからようやく二ヶ月の時間が経過した。その間、悪魔祓いでもするかのように、わたしは閉じ籠って旅行の印象を書き記してきた。わたしのこの隠遁《いんとん》には、先行するモデルがあった。『ガリヴァー旅行記』で不思議な国廻りをしてロンドンに戻ってきたレミュエル・ガリヴァーである。

ひとまず終着点のミュンヘンまでを書き終わったところで、わたしは来し方を振り返り、昨年一年の自分の見聞とは何であったかを、落ち着いて考えようとしている。地球上にあるこの二つの地域に共通しているものを探り出し、また異なっているものを見つけ出すことで、自分の直接的な体験を思考の領域へと上昇させることができるだろうか。

わたしが十一月の初め、ベオグラードからコソヴォへと向かおうとしていたとき、パレスチナ自治政府のアラファト議長はパリで危篤状態に陥った。わたしはミトロヴィツァのアルバニア人地区で彼の訃報を知った。サラエヴォに移ったとき、パレスチナ領事館は半旗をかかげ、議長への追悼の意を表していた。

わたしがこの文章を書いている翌年三月、パレスチナ自治政府では選挙が開催され、穏健派のアッバスが新しい議長に選出された。彼はイスラエルのシャロンとの和平交渉に応じる姿勢を見せ、二月には第二次インティファーダの終了を宣言した。だがパレスチナ側が九千人に及ぶ政治犯の即時釈放を要求したのに対し、イスラエル側はわずかに九百人ほどの釈放しか決定せず、ハマスはこれを不服として停戦受け入れを拒否している。昨年十月にはシャロンの推進するガザ撤退とパレスチナ分離計画が、イスラエル国会で可決されたが、入植者たちは相変わらず頑固な抵抗を示しており、予断を許さない。これから先がどのように展開してゆくのかは、まだ誰にもわからない。ラビン暗殺や第二次インティファーダの勃発を待つまでもなく、パレスチナとイスラエルの合意は、これまで実現しかけた直後にすんでのところで突発事によってご破算にされてきたからだ。誰もが疲れきっている。希望はいつ幻滅されうるのかという問いをめぐって、いずれの側もが悲観論から出発することに慣れてしまっている。

セルビア・モンテネグロをめぐる情勢もまた、どう展開してゆくか、見当がつかない。二〇〇六年にはモンテネグロのセルビアからの分離独立や、コソヴォの最終的位置決定がなされるはずになっているが、はたしてそれがどのような結果を招くことになるのかは、皆目見当がついていない。たとえ独立したとしても、それらを待っているのはヨーロッパ最貧国としての困難な未来だけだからだ。マケドニアに流れこんでいるコソヴォ解放軍は、下手をすると旧ユーゴ南端のこの国に戦禍を招いてしまうかもしれない。そのときアルバニア、ギリシャ、ブルガリアといった周辺国がいかなる態度を示すかは未知数である。彼らが戦火を交えないという保証はない。なるほどクロアチアは近い将来にEUに加盟し、みごとに脱バルカン化の道を進むことになるだろう。だがセルビアがいつ、どのような資格においてEUに参加できるかは、誰にもわからない。ハーグ戦犯裁判への召喚問題を含め、あまりにも多くの問題が未解決のまま終わっているからだ。セルビアがどのように経済発展を遂げるかは、誰に尋ねても予測を超えた問題である。

イスラエルとセルビア・モンテネグロとは、どこが似ていて、どこが異なっているだろうか。

彼らはいずれも隣人たちを民族浄化に処し、純粋な単一民族からなる国家を築こうと、民族の神聖な起源を喧伝してきた。そのため周囲と絶えず戦争を繰り返し、ひとたび戦争が終わった後にも不断の緊張状態にあった。どちらもが国際的に孤立し、ハーグの国際司法裁判所や人権アムネスティといった国際機関から、その残虐行為を非難されていた。どちらもがヨーロッパとアジア、キリスト教世界とイスラム教世界が交差しあう境界領域に位置しており、社会の内側にあってもこの二項対立が顕著に見られた。公式的な文化にあってはすべて西なるものは善であり、文明に属するものとして肯定的に受け止められ、逆に東を連想させるものは悪であり、野蛮で否定的な記号として解釈されていた。いずれの社会もが民族的にも、政治的にも、宗教的にも分身とも呼べる存在を抱えこんでいて、両者の間には激しい憎悪の応酬があった。彼らはしばしば、外部からは容易に見分けがつかないほどに似通っていた。

そしてイスラエルでも、セルビアでも、人々は好んでブレスカを食べた。小麦粉を練り、詰めものをして焼いた軽食のことである。サラエヴォではシシケバブはシチュェヴァプと呼ばれ、やはり親しまれていた。

一方で、イスラエルとセルビア・モンテネグロの間には大きな違いがあった。前者ではいまだに国是としてシオニズムが存続していたが、後者では社会主義が凋落し、人々は連邦国家が分離解体した後に、イデオロギー的真空地帯に生きなければならなかった。イスラエルはつねにアメリカの政治的、軍事的援助を受け、世界中に散らばっている富裕なユダヤ人とそのネットワークから支援を受けていたが、セルビア・モンテネグロはアメリカを中心とするNATOから空爆を受け、敗戦を通して深い意気消沈のさなかにあった。だがテルアヴィヴでは反体制勢力がシャロン政権を前にほとんど骨抜きにされているのに対し、ベオグラードでは反政府運動が勝利して、ミロシェヴィチは退陣へと追い込まれた。わたしが滞在していた時期にバルカン半島では直接的な戦闘はひとまず終結していたが、パレスチナではイスラエル軍は相変わらず虐殺と破壊をやめず、パレスチナの武装勢力が抵抗を続けていた。

そう、彼らは好んでブレスカを食べた。

イスラエルでスファラディームが好んで食べるものは、ホウレンソウやジャガイモ、マシュルーム、チーズなどが詰められていて、三角形か四角形をしているのが普通だった。そのため一九六〇年代に彼らが登場する娯楽映画は、芸術派のアシュケナジームから（いささか軽蔑的なニュアンスをこめて）「ブレスカ映画」と呼ばれまでした。パレスチナでもブレスカは身近なスナックだった。街角にはかならずファラフェル屋と並んでお菓子屋があり、作り立てのブレスカが並んでいた。

ベオグラードではそれは末尾の母音が脱落し、ブレクと簡潔に呼ばれていた。細長い形をしていて、野菜ばかりか肉やチーズがはいっているものもあった。サラエヴォでは焼きあげた上にヨーグルトがかけられていた。もっとも多彩な種類が店頭に並べられていたのは、コソヴォのアルバニア人地区である。だがそれがブレスカであることには変わりはなかった。彼らはそれを土地の名物だといって、自慢げにわたしに勧めた。日本でいえば、お好み焼きやタコ焼きのノリだった。

わたしが旅行してまわった地域が、形態の違いさえこそあれ、ともに同じブレスカを食べていることは、どちらもがかつて同じ文化圏にあったことを意味している。パレスチナもバルカン半島も、長きにわたってオスマントルコ帝国の領土に属していた。いかに公式的な隠蔽や抹殺がなされようとも、文化は音楽と食べ物、つまり口唇に関わるものにかならず痕跡を留めている。セルビアのポップスをＴＶで聴いていると、ときおりひどく懐かしげな気持ちに襲われることがあった。それはわたしがテルアヴィヴの学生寮で繰り返し耳にしていた、アラブ音楽の節回しを連想させた。楽器と旋律に共通するものが感じられた。バルカン半島と中近東はともに地中海に面し、古くはローマ帝国の辺境の所領地だった。東西の交通の要所でもあったため、歴史的にさまざまな民族と政治的勢力が蹂躙し支配する場所となり、目まぐるしく支配者を替えた。聖地エルサレムの奪還を唱えて中世に繰り返されたカトリックの十字軍は、イスラム教徒に戦いを挑むばかりか、その途上でバルカン半島に居住していたあまたの正教徒をも、ムスリムと共存しているという理由から邪教徒として殺害した。

　とりわけ歴史が目まぐるしく動くようになったのは、一九世紀半ばに民族自決の機運が生じ、オスマントルコ領内においてさまざまな民族主義の運動が開始されるようになってのことである。それ以前には帝国の広大な領土全域において、けっして完全な平等が実現されていたわけではないにせよ、一定の人頭税さえ払えば宗教と民族を問わず、誰もが本来的にはそこに居住することを許されるという社会が実現されていた。エルサレムでも、サラエヴォでも、イスラム教徒とユダヤ教徒、カトリックと正教会教徒は、統治者としてトルコ人を頭に戴きながらも、平和裡のうちに共存していた。彼らは異教徒の習俗と服装、名前が自分たちとは異なっていることを充分承知しながらも、他者なる隣人に対して互いに寛容であり、お互いの信仰を尊重しあっていた。エルサレムの旧市街では（残念ながら今日からは想像もできないことだが）四つの宗教によって都市が区分されてはいたが、人々はお互いに行き来しあうことができたし、ベオグラードでわたしが住んでいたクラリャ・ペトラ通りには、セルビア正教会と並んでモスクがあり、その裏側にはシナゴーグの跡があった。オスマントルコの支配下におけるこうした民族と宗教の共存は、イヴォ・アンドリッチの長編『ドリナの橋』に克明に描かれている。

ここで少し逸脱を許していただくことにしよう。日本のメディアではパレスチナ問題と旧ユーゴ紛争は、ともに「民族問題」と「宗教問題」として語られることが多い。いや、この表現は正確ではない。「民族」「宗教」という言葉が口にされた瞬間から、日本人の多くは思考停止に陥ってしまい、「二千年にわたる宿命的対立」やら「一神教どうしの憎悪の関係」といった説明文句が登場すると、それで議論が打ち止めにされてしまう。この現象の背後には、自分たち日本は単一民族であって、彼らのことを理解できるはずがないし、仏教や神道のように多神教であるから、ユダヤ教徒やイスラム教徒の問題に立ち入ることなどとうていできそうにないという、ステレオタイプの認識が横たわっている。

こうした社会通念に対しては、いくらでも反論することが可能である。厳密にいうならば、日本は単一民族社会ではなく、歴史的にさまざまな民族問題を体験している。ただそれに言及することを禁忌としてきただけである。カトリックやセルビア正教における聖人崇拝を間近に観察してみると、そこには多神教的原理が働いていることが如実にわかるし、マグレブ社会におけるイスラム教やユダヤ教が聖人《マリブー》信仰によって支えられていることを考えてみてもよい。後でより詳しく語ることにしたいが、民族問題というときの「民族」とは、どこまでも近代一九世紀において考案されたものにほかならない。旧約聖書に語られているような神話的起源や、一四世紀のコソヴォポリエをめぐる英雄叙事詩は、どこまでもこうした「民族」の発明の歴史性を隠蔽し、それを偽りの永遠の相のもとに顕彰する目的で援用されている物語にすぎない。ちなみにイスラエルは消滅に瀕していたヘブライ語をあえて人工言語として蘇生回復させるという、言語学的にも異例の作業を実現させた。このとき、ユダヤ人は古代神話によって救済されることになったが、同時にそれは彼らが近世において築き上げてきた歴史的時間への眼差しを喪失することをも意味していた。

だがひとたび悠久の過去を語る美しき神話的映像を退けてみるならば、永遠に憎しみあう二つの民族と二つの宗教という図式は、イスラエルとセルビアが好んで口にする民族のイデオロギーを無批判に受け入れてしまったときに成立するにすぎない、浅薄な説明原理であることが、ただちに判明する。重ねていうがオスマントルコ帝国にあっては、三つの宗教を信じる人々は互いに寛容に相手を認めあい、数百年にわたって平和裡に生活を送ってきた。イスラム世界における宗教的寛容という点では、西にウマイヤ朝時代のイベリア半島のトレド、東にバルカン半島のサラエヴォの名前がただちに思い浮かぶ。マグレブ世界からイスラエルに移住してきたミズラヒームが、顔形から身振り、言語から音楽、聖者信仰にいたるまで、生活のほとんどすべての細部においてマグレブのアラブ人やベルベル人とほとんど目立った差異をもっていなかったことは、両者が文化的にいかに混淆した環境に長らく置かれていたかを物語っている。二〇世紀後半にこの二地域で生じた憎悪の戦闘と対立は、どこまでも近代以降の特異な現象であって、いかなる運命論的な言説も虚偽であるということができる。

繰り返していうが、民族と宗教の違いが戦争の原因となったのではない。戦争によって引き起こされた異常な状況が、エスニックな自己同一性を人々に準備させたのである。戦争とは単に軍事的な事件ではなく、人間の文化と生活を一変させ、彼らに敵との対立関係を通して新しいアイデンティティを与える。この時点においてもっとも身近にあって簡単に呼び出されたのが民族であり、宗教であった。バルカン半島でもパレスチナでも結果として残されたのは、宗教の如何《いかん》を問わず猛威を振るうことになった原理主義であり、排他主義である。そこに見出される不寛容は、一九世紀までは曲がりなりにも存在していたオスマントルコ的宗教的寛容と文化的コスモポリタニズムを抹殺するのに、充分に力があった。話を一九世紀後半に戻すことにしよう。

パレスチナにおいてもバルカン半島においても、一九世紀における民族主義の急速な台頭は、オスマン帝国の衰退と時期を一にしていた。地上に存在するどの民族も独立した国家を所有する権利をもつという信念は、時代のロマン主義的な興奮をともなって、民族国家樹立のための抵抗運動の機軸となった。バルカン半島ではギリシャがまず独立をはたし、やがてルーマニア、ブルガリア、セルビア、モンテネグロがそれに続いた。ボスニア・ヘルツェゴビナはトルコから離れて、オーストリアに帰属することになった。

一方、パレスチナでは、カイロから到来したイブラヒム・パシャのもとに近代化が開始され、キリスト教徒とユダヤ教徒が政治的代表者をもつことが許されるようになった。パレスチナには次々と欧米列強から人々が入植し、領事館や銀行が設置された。それに喚起されて、キリスト教徒とイスラム教徒の間には、帝国の圧制を覆して民族の自立を勝ち取ろうとする政治的動きが芽生えてきた。ヨーロッパからもアラブ文化圏からもユダヤ移民が活発化した。サラエヴォのラビ、イェフダー・アルカライのような思想家は、聖地エルサレムにこそユダヤ人は回帰すべきだと説いた。そして世紀の終わりにヘルツルがシオニズムを提唱すると、ユダヤ人国家の実現への期待は否が応にも高まった。

一九世紀に諸民族の間に民族自決の思想が芽生えたということは、言葉を替えて表現するならば、この時期に近代的な意味での民族なる観念が成立したということでもある。前近代の体制にあって言語や宗教の異なる隣人との共存に馴れていた者たちは、それまで自分が特定の民族に帰属していることは理解していても、それが他を排他的に追放する原理となるとは思いも寄らないでいた。民族主義と民族は、その意味で歴史的現象として一九世紀に考案され、熱病のように世界中を駆け廻った。シオニズムはユダヤ教を嫌悪し、世界のあまたの民族と同様にユダヤ人国家を地上に実現させようと目論むかぎりにおいて、いささかもユダヤ人に独創的な立場ではない。それは流浪と亡命を旨としてきたユダヤ人にヨーロッパの他の国民を真似て民族国家を与えんとする試みであって、いうなれば究極の意味の同化主義であるといえる。セルビア人とユダヤ人はこうして一九世紀の中ごろからの時間を、覚醒しつつある民族として生きることとなった。前者にとってはトルコの頸木から解放され、トルコ的なものを払拭することが、民族自立のために急遽必要とされた。後者はというと、理想国家を樹立するに際して障害となる先住民との衝突が切迫した問題として生じることになった。いずれの民族にとっても、イスラム的なるものの脅威との戦いが、民族の自己同一性の確認のために要請された。

第一次大戦におけるトルコの敗退は、六世紀近く続いたこの大帝国の消滅を意味していた。パレスチナはイギリスの信託統治に任されることになった。シオニストの積極的な呼びかけに呼応して欧米から次々とユダヤ人が入植し、アラブ人との間の対立はますます深刻なものと化した。バルカン半島ではヴェルサイユ体制のもとに、セルビア人を王と戴く中心連合王国が成立し、やがてそれはユーゴスラビアと呼ばれることになった。だがこの王国の原理であるセルビア中心主義に対して、スロベニアやクロアチアをはじめとする諸民族は強い不満を抱いており、外遊先で王が暗殺されるという事件まで生じた。

ナチス・ドイツはバルカン半島をただちに占領し、クロアチアに傀儡政府を樹立させた。ただちに建設された強制収容所では、ユダヤ人とロマのみならず抵抗するセルビアの正教徒までが殺害された。ユーゴスラビアは王党派のチェトニク、ティトーのパルチザン、ナチス側のウスタシャという三勢力が血で血を購う戦場となり、人口のおよそ十分の一強である百七十万人を喪った。ナチスはセルビアに対するクロアチアの怨恨を巧みに利用し、ボスニア・ヘルツェゴビナのムスリム人やコソヴォのアルバニア人を起用して、パルチザン征伐を行なわせた。それは後々にまで残る深刻な傷跡を、ユーゴスラビアの全土に遺した。だがナチスによる残虐行為の犠牲者にあって最たるものは、いうまでもなくユダヤ人であった。アウシュヴィッツで、ダッハウで、ブッヒェンブルグで、彼らは計画的に殺害され、その数は六百万人を超えた。ホロコーストはユダヤ人の国家建設に決定的な路線変更を強いた。ひとつには、理想的な移民と考えられていたアシュケナジームの大半が消滅してしまったため、その間隙を埋めるため、スファラディームはもとより、マグレブ世界や中近東からミズラヒームを召喚しなければならなくなったためである。もうひとつは、イスラエルという国家を正当化するために、人類の共通悪とされたナチスの集団殺戮を根拠として援用したことである。世界に蔓延している反ユダヤ主義の脅威からユダヤ人を保護するためにも、ユダヤ人国家は存在しなければならないという論理によって、アラブ人の虐殺と追放が正当化されていった。

一九四八年というのは、アメリカの自由主義とソ連の社会主義によって全世界が二つの陣営に分断され、冷戦構造が確立された年に相当している。この年に独立を果した韓国、インド、イスラエルといった国家を並べてみると、そのどれもが分身とも兄弟分ともいえる別の国家を間近に抱えこんでおり、冷戦体制による世界の分割が直接的であれ、間接的であれ影を落としていることが判明する。韓国には北朝鮮（朝鮮民主主義人民共和国）、インドにはパキスタン、そしてイスラエルにはガザと西岸からなるパレスチナがその分身に当たっている。こうした国々は独立した直後から周辺国家との激しい緊張を強いられ、まもなくそこに戦争が勃発した。イスラエルは周囲のアラブ諸国との間に第一次中東戦争を、韓国は朝鮮戦争を、そしてインドは現在まで続くカシミールでの紛争を起こし、それは両国がともに核兵器を持つ次元にまで発展した。

一九四五年に社会主義国家として出発したユーゴスラビアにとって、一九四八年とはコミンフォルムとの訣別の年であった。ただちにこの新興国は、バルカン半島のなかでスターリンのソ連に忠誠を誓うあまたの衛星国家から孤立し、独自の政治外交路線を採用することになった。セルビア人は、いつアルバニアの肩越しにソ連の戦車が侵略してくるかという恐怖に怯え、ティトーの率いたパルチザンの英雄物語を国民統合の絆として活路を切り開かなければならなかった。イスラエルが単一民族による国家を目的として建国されたとすれば、ユーゴスラビアはそれとは逆に、五つの民族の統合を国是とする連邦国家として出発した。いずれの国も、シオニズムと社会主義というイデオロギーが国家の統合性の根底に置かれていた。

だが国家成立時のまさにその時点において公式的に隠蔽し排除した民族的矛盾が災いして、この二つの国家はなしくずし的に高い代償を支払うことになった。パレスチナ人の意向を無視して強引に独立したイスラエルは、四方のアラブ諸国に散らばった難民たちの深い憎悪と怨恨の対象となり、また国内に残留したイスラエル・アラブを、ユダヤ人国家における躓きの石として受け入れざるをえなかった。一九六四年に結成されたPLOはやがてアラファトを指導者として迎えると、パレスチナ人の抑圧的状況を全世界に訴えて、一気に解放闘争へと参入していった。

ユーゴスラビアでは、戦前の王制からのセルビア中心主義が相変わらず温存された結果、非セルビア人たちは潜在的に分離独立への欲求を抱くにいたった。だがひとたび連邦の統合性を危うくする動きが生じると、一九七〇年の「クロアチアの春」のときのように、当局は厳しい弾圧をそれに与えた。この欲求不満の軽減を狙って、一九七四年には六共和国二自治州の経済的独立性を強調する新憲法が公布された。結果としてそれは共和国同士の結びつきをいっそう緩いものに変え、九〇年代の分離独立の遠因となった。アルバニア人の存在は、いまひとつの解決不能な要件だった。人口においてユーゴ第三の民族であるはずのこの民族が共和国を構成する資格を与えられていなかったため、彼らが数多く居住するコソヴォは、アルバニア系とセルビア系の民族対立の焦点となった。

イスラエルは独立当初ソ連にも近しく、社会経済の発展において多分に社会主義を採用していた。ユーゴスラビアとイスラエルの間には五〇年代を通して外交関係があった。だがティトーが非同盟諸国の盟主の一人としてアラブ諸国との友好を重要視し、イスラエルが政治的にも軍事的にもアメリカへの依存を強くしてゆくにつれ、両国の間には隔たりが生じるようになった。PLOの台頭を知ったユーゴは、一九六八年ただちにパレスチナを承認した。イスラエル大使館がふたたびベオグラードに設置されるようになったのは、ミロシェヴィチがティトーの後任として権力を握った後の、一九九七年のことである。このセルビアの独裁者はコソヴォのイスラム系アルバニア人に手を焼いていたこともあり、同じくパレスチナ問題に煩わされているイスラエルに共感を抱いていたのである。イスラエルは第二次大戦中にナチスに加担して強制収容所を建設したクロアチアに対して、複雑な感情を抱いてはいたが、クロアチアと犬猿の仲であったセルビアとは、国交を修復するのにいかなる障害もなかった。イスラエルと新ユーゴ（後にセルビア・モンテネグロ）とはそれ以来良好な関係を結んでおり、近年にはベオグラードにユダヤ資本が流入して、インフラストラクチャーの整備を急がせている。

一九九〇年、ユーゴスラビアでは共産主義者同盟が解体し、それぞれの共和国が複数政党のもとで最初の選挙を行なった。この時点から彼らはポスト社会主義体制を生きることになる。半世紀近くにわたって国民を統合し導いてきた原理の崩壊は、心理的に巨大な真空地帯を生み、その間隙を縫ってどの共和国にも、長らく抑圧されてきた民族主義が凶暴な姿をとって回帰してきた。ただちに分離独立運動が展開され、セルビア人、クロアチア人、ボスニア・ヘルツェゴビナのムスリム人の間で激しい民族浄化の嵐が吹き荒れた。

皮肉なことに、この時期にイスラエルとパレスチナは久方ぶりの小康状態を保っていた。一九九三年のオスロ合議によってＰＬＯは亡命政権であることをやめ、パレスチナの地に「帰還」して、国家独立のための本格的準備に入ろうとしていた。一方、イスラエルの知識人の間には、長らく建国のイデオロギーであったシオニズムを疑い、対立する二民族の実像を歴史的に検証しようとする動向が生じてきた。ポストシオニズムと呼ばれたこの知的傾向は、しかしながら知識人のアカデミックな領域に留まり、多くのユダヤ人は第二次インティファーダの後、ふたたびパレスチナ人との対話に絶望して、シオニズムに由来する他民族排除政策へと回帰していった。イスラエル政府は西岸のパレスチナ人を封じ込めるために分離壁を建設し、ガザに侵攻しては虐殺と破壊を繰り返して現在にいたっている。セルビアのミロシェヴィチ政権は民衆の反政府運動によって瓦解したが、シャロン政権に関するかぎり、イスラエル国内の反体制運動が具体的に政治的変動を引き起こすことは、まず期待できない。

現在では北朝鮮にお株を奪われてしまった感があるが、一九九〇年代を通してセルビア・モンテネグロとイスラエルは、国際的に嫌われているという点でその双璧であるように思われた。セルビア人がボスニア・ヘルツェゴビナで行なった破壊工作の熾烈さとコソヴォのアルバニア人への非人道的弾圧は、欧米のメディアが喧伝したことも与って、彼らに狂気の民族主義者にして文明とヒューマニズムの敵という仮面を与えた。スーザン・ソンタグからジャック・デリダまで、欧米の多くの知識人がNATOのセルビアへの空爆を支持した。それに反対したのはわずかにペーター・ハントケとテオ・アンゲロプロス、それに躊躇《ためら》いがちな大江健三郎にすぎなかった。この「人道的介入」によってサラエヴォは幸いにも救出されたが、セルビアはそのために一時的に民族主義のさらなる高揚を体験した後で、今日にまで続く深い憂鬱に襲われることになった。

ボスニア・ヘルツェゴビナの独立がかくも錯綜した形で実現されてしまった現在、わたしはあのときの空爆の是非を、単純にイエスかノーのいずれかで語ることはできない。もしひとつだけ指摘できることがあるとすれば、それはセルビアの残虐行為を弾劾する人道主義者たちが、にもかかわらずイスラエルのそれに対してもし沈黙を守っていたとすれば、それは恐るべき偽善であるということである。アメリカのクリントン大統領はセルビアを爆撃することを命令したが、ことイスラエルに関しては、ハーグの国際司法裁判所から国連までがかくも長期にわたって勧告を与えてきたにもかかわらず、それを無視したばかりか、「人道的介入」を行なおうとしなかった。この不均衡と不自然がアメリカという国家の病理を如実に語っている。

「人権」「人道」こそが今日の国際社会においては、普遍的な価値をもった共通語とされていることはいうまでもない。国連やハーグの国際司法裁判所をはじめ、世界中のメディアは、あたかも水戸黄門の印籠のようにこの言葉に依拠することで、法的・政治的・軍事的・道徳的判断を行なっている。人権という観念の下にあっては、もはやいかなる国家も国境を堅固に保つことができない。NATOのセルビア爆撃の根拠とされたのは（その真偽の問題は別におくとして）ミャンマーにおける少数民族への弾圧やイラクでの生物化学兵器開発の場合と同じく、人道に反する行為が行なわれていることをめぐる、グローバルな側からの、ヒューマニズムの側からの裁定であった。

だがセルビアが依拠する論理はまったく異なっていた。彼らは正義の実現を要求したのであって、ボスニア・ヘルツェゴビナやクロアチアとの間で戦わされた戦いは何よりも中世以来の神学的道徳観に基づいた「正義の戦争」であるべき性格のものであった。この点に関しては、イスラエルも同様である。ユダヤ人は民族の正義の実現のために近隣のアラブ諸国への侵略を続けてきたのであって、そこには近代の主権国どうしが行なう、合法的にして完璧に世俗化された戦争とはまったく別の秩序が働いている。過去においてイスラエル軍はエジプトやレバノン、シリアに対し、宣戦布告もなしに不意の攻撃と侵略を繰り返し、国際的に非難の対象とされてきた。だが彼らが非難に対して平然と構え、一向に動じる素振りを見せなかったのは、それが世俗の戦いと見なされていなかったことに一因がある。

セルビアの説く正義に対して、アメリカを中心とするＮＡＴＯ軍は一見合法的な立場から空爆を行なった。爆撃による破壊は対象を軍事的建築物に限定されており、被害はどこまでも間接的なものに留まるという説明が、あらかじめなされていた。だが一国のインフラストラクチャーをかくも徹底して破壊することが間接被害の域を越えていることは明らかであり、とりわけコソヴォで爆撃時に使用された劣化ウラン弾が、胎児を含めて人体に深刻な影響を与えていることについては、「人道的介入」を主張した側からいかなる言及もない。セルビア側が民族を美しく純潔にたもつために、汚穢《おわい》なるものの

「浄化」を目指したとすれば、アメリカに代表される空爆側も、人道と民主主義に反する野蛮を「浄化」することを目的としていたわけで、両者が立つ地平はみごと共通していた。イスラエルがパレスチナに侵攻を繰り返し、破壊と殺戮を続けてきたのにも、同様の論理が働いている。パレスチナ人はその暴力と野蛮ゆえに「浄化」されなければならなかった。いずれにせよ共通しているのは、他者を暴力に満ちた野蛮と見立て、それを鏡像としてみずからの美化と神聖化へと向かうものたちが、現実にはその場所に野蛮と暴力を導入しているという構図である。にもかかわらず、アメリカによるイスラエル攻撃はありえなかったし、今後もありえない。この不均衡をめぐる道徳的基準は、はたしてどこに、どのように設定されるべきであろうかというのが、わたしの抱いている疑問である。

イスラエルとセルビア・モンテネグロの、さらに重要な差異とは、後者においては半世紀にわたって支配的なイデオロギーであったティトーの社会主義が、一九八〇年の独裁者の死によってカリスマ的威厳を喪失し、さらに十年後の一九九〇年に共産主義者同盟が解体することで、もはやはっきりと崩壊してしまったという事実である。それに対してイスラエルの国是であるシオニズムは、若干の知識人の異議申し立てはあったにせよ、いっこうに瓦解する気配がない。イスラエル国内のユダヤ人の多くは、自分たちの国からアラブ人が完全にいなくなってしまうことを望んでおり、そのためには、たとえ国際的にいかなる非難を受けようとも、グロテスクな分離壁の建設を止めようとしない。

旧ユーゴスラビアでは全土にわたってポスト社会主義症候群が見受けられ、民族主義の急速な台頭と王族の亡命地からの帰還、若い世代に顕著な宗教回帰、原理主義への回帰といった現象がはっきりと見受けられる。ベオグラードでわたしが出会った知識人や芸術家たちは例外なく疲弊しており、かつての連邦国家時代へのノスタルジアと国際的孤立感のなかで、拠りどころを喪失しているように思われた。彼らは自分たちを育みそだててきたコスモポリタニズムの寛容さが、急速に民族主義の不寛容にとって替わってしまったという事実を、いまだにどう受け止めてよいのか、思案に暮れているようだった。

一方、イスラエルにおいてはポスト・シオニズムは、社会の綻びの徴候としては少しずつ認められつつあるにせよ、本来的には知識人の内側の事件であり、民衆の次元での変革運動となりそうにない。わたしが滞在していた期間を通して、左翼の平和勢力は老《ろう》獪《かい》なるシャロンの掌のなかで踊っているという印象があった。だが彼らもまた、セルビア人とは違った意味で疲弊していた。ラビン首相の暗殺と第二次インティファーダの勃発は、彼らが最後に信じえた微かな希望をも打ち消してしまい、後には無感動とシニシズムだけが遺された。わたしが会った何人かの知識人は、文字通り孤軍奮闘しながら、このシニシズムを相手に戦いを挑んでいた。

長らくパレスチナとバルカン半島の歴史を対照させながら、その共通点と相違点について語ってきた。最後にこの二つの地域が、ともにヨーロッパとアジア、西洋と東洋の境界領域に位置していることに由来する地政論的な比較を、簡単ながら試みてみたい。「東と西を併せもつ」という表現は、世界のあらゆる地域において口にされてきた、紋切型の言葉である。アジアの最東端に位置しながらいち早く近代革命をなしとげ、欧米を真似して植民地経営に乗り出した日本は、機会あるたびにこうした表現を誇らしげに口にしてきた。もっともその真意は、自分たちはアジア的停滞と愚昧から逃れ出ているという意味であった。イギリスに長らく統治されていた香港も、二大陸に跨る広大な領土をもつロシアも、それぞれに異なった理由から同じ言葉を通してみずからを定義してきた。だがわたしが訪れた二つの地域は、南東ヨーロッパと中近東という、文字通りヨーロッパとアジアの中間領域に位置しており、その周縁性ゆえにさまざまに複雑な体験を重ねてきた。

ボスニアに生を享けたアンドリッチにとって、ユーゴスラビアはまず複数の文化を繋ぐ橋であるべきだった。彼が著した『ドリナの橋』は、ユーゴ時代には国民文学として読まれていた。そしてこの橋という隠喩ゆえに、モスタルのネレトヴァ河に架けられた古橋が爆破されたとき、現地の住民のみならず、かつてユーゴ市民と呼ばれた人々は深い喪失感に襲われた。一方、シオニズムを提唱したヘルツルにとって、パレスチナは要塞の隠喩で語られるべき土地であった。それは野蛮なるアジアからヨーロッパを防御し、しかも双方の交易の接点となるべきコスモポリタンな空間として、理想化を施されていた。橋と要塞の喩えは、ある共同体が他者に向かいあうさいに採用する二つのモデルを提供している。前者は交通交易と意思疎通の可能性を示し、後者はその拒絶と自己防御を意味している。

社会主義時代を通してユーゴスラビアは世界的な緩衝地帯として、橋の隠喩に忠実だった。ティトーは自由主義を標榜するアメリカと社会主義の東欧諸国との中間にあって、いずれにも帰属しない政策を採用し、アジア・アフリカの非同盟諸国を連結させる役割をはたしていた。だがイスラエルに関するかぎり、橋の隠喩が語られることはなかった。全世界のユダヤ人が回帰すべき場所と定められたこの国家は神聖なる目的地でこそあれ、けっして中継地であってはいけなかったのである。そして二一世紀を迎えた現在、この二つの地域に共通している空間的隠喩とは壁であって、厳しく引かれた分離境界線と検問所とが、かつて連続していた空間に厳しい分節を刻みつけている。

歴史を通して偏見と差別の眼差しに晒されてきたという点で、ユダヤ人とバルカンの諸民族には、いくらかの共通点がある。ヨーロッパのキリスト教社会が異教徒であるユダヤ人を機会あるたびに迫害し、彼らの追放や計画的殺戮を繰り返したり、都市の一定の場所以外に居住を許してこなかったことについては、今さら説明する必要もないだろう。だが程度の差こそあれ、西側世界の者たちがバルカン的なるものに軽蔑の眼差しを送り、偏見からなるステレオタイプの映像を築き上げてきたことについては、日本ではほとんど知られていないため少し説明しておいた方がいいかもしれない。その文脈によれば、西側が自由主義的で寛容であり、啓蒙を旨とする社会を築き上げてきたのに対して、バルカンに代表される東側は野蛮で東洋的な専制政治の知ろしめす社会であると見なされてきた。西側がキリスト教の愛と慈悲に満ちた世界であるとすれば、バルカンはイスラム教の理不尽な戒律と暴力が支配する世界であった。西側が裕福であるならば、バルカンは貧しく食糧を欠き、西側が男女の同権と民主主義を原理としているならば、バルカンでは女性が男性に屈従し、強力な家父長主義のもとに女性が奴隷に似た日常を強いられているとされてきた。バルカン人は総じて淫乱であり、性的な無秩序が全地域を支配しているという映像が広く西側で信じられていた。

この最後の点については、もう少し説明しておくべきかもしれない。西側が抱いてきた紋切型のなかでは、バルカン半島は強い性的偏差のもとにしばしば語られてきた。一九三〇年代にユーゴスラビアの全域を隈なく旅行したイギリス人作家レベッカ・ウェストは、名高い『黒い羊と灰色の鷹』のなかで、クロアチアのコルチュナ島に触れ、「そこではいまだに男が男であり、女が女である世界」[*9]があると記述している。ポルノグラフィアに眼を移したとき、こうしたマッチョ的な性的偏差はたちどころにグロテスクな紋切型の映像へと変化して登場することになる。『バルカン戦争』や『一千一万の鞭』といったポルノグラフィを手にとってみるならば、そこにはサディスティックな倒錯者としてのセルビア男と、西側の男との性交を求めてやまない多淫症のセルビア娘の映像が氾濫している。一九四二年にハリウッドが制作した怪奇映画『キャット・ピープル』（ジャック・ターナー監督）では、一人の美女が男と接吻をすると姿が黒豹に変身してしまい、次々と殺人を犯して回るという物語であるが、主人公はセルビアの奥地の謎めいた村の出身であると設定されている。

　こうしたポルノグラフィックな想像力がもっとも新しく展開されたのが、一九九〇年代に旧ユーゴ領内で生じた激しい戦闘の最中であった。アメリカをはじめとする海外のメディアは次々とセルビア人による性的な残虐行為をめぐって報道を続け、その真偽をめぐって激しい論争が戦わされることになった。戦争の当事者とは離れたところで、バルカンの住民たちの映像が性的な犯罪者あるいは犠牲者として世界的に喧伝され、いつもながらに性的乱脈に長けたバルカン半島という神話を増強する役割を果した。ボスニアと聞けば集団レイプといったぐあいに、このたびの戦争が世界のあまたの地域でなされている戦争とは異なって、性的な文脈を誇張して報道され、ジャーナリズムの好奇心を掻き立てたという現象については、一九世紀から現在まで綿々と続いている西側での性的なバルカンの映像の連鎖を抜きにしては理解することができない。ちなみにベオグラードのロック歌手ランボー・アマデウスが挑発してやまないのが、こうした映像のもっている文化的ヘゲモニーの構造である。*10

　こうした西側の眼差しのなかに浮かび上がるバルカンの劣等性に満ちた映像は、いうまでもなく虚偽のものであり、そこにはサイードの説くオリエンタリズムの構造が頑強に横たわっている。煎じ詰めてみるならば、それはバルカンを鏡像として西側が築き上げた自己像の反転されたあり方であって、そこに彼らが無意識の内側に隠蔽しようとした集合的な他我《アルターエゴ》のあり方を見てとることができるだろう。西側は自分たちが開明的であり、清浄で、富裕で、民主的で、文明の側に帰属していることを確認したいがゆえに、それに対立する映像の収斂《しゅうれん》する先を必要としている。バルカンがその場所として選ばれたのは、どこまでも地理的な偶然にすぎない。

ここでオリエンタリズムの構造がバルカン半島とイスラエルの両方において、具体的にどのような様相を示しているかについて、触れておくべきかもしれない。

サイードがかつて『オリエンタリズム』のなかで批判していたオリエンタリズムとは、西欧がイスラム地区を語るさいに、そこに存在しているもろもろの差異を消去して、もっぱら自分たちが携えてきた神話的映像を投射することで形成してゆく言説の網状組織のことである。それは対象とされている住民から彼らが直接に言葉の主人たる権利を奪い、彼らを既成の言説の枠組のうちに封印して抑圧するばかりか、西欧の植民地主義と結託し、その正当化に寄与するシステムでもある。それは西洋と東洋を分割し、前者の優位を暗黙のうちに秩序づける制度として、われわれの思考を無意識的に規制している。サイードがもっぱら分析の対象としていたのは近代の欧米の東洋学者《オリエンタリスト》の言説に浮かび上がる、ありえぬオリエントの映像であった。では具体的にイスラエルと旧ユーゴでは、このオリエンタリズムはどのような形態をとっているだろうか。ここで興味深いのは、いずれの地域においても、オリエンタリズムは差異を平板化し紋切型の映像に帰着させるのではなく、むしろ細かな差異を次々と生産していって、入れ子構造を形成してゆく運動性をもっているという事実である。

　歴史的に辿るならば、第一次大戦後にパレスチナを信託統治したイギリスは、オスマントルコ時代に荒廃の極に達していたエルサレムを修復するにあたって、テルアヴィヴのような近代都市とは対照的な都市計画を採用した。彼らは民族主義に逸る現実の住民の意思とは無関係に、ここにロマン主義的な異教的過去を再現しようと目論んだ。アラブ・パレスホテルに代表されるムーア様式の建築に、彼らがパレスチナに託した古代の夢の典型が見られる。パレスチナとはまず第一にキリスト教の聖地であり、列強の植民地主義者がみずから夢想した東洋とやらを、理想的な形で実現することのできる場所であると考えられてきた。イスラエルという国家についていえば、サイードはそれがオリエンタリズムの産物そのものであると喝破《かっぱ》している。[*11] それは西欧の内側で生じたシオニズムが、度重なる試行錯誤の末に作り出した擬制の国家であって、現実の上に覆い被さった映像に基づいて建設された観念の産物に他ならない。この映像に相応しくないと判断されたアラブ人たちが追放されたり殺戮されたりしたとき、ヘルツルの夢見た、西欧文明の防波堤としてのパレスチナが実現される予定である。

　現実に成立したイスラエル社会の内側では、事情はより複雑である。ユダヤ人はパレスチナ人を文明に対する野蛮と暴力の権化として追放したり、二級市民として扱っていることはいうまでもない。ここでは支配的な立場にあるユダヤ人は、西側の立場に立ちながら東側に属するパレスチナ人を分離し抑圧している。だがユダヤ人社会の内側でも同様の分割が行なわれていることに留意しなければならない。アシュケナジームはスファラディームを、アラブ文化との近接性を理由に差別し、スファラディームはさらにより下層の存在であるミズラヒームに対して圧倒的に優位に振舞っている。また新たに移住してきたロシア系ユダヤ人は、以前からこの国に存在しているサブラ（現地生まれ）の全体に対して一線を画し、自分たちの帰属するロシア文化のヘブライ文化への優位を隠そうとしない。パレスチナ人の間でも微妙な階層の差異化が見られる。イスラエル・アラブのなかには、ユダヤ人とパレスチナ人という二項対立の図式のなかで、自己同一性をめぐって迷う動きが見受けられる。またヨルダンに移住したパレスチナ人は一般的に遊牧民のベドウィンを、近代化の度合いにおいて自分たちよりも劣位にある存在だと見ている。そのベドウィンはイスラエル国内では軍役に服すことで、一般のパレスチナ人よりもイスラエル国家への高い帰属度を示している。ユダヤ教徒のなかでももっとも正統派に属する一派は、イスラエル国家を否定し、むしろパレスチナ側へ接近しようとしている。要するに差異と対立の関係は相当に入り組んでおり、単純にユダヤ人とパレスチナ人の抑圧／被抑圧といった図式を設定するだけでは、不充分であることが判明する。あるところで屈辱的に支配される者が、別のところでは圧倒的に優位に立っていたり、本来は分割された向こう側にいる存在と親しげに共鳴しあったりしているのだ。

　バルカン半島ではどうだろうか。ここでも支配される者が別の者を支配し、さらにその者が別の者を支配するといった入れ子構造が見受けられる。オーストリアの統治下にあったクロアチア人は、みずからの西側との近接性を主張して、セルビア人を野蛮なバルカンの徒であると見なし、そのセルビア人はより長くトルコ支配下に置かれていたボスニア・ヘルツェゴビナ人をオリエントの野蛮人だと嘲笑する。コソヴォではセルビア人が「自分たちこそがヨーロッパである」と主張して、対立するアルバニア人を排除する動機とすることについては、すでに見聞したところを記しておいた。そしてコソヴォに在住するアルバニア人はユーゴスラビア時代に受けたヨーロッパ的教育を根拠として、アルバニア本国の同胞よりも優位に立とうとする。かつてユーゴスラビアの全体を統括していたセルビア人は、ブルガリアやルーマニアといった旧ソ連衛星国を、バルカンに特有の遅れた農業国として馬鹿にし、トルコこそはアジア的野蛮の最たるものであるとして、彼らに統治された歳月を暗黒時代と呼んで憚らない。だがその一方で、自分たちの性的絶倫はトルコから伝統的に継承したものだと、得意げに冗談口を叩く……。

とはいうものの滑稽なことに、こうした入れ子構造のオリエンタリズムは、二つの予期せざる現象を前にたちまち自己撞着に陥ってしまう。ひとつは、トルコがセルビアを出し抜いてEUに加盟してしまうのではないかという懸念である。キリスト教の信仰を通して西側諸国との近接性を強調してきたセルビアにとって、政教分離を建前としているとはいえイスラム国家が自分の頭越しにヨーロッパに仲間入りをはたしてしまうと考えるのは、耐えられないことである。

もうひとつは、日本人に出会ってしまったときである。ミロシェヴィチ政権時に大量に移民してきた中国人は、彼らが従来携えてきた、遅れたアジア人という紋切型の認識に変更を強いる存在ではなかった。だがセルビアに先立つこと半世紀前にアメリカの徹底した爆撃によって敗北したにもかかわらず、脅威的な経済発展とテクノロジー的進歩を遂げ、現在にいたってはセルビアにバスや電力機械など、多額の援助を行なっている日本人の存在は、彼らが伝統的に抱いていた西側の優位と東側の劣位という図式そのものに疑問を投げかけてしまうのだ。日本は東側、それもトルコとは比較にならないほどに遠い東側にあるにもかかわらず、いかなる西側よりも優れた技術を有し、NATOの空爆に際してどこまでもそれに消極的な姿勢をとり続けた。こうした社会を想像することは、彼らの伝統的な地勢観を当惑させるのに充分であったようである。わたしはセルビア人にとって東西のいかなる範疇にも分類できないこの日本のあり方が原因となって、いくたびか奇妙な会話に付き合わされることになり、そのたびにこの図式の愚かしさに苦笑したものだった。とはいうものの、すべてを東西に分かつオリエンタリズムの思考様式は、わたしが赴いた二つの地域においてどこまでも支配的であり、無意識のうちに人々の思考を統括し制御しているように思われた。現下に存在する矛盾を解決するための対話は、その当事者が西側の価値観へのまったき帰依を前提としているかぎり、なかなか困難であるようだった。みずからの入植史をアメリカの西部開拓史に重ね合わせてやまないイスラエルは、アメリカという巨大な後見人を見失わないかぎり、パレスチナ側の排除という姿勢を改めることはないだろう。

一方で、バルカン半島においてすら、すでにグローバリゼーションの波が押し寄せてきている。セルビアやクロアチアといった国々にとってEUに加盟することは、一九世紀に北側から到来したオーストリア＝ハンガリー連合王国の軍隊を受け入れ、その統治に身を委ねることに似た決断ではないかと、わたしは考えてみた。だがもしEUへの加盟が実現したとして、そこでは西側の論理による支配がいっそう確認されるばかりであり、東西をめぐるオリエンタリズムの構造がこれまで以上に強化されるだけではないか。そこで新たなる排除のシステムが生じないと、いったい誰が保証することができるだろう。二つの旅を終えたわたしは、こうした漠然とした思念に駆られながら、日本へと帰還したのである。

記憶の故障

ケオスの詩人シモニデスは墓碑銘作者として著名であり、そのためしばしば法外な報酬を要求した。「行く人よ、ラケダイモンの人に伝えかし」という有名な一節を知る人も、けっして少なくないだろう。キケローの『弁論家について』の伝えるところによれば、彼はまた記憶術 ars memoriae においても優れた才覚を示し、独自の方法を編み出したと伝えられている。*12

あるときテッサリアの貴族スコパスが饗宴を開いていたところ、突然に館の壁が崩れ、主人はもとより、その一族と客人が瓦礫の下に生埋めとなってしまうという惨事が生じたことがあった。スコパスを知る友人たちは瓦礫を掘り起こそうとしたが、遺体はどれも完全に押し潰されていて、どれが誰の遺体であるかを見分けることがかなわなかった。たまたまシモニデスが宴席にいて、運よく生き残っていた。彼は聡明にも人々がどこにどう着席していたかを思い出し、その順序 ordo に応じて遺体の一つひとつを識別した。

わたしが最初にこの有名な逸話を知ったのは、フランシス・イエーツの『記憶術』においてであった。*13 古代からヨーロッパでは記憶術が提唱され、中世・ルネッサンスを通して発展してきたが、その骨子は記憶に空間的秩序orderを導入することにある。劇場に並ぶ柱であれ、壁面のレリーフであれ、場所の一つひとつに記憶すべき項目なり情景を付着させておけば、その空間のありようを想起するだけで自ずから記憶が自動的に再現されてくる。ここで重要なのは、秩序（順序）こそが人をして忘却から解放し、記憶へと導くという事実である。シモニデスは宴席に集う人々の着席位置を確認することで、遺体をめぐる記憶の再現に成功した。記憶が前提として先にあり、それから惨事が生じた。かくして惨事による無秩序は回収され、犠牲者はそれぞれにしかるべき場所に埋葬されることができた。

だが、古代において提唱された記憶術と、その前提とされていた場所の秩序への信頼は、はたして現在、どこまで自明のものとして成立するだろうか。クロアチアに生まれ、後に亡命生活を送ることになった作家ドゥブラヴカ・ウグレシィチが、わたしが先に述べたシモニデスの逸話を取り上げていることを、わたしは最近になって発見した。彼女によれば、スコパスの宴席で主人と客人たちを襲った惨事は、ユーゴスラビアの解体の物語の隠喩と見なすことができるという。ただし彼女は、そこに身近なエピソードを付け加えることを忘れていない。

「突然彼らの頭上で分かちあわれていた天井が崩壊し、テーブルに座っていた人々を殺害した。生き残ったシモニデスは、犠牲者を特定してくれと親族たちに懇請されても、彼の記憶術の仕事を遂行して憶えていることを述べることができなかった。というのも、突然残りの壁が崩壊し、シモニデスや、自分たちの死者を埋葬しに来ていた親族たちまでも殺害したからである」[*14]

いかにもさりげなく書かれているが、これは恐ろしい記述である。というのも二度にわたって壁の崩壊が生じてしまったことで、被害がより大きくなったからではない。最初の惨事を目撃して救援と死体の確認に向かった人たちまでが図らずも犠牲者となることによって、事件の目撃者そのものが消滅してしまったからである。シモニデスが携えていた場所の記憶は、本人の死とともに喪われてしまった。やがて遅れて現場に到来した者たちは、第二の惨事を目の当たりにすることはできても、それ以前に生じた惨事については、それが生じたという事実すら想起することができない。

ウグレシィチが書き付けたエピローグは、けっして作家のたわいのない空想であると笑い飛ばすことはできない。というのもテルアヴィヴに赴いたわたしがまず教えられたのは、パレスチナの武装勢力による自爆攻撃がしばしば二重の仕掛けをもって実践されているという事実であったためだ。

まずディスコやレストランといった場所で最初の爆発が生じる。当然のことながら大勢の人間が死傷し、周囲は阿鼻叫喚の騒ぎとなる。苦しみ悶える生存者たちを救おうとして人々が駆け寄ったとき、彼らに紛れて第二の自爆攻撃者が登場する。ふたたび爆発が生じ、以前にまして多くの犠牲者が生じる。ひとたびこの方法が採用されてしまうと、人々は爆発が生じたとしても、ただちに現場に駆けつけることに躊躇いを憶えるようになる。つい眼と鼻の先で苦しみ悶え、死にいかんとしている隣人たちがいるというのに、不用意にそれに接近することが危険であるという状況が生じることになる。

イスラエルで生じていた自爆攻撃では、加害者と犠牲者の関係が二重にも三重にも絡み合っていて、それらが隠蔽しあうという構造をとっている。最初の惨劇を目撃した証人はけっして安全地帯には置かれていない。彼らは証言をする充分な時間も与えられないままに、ただちに第二の犠牲者と化してしまう。目撃者と犠牲者という明確な分割が暴力的に踏みにじられ、純粋に傍観者として事態を物語ることが誰にもできなくなってしまう。だがこの第二の爆発は、最初の爆発の犠牲者をめぐる真実を覆い隠してしまうばかりではない。その背後に横たわっている原初の犠牲者の存在をも、より巧妙な形で隠蔽し、別の物語へと摩り替えてしまう。イスラエルから発信された情報が全世界のメディアネットワークに配信されるとき、「自爆テロ」の残虐さだけが前面に押し出され、自爆攻撃者が携えていたメッセージは消去される。彼らを悲惨な行動に駆り立てた起源としてのナクバ、すなわちイスラエル国家成立によるパレスチナ人の受難の歴史は巧みに隠蔽され、ただ狂気じみた行動のもつ衝撃だけに照明が投じられる。原初の犠牲者の映像は、かくして忘却の彼方に投げ捨てられる。ウグレシィチはバルカン半島の隠喩としてシモニデスの逸話を取り上げ、そこに補遺を書き加えたが、パレスチナをめぐった後にこの半島に到達したわたしにとってそれは、今日いたるところで生起している惨事と、その想起、証言、表象といった作業についての、より普遍的な問題を提示しているように思われる。

ここでキケロの説くシモニデスの記憶術と、ウグレシィチが追補したその後の顚末のことを、より立ち入って比較してみよう。鍵となる言葉はordo、すなわち「秩序」である。

古典的な賢人であったキケロにとって、世界は何よりも秩序によって構成され、運行されてゆくべきものであった。ある不慮の事態が生じたとき、その混乱を回収し、以前の正しい状態へと復帰させるためには、そこに潜在的に秩序が横たわっていなければならないとされた。秩序こそが記憶を呼び覚まし、それに照明を投げかけるものであって、世界は本来的に光明に満ちた秩序の領域と、暗黒と恐怖と野蛮とが支配する無秩序の領域に二分されているはずだった。

秩序は忘却のなかに踏み入って、記憶を導き出す。それは無秩序に対する勝利であり、光に満ち満ちたものでなければならない。だが見方を変えてみるならば、こうした過程を経て導きだされた記憶とは、秩序によって馴致《じゅんち》され、加工されたものであって、けっして秩序を脅かすような起爆力を備えているわけではない。このことは、シモニデスが口にしたのがどこまでも壁の落下以前に存在していた客人たちの順列（秩序）ではあっても、壁の落下という一過性の事件そのものへの言及でないこととも、密接に関連している。この墓碑銘作者にとって本質的なこととは過去の静止した事物のあり方を再現することであったが、事件を証言することは与り知らぬ問題であった。それはいうなれば事件の秩序付けとでもいうべき作業であって、彼の言説と行動を通して壁の落下という惨事は、衆人により理解しやすく、また納得のいく出来ごととして記憶されてゆくことだろう。キケロが自明のこととして信奉していたこうした秩序観の背景には、歴史とは一定の秩序のもとに経廻っていくものであるという貴族的確信が存在している。さらにその背後には、ローマ帝国の秩序をめぐる信頼と自信が横たわっている。

記憶と秩序をめぐるこうした観念は、古代ローマに限ったものではない。ひとたび惨事によって損なわれた建築や人間関係を再構築するために過去の記憶を引き摺りだそうとする試みは、二一世紀の現在にいたるまで、大は都市の復旧計画から小は美術品、骨董品の修復までを支配し統括している原理でもある。ワルシャワを訪問した観光客は、第二次大戦で徹底的に壊滅されたユダヤ人ゲットーが、寸分違わず再現されていることを知るだろう。一九六七年にヨルダン軍を破ってエルサレムの旧市街に雪崩れこんできたユダヤ人たちは、朽ち果てていたシナゴーグの修復と再建に夢中になった。モスタルを訪れたわたしは、民族共存の象徴としての古橋がつい先日、新しく再建されたことを教えられた。わたしはこうした過去の再構築が神話的にもっともグロテスクで大規模な形態をとった最大の例を知っている。いうまでもない、それはイスラエルという国家であり、そこで国語として制定されているヘブライ語のことである。

ウグレシィチが書き付けた、行数にしてわずか四行ほどの記述は、こうした古典的記憶観が、もはや二〇世紀の終わりには不可能とまではいわないにせよ、きわめて困難と化していることを、寓話という手法を借りて語っている。

この亡命クロアチア人の作品にあっては、シモニデスはもはや得意とする記憶術を十全に披露することができない。彼は説明半ばにして新たなる壁の落下を身に受け、絶命してしまう。それどころか、彼の説明に耳を傾けていた者たちも、等しく瓦礫の藻屑と化してしまう。ここでは犠牲者と、それを語る証言者という、誰の眼にも明瞭な二分法は、もはや成立しない。証言者は証言のさなかに第二の犠牲者に転じてしまう。最初の犠牲者を記憶する者はいなくなり、遺された人々はもっぱら第二の惨劇だけを口にするようになる。ある事件が忘却されるだけではない。それが忘却に付されたという事実もまた、同じく忘却されてしまうのだ。そこでは記憶は故障する。機能不全に襲われる。

ちなみにウグレシィチのこの一節に注目したピーター・ラマドノヴィチは、「シモニデスの死を記録しながらウグレシィチは、まさしく新しい主観性の到来をも設定しているのであって、そのとき彼女はまさしく反復と断片化こそがバルカンの歴史的法則であると提示している」[*15]と論じ、ここに古典的な記憶・秩序意識から断絶した新しい証言のあり方が認識論的に始まろうとしている事実を指摘している。

キケロの信じえた世界にあっては、確固不変たる秩序のありかが確定された時点をもって、過去をめぐる記憶は想起されるべきであり、破壊の痕跡は補修されるべきであるとされた。記憶の忘却に対する勝利は、秩序によって保証される。証言者の地位はつねに安全で中立的なところに確保されている。だがウグレシィチの語るシモニデスは、もはや純然たる傍観者ではありえない。観察する者と観察される者、証言をする者と証言の対象となる者とは、さながら回転扉のように互いの位置を交換しあい、いたるところ瓦礫の山と化した現場に立ち竦んでいる。この主観性の目まぐるしい運動は、二〇世紀になされた量子物理学（ヴォルフガング・パウリ）における認識論的進展を連想させなくもない。そこでは対象となる量子は、観察されているという事実ゆえに変転を重ねてしまい、どこまでいっても「もの自体」として提示されたり、分析されることがないからだ。

われらの時代の墓碑銘作者にとって、惨事には終わりというものがない。記憶という記憶は歪められ、断片化され、致命的な欠落を含むことになる。過去に存在していたはずの秩序を再構築することは、もういかなる者の手にも不可能となってしまった。唯一許されているのは、過去の惨事を生起のまさにその時間のもとに証言することでしかない。にもかかわらずそれは困難をきわめ、幾層もの忘却に取り囲まれている。さらにいえば、語る行為の安全を保証するものはどこにもない。

パレスチナで、セルビアで、コソヴォで、ボスニア・ヘルツェゴビナで、わたしは事実の確認のしようのない物語をどれだけ耳にしてきただろう。パレスチナでは、イスラエル兵によって凌辱されたアラブ人の未婚女性が内通者に仕立てあげられ、それを知った家族なり村の共同体が彼女を口封じに殺害してしまうという噂を聞かされた。コソヴォでは、セルビア人がアルバニア人の小学校の給食に毒を混ぜた（あるいはその逆）という、身の毛もよだつ話をこっそりと告げられた。ボスニア・ヘルツェゴビナにおいてセルビア人兵士たちが多数のムスリム人女性を計画的に監禁し、強姦収容所を築いたという物語に関しては、すでにアメリカを中心とするメディアがさんざんに書きたてているために、あえてこれ以上言及する必要もないだろう。

こうした物語はいずれもが酸鼻《さんび》の極致にあるものであり、その真偽のほどを詳しく確かめることは今日ではほとんど不可能である。いや、事件が起こったとされる時点において、すでにそれは証言が困難な場所を形成しており、事実の隠蔽が幾重にも重なり合わせられたあげくに、巨大な忘却に到着してしまった感がある。そこでは犠牲者について語る者もまた犠牲者であり、その人物に危害を加えた者もまた別の場所では犠牲者であるという、チャイニーズボックスに似た構造だけが現実のものであった。キケロが信じえた事物の秩序はすでに霧消して久しく、いかなる償いをもってしても永遠に再構築されることのない深淵だけが、黒々とした巨大な口を開けて、われわれを見つめているにすぎない。

秩序がもたらす光明というものはない。記憶が導き出す人間の解放というものもない。けっして購われることがないままに廃墟に放置された事件の残骸の間を、物語の摩滅した断片の間を、わたしは歩き続けてきた。そう、わたしは歩き続けてきた。惨事が生じるその瞬間を言説として組織し、証言をめぐる新しいシステムに到達するにはどうすればよいかを考えながら。この到達点のない作業は、いったいどのような形でわたしの中で結実するのだろうか。

一つの旅が終わろうとしている。

二十歳代の中ごろ、『ガリヴァー旅行記』について論文を書き上げたわたしは、ただちにその足で軍事政権下のソウルに向かい、一年間にわたって滞在した。それはわたしにとって最初の外国体験だった。キャンパスには秘密警察が横行し、密告が奨励されていた。学生の多くは鬱屈の日々を過ごしていた。わたしが滞在している間に大統領が暗殺され、全土に戒厳令が発布された。同世代の韓国人たちは日本を含め外国一般について、きわめて寡《すく》ない知識と情報しかもっていなかった。そして機会あるたびに生硬な民族主義を口にし、自分たちが歴史の先頭に立たないかぎり民族に未来はないと熱烈に主張した。そしてわたしは彼らとの付き合いを通して、はじめて民族と歴史という観念が人を動かしている現実を目の当たりにした。

わたしはソウルでは外国人であり、しかもかつてこの国を植民地侵略した蛮人の後裔であった。それはわたしが、一九三〇年代のベルリンに滞在したイシャーウッドのように、純粋な傍観者としての立場を保ちえないことを意味していた。反日論を語りながらも日本の民主主義に羨望を感じ、日本経由で自国の政治状況を知る学生たちのなかで、わたしは終始、奇妙な居心地の悪さのなかにあった。そしてこの居心地の悪さが動機となって、帰国したわたしは文学や映画の批評行為へと向かうことになった。

わたしが次に長く滞在したニューヨークでは、さまざまな民族による住み分けがなされていた。インド人横町を少し歩くと旧ユダヤ人街となり、ワスプの高級住宅地のすぐ先には人々がスペイン語で叫びあっている一帯がどこまでも拡がっていたが、夏の暑い盛りには路上でよく水道管が壊され、子供たちが嬉々として水浴びをしていた。わたしはここでは単なる匿名のアジア人でしかなかった。この都市でわたしはサイードの著作に親しみ、直接に彼から教えを受ける機会を与えられた。だが現実のパレスチナ問題はまだ遠いところにあり、わたしの彼に対する敬意は純粋に文学研究の方法論的な次元に留まっていた。

わたしが三度目に長期滞在を行なったイタリアのボローニャは、ソウルやニューヨークとは対照的に、一切の喧騒から隔絶された小世界だった。そこにはわたしを圧倒するばかりの過去があり、それに身を任せているだけで、充分に幸福な気持ちになった。アドリア海を隔てた隣国では苛酷な戦争が行なわれていたが、わたしの関心はそこにはなかった。パゾリーニが生まれ、詩に歌ったこの中世の都市に住みながら、わたしは研究者として、ただ彼の遺した詩とフィルムにだけ向き合っていたのである。

パレスチナと旧ユーゴスラビアにおける今回の滞在は、いうなれば第四回目の旅に相当している。この旅がわたしに確認させてくれたことは、もはやサイードとパゾリーニという、自分の宿年にわたって思考してきた対象が、アカデミックな次元での役割を終えて、一つの行動の指針として立ち現われてきたことであるように思われる。もはやこの理論家と詩人に向かいあい、そのテクストの細部の陰影を解釈することが要請されているのではない。むしろ彼らの脇に立って、彼らが周囲の状況を見つめる眼差しと同じ眼差しを共有することこそが重要なのではないだろうか。

体験が経験として熟成してゆくには、それなりの時間が必要である。サイードが唱えた比較文学の方法論を遺漏《いろう》なく理解し、それを別の対象に適用することではなく、思想家としての彼の生そのものを引き受けようとすること。パゾリーニの足跡を辿ることではなく、パゾリーニの肩越しに世界を見つめ行動すること。わたしが漠然と考えていたこうした転移を実現させるために、二〇〇四年の旅は少なからぬ意味があったように思われる。

きわめて皮肉な意味合いにおいてではあるが、振り返ってみるならば、それはある意味で聖地をめぐる巡礼の旅でもあった。エルサレム、あるいはアル・クドゥスは、ユダヤ教、キリスト教、イスラム教といった一神教にとって神聖な都市であり、テルアヴィヴはシオニズムが理念として築きあげた純白の都市であるとされていた。ユーゴスラビアは非同盟主義を唱えるティトーによって建設された社会主義のユートピア国家であり、ベオグラードは連邦共和国を構成するもろもろの民族がともに分かちあう、統合の象徴としての首都であった。またウジツェはパルチザンの聖地だった。サラエヴォはバルカンのエルサレムを自称する宗教的寛容の都市であり、メジュゴリエは聖母マリアの顕現する奇跡の地だった。わたしが足を向けた都市と集落はこうしたわけで、さまざまな宗教と政治的イデオロギーによって神話的に顕彰され、長らく輝かしい栄光を享受してきたという歴史をもっていた。

だがわたしが訪れたときには、最後のメジュゴリエを例外として、そのすべての場所が昔日の栄光から凋落し、無惨にも廃墟の様相を呈していた。エルサレムは鉄条網と検問所によってグロテスクに分断され、強い憎悪と緊張だけが漂っていた。テルアヴィヴは自爆攻撃の噂に怯え、都市の原理であったはずのシオニズムへの懐疑がそこここに見受けられた。ユーゴスラビアはみごとに解体し、セルビアでもボスニアでも人々は社会主義の終焉によって生じた空隙をどう補填してよいのかわからないまま、いたずらに民族主義と原理主義へと雪崩れこもうとしていた。進歩と発展というイデオロギーから見捨てられた都市の建築群は一様に汚れ、スラム化し、財政的困難から建設中途で放置されて、緩やかに廃墟へと向かおうとしていた。そしてボスニア・ヘルツェゴビナには、建築の廃墟がどこまでも横たわっていた。鉄条網、土嚢、検問の兵士たち、壁に遺された無数の弾痕……それがこの一年を通してわたしが目の当たりとしてきたものの大方だった。わたしは廃墟として毀たれてゆく聖地を徘徊してきた。いや、この表現はより厳密にいい直すべきだろう。わたしが廻っていたのは、聖地という観念がことごとく廃墟と化し、そのグロテスクな残骸を晒している世界の現実のあり方だったのだ。

一つの旅、わたしのこれまでの人生のなかで、もっとも陰鬱にして苦い味わいをもった旅が終わろうとしている。そしてわたしは、もはや古代ローマの賢人のように記憶を紡ぎだし、秩序を再構築する術から見放された場所に身を置きながら、旅の回想を書き続けてきた。忘却がなされたという事実そのものが忘却されてゆくという状況のなかで、なんとかそれに抗おうとして机に向かってきた。昔読んだ安部公房の『砂の女』という長編のなかに、主人公の昆虫採集家が懸命になって砂を掻き、そのたびごとに同じ砂によって押し戻されてしまうという記述があり、その映像が執筆の間中、わたしをつねに支配していた。

ともあれ旅は終わり、書物は書きあがった。わたしはほんの短い時間であってもいいから、わずかな心の慰めが自分の額の上に降りてくる瞬間を待ちたいと思う。

書かれざる「最後の旅」への序文

1

旧ユーゴスラビア滞在を終えてほぼ二十年が経過しようとしている。あの酷く陰鬱な季節になされた旅の後、わたしはベオグラードにもコソヴォにも、一度も足を向けることがなかった。

日本に帰国すると、たくさんの情報が津波のように押し寄せて来た。雑誌と書物、それにインターネットを通して、望むと望まざるにかかわらず、わたしは彼の地をめぐるさまざまな証言と物語に付き合わされることになった。

東京は空爆も虐殺も何も存在していなかったかのように、平然と存在していた。この時の違和感は、かつて二十代の中頃、大統領暗殺による戒厳令下のソウルから東京に戻ったときのそれに似ていた。

わたしは自分の記憶の封印を決意した。彼の地についてこれ以上の探究を行なうことはあえてしまいと考えた。冷えきった夜に薄暗い食堂で出されるスープ。廃材を巧みに組み合わせた小屋に、嬉々とした表情でわたしを連れて行ってくれたロマの少年。屋外に放置され、朽ちるがままになっている前衛彫刻群と、その背後にどこまでも続いている、単調な団地アパート。あの旅のことを想い出そうとするとき、わたしの脳裡をただちに横切るのはこうした映像である。平和の惰眠を貪る東京にあって、こうしたかけがえのない光景を人に譲りわたすことなく、自分の記憶のなかで保ち続けようと心に決めた。

書店の東欧史コーナーにはユーゴ内戦を解説している書物が並べられていないわけではなかった。しかしわたしが感動を覚えたのは、あまたのユーゴ紛争解説書とはまったく無関係なコーナーに置かれている、ペーター・ハントケの一連の著作だった。このドイツ語圏作家は、一九九五年からいくたびにもわたり戦時下のセルビアを訪れ、二冊の旅行記を発表していた。『冬の旅』（一九九六）と『空爆下のユーゴスラビアで』（二〇〇〇）は、いずれも西欧諸国においてスキャンダルを呼んでいた。ドイツ語圏はもちろんのこと、西洋諸国のほとんどのメディアは、ハントケがセルビア軍によるスレブレニツァでの大虐殺に目を瞑り、「セルビアの正義 Gerechtigkeit」なる副題をもつ紀行文を著したという理由から、彼のセルビア紀行を非難した。蛇蝎《だかつ》のごとくに嫌われた彼は、ウィーンに留まることができず、パリに移った。彼はその後、二〇一九年にノーベル文学賞を受けたが、そのときもメディアのなかでは受賞に反対する声が少なからず起こった。加えて日本のドイツ文学界は、何を慮《おもんぱか》ってのことだろうか、受賞に驚くほど冷淡な態度を示した。この呪われ方はまるで第二次世界大戦直後のセリーヌではないかと、わたしは思った。

ハントケの母親は、旧ユーゴスラビアのスロベニアが故郷であり、彼は貧しい家に育った庶子である。日本ではヴェンダースの盟友として、『ベルリン・天使の詩』の脚本家として知る人が多いだろうが、グラスのような「47年世代」を猛烈に批判してドイツの文壇にデビューした作家であり、自殺した母親のことを描いた『幸せではないが、もういい』は読むたびに深い感動に襲われる小説である。

ハントケはスロベニアが出自でありながらも、空爆下のセルビアにあえて身を置いた。安全地帯に身を置きながら、「セルビアを侵略者、クロアチアを被害者」だと決めてかかる西側諸国のジャーナリストたちと彼らのNATO空爆支持発言の欺瞞を、厳しい口調で批判した。わたしはいつかこの作家について長い文章を書いておきたいと思っているが、とりあえず彼が二度目のセルビア滞在の直後にパリで認めた文章を引くことにする。

「それにつづく復活祭の日々、フランスの大通りを歩く人たち。まるで、彼らの国、フランスが戦争など全くしていないかのようだ。突然、考えが浮かぶ。ユーゴスラビアには平和がある（あった）、戦争は、最も暗くて、最も憎しみのこもった、最も虚偽に満ちた戦争は、ここにあるのだ。フランスや、ドイツやイギリスに。国民（それとも、この現代の投機者、購買者、享受者である大衆を何と名付けたらいいのだろう？）が毎日、明けても暮れても『物語』や『証言』や『情報』を自分の中に呑み込み、同時に一見平和な通りや広場で、一見平和な空の下で、絶えず、何事もないかのように振る舞っているような、無制限の可能性をもったこれらの国にこそ、戦争はあるのだ。」（元吉瑞枝訳、同学社、二〇〇二）

2

ここで二〇〇五年以降の旧ユーゴ諸国で生じた政治的変転を、わたしがもっぱら滞在していたセルビアとコソヴォを中心に、簡単に振り返っておきたい。

二〇〇六年、モンテネグロが住民投票によってセルビアから分離し、独立を果たした。人口六十万のこの小国の誕生によって、旧ユーゴスラビア連邦は完全に解体された。二〇〇八年にはコソヴォが独立を宣言した。もっともそれはモンテネグロとは対照的に、アメリカの後ろ盾によるアルバニア系住民側からの一方的な独立であり、人口の五%ほどのセルビア系住民の意向を完全に無視したものであった。ヴァチカンからゴルバチョフまでがこの独立を非難し、セルビアはいうまでもないことだが、国連加盟国の三分の一は現在に到るまでそれを承認していない。

コソヴォでは一九八〇年代に独立運動が起きたとき、その中心にあったのは「コソヴォのガンジー」と呼ばれた非暴力主義者イブラヒム・ルゴヴァであった。彼は二〇〇二年、国連の暫定統治下で初代大統領に就任したが、二〇〇六年、在職中に亡くなった。

二〇〇八年の独立の直前まで首相として、政治権力を掌握していたのは、かつての武装勢力、コソヴォ解放軍の指導者アギム・チェクだった。セルビアから戦争犯罪者として告発されているこの人物が首相となるにあたっては、あきらかにアメリカの意向が働いていた。アメリカは東欧全体を掌握する戦略的拠点として、コソヴォに軍事基地を建設することをもくろんでいた。

旧ユーゴ諸国のなかでもっとも迅速に西側諸国に接近しかつ歓迎されたのは、クロアチアである。この親ドイツの優等生国は、二〇〇九年に早くもＮＡＴＯに加盟。二〇一三年には念願のＥＵに加盟している。それに比べ、敗戦国セルビアの出足は遅く、その歩みには困難が伴った。二〇〇九年にＥＵに加盟申請をしたものの、それが受理されないままに現在に到っている。

ＥＵの加盟資格を得るためには、内戦時に「民族浄化」の中心であった戦争犯罪人を西側諸国に引き渡し、ハーグの国際戦争犯罪法廷での裁判にかけることが必要条件であった。とはいえ空爆による瓦礫のなかで、セルビアは国際的孤立感に苛まれ、頑強なナショナリズムを抱えることになった。この重荷ゆえに、クロアチアのごとき優等生として振舞うことができなかった。カラジチが拘束され、国際戦争犯罪法廷にかけられたのが二〇〇八年。ムラジチに到っては二〇一一年である。彼らはやがて終身刑に処せられたが、わたしを驚かせたのは、地下に潜行中の彼らのあり方だった。わたしがベオグラードに滞在していた二〇〇四年の年末、少しでも地方都市に足を延ばすと、路上ではカラジチやアルカンの肖像を掲げた翌年のカレンダーが平然と売られていた。ムラジチは一応辺境に身を隠していたが、カラジチは変名を用い、首都ベオグラードで堂々と個人クリニックを開業し、医療雑誌に寄稿までしていた。セルビア市民たちの暗黙の了解がないかぎり、こうした身の隠し方は不可能であったはずである。

セルビアとコソヴォの間の険悪な関係はいまだに解決を見ていない。コソヴォではアルバニアとの合併を主張する「大アルバニア主義」が横行し、二〇一九年の総選挙ではそれを公約に掲げる自己決定運動党が第一党となった。二〇二三年には国内のセルビア人地区にある正教会の修道院が武装集団に占拠されるという事件が起きた。二〇一一年に両国は関係改善に向けての話し合いを開始したが、現在に到るまでまったく進展が見えない。というより二〇二〇年代に入って、ますます不幸な方向へ向かおうとしている。

二〇二二年にロシアがウクライナに侵攻し、NATOの諸国がいっせいにウクライナ支持を表明したとき、セルビアは微妙な立場に立たされることになった。おそらくプーチン大統領の苛立ちと焦燥を一番理解できるのはセルビア人だろう。かつて自国を爆撃したNATOへの警戒心はけっして解けることがない。かといってプーチン支持を明言すれば、EU加盟の夢は永遠に遠ざかってしまう。この二律背反のなかで、セルビアはコソヴォに対する怨恨をいっそう強めていくことになった。

3

二〇〇四年の時点でわたしは、サラエヴォの包囲についても、NATOのベオグラード空爆についても、またコソヴォの民族対立についても、事前に充分な認識を得ていたわけではない。いや、むしろ漠然とした情報だけを手掛かりに、W・H・オーデンの言葉を借りるならば、「見る前に跳べ」を実践していたというべきだった。わたしは目に映るすべての事象を、わたしに語りかけてくるすべての声をあるがままに受け容れ、それを持ち帰って思考を組み立てるという作業を続けていた。あまりに惨《むご》たらしい事態を前に言葉を失ったこともあれば、かつて体験した苛酷な状況を平然と、ユーモラスを交えて語ってみせる人々の精神の強靭さに感動を覚えたこともあった。

わたしがミトロヴィツァの難民のもとで、プレハブ校舎の大学で日本語を教え始めたときすでに起こっていたことで、当時のわたしが認識できていなかったこと、情報が公開されておらず、知らないままに終わってしまった衝撃的な事実を、二つだけ書いておきたい。わたしは帰国後それをメディアと書物を通して知った。

ひとつは一九九九年の時点でセルビアとコソヴォを空爆したNATOが、劣化ウラン弾とクラスター爆弾を使用していたという事実である。

わたしはミトロヴィツァで教鞭を執っていたとき、東宝映画『ゴジラ』をヴィデオで上映し、学生たちに感想を求めたことがあった。ゴジラはアメリカの核実験の犠牲者であり、治療を求めて被爆国であった日本へと向かったのだという解釈も日本人の間にはあると話したところ、ただちに手を挙げた、ビリアナ・ドブリッチという学生がいた。学生とはいってもすでに社会人で、中学校で英語の教鞭を執っている中年女性であり、その積極的な発言がつねにわたしに強い印象を与えていた。

ドブリッチは、わが国も劣化ウラン弾を投下された点で日本と同じであり、ゴジラが到来する可能性があるかもしれないと、少し笑いながら語った。このときはそれ以上、話は進展しなかった。わたしは愚かにもそれを軽い冗談だと受け止めてしまい、それ以上彼女に問い質すことを怠《おこた》ってしまった。今にして思うのは、そこに留まってもっと話を掘り下げていけば、わたしはセルビアとコソヴォについてより深い事実を知らされることができただろう。

セルビアのニシュではクラスター爆弾が用いられていた。これは後に書物を通して知った。

クラスター爆弾とは、空中で親弾が破裂し、そのなかから飛び出た大量の子弾が広い範囲に散乱して大きな破壊をもたらすという武器で、とりわけ子供に犠牲者が多い。現在ではオスロ条約によって使用が禁止されているのだが、アメリカや中国といった軍事大国は、いまだに条約に署名していない。

わたしがセルビアに足を向ける五年前、一九九九年の冬、本稿の冒頭で言及したハントケは、セルビアからコソヴォへ通じる山岳地帯を訪れ、ホテルに一泊する。爆撃が開始されてまもなく破壊された場所である。泥土と残雪の間に無数のクロッカスが青い花を咲かせている。ハントケはそのなかに、ラッカーでピカピカと光っている黄色の玩具を発見する。かわいらしい落下傘の形をしている。

思わず手を触れようとしたハントケに、地元の山岳警察官が叫ぶ。それは宝物であるかのように見せかけたクラスター爆弾で、少年少女を「磁石のように惹きつけ」るために散布されたものだった。ハントケは書く。「ユーゴスラビア全体が、そうこうするうちに、このような玩具の落下傘で充満し、これからもその数は増えつづけるだろう。」(前掲書)

スーザン・ソンタグをはじめ、欧米社会の知識人が挙《こぞ》って賛成したNATOによるセルビア・コソヴォ爆撃では、この非人道的な兵器が用いられていた。そのことを、正義感に満ちた賛同者たちはどこまで知っていただろうか。セルビアによって迫害を受けているコソヴォのアルバニア系住民を支援するためには、セルビアを空爆することは人道的行為であるという論理のもとに一致団結した西洋の著名人たちは、ミロシェヴィチの独裁政権の下で生きることを強いられていたセルビアの民衆が、次々と業火と瓦礫の犠牲となっていったことを心に留めたことがあっただろうか。

彼らの空爆支持の論理には、戦争の犠牲者をこれ以上増やさないため、アメリカが広島と長崎に原子爆弾を落としたことはむしろ人道的行為であるといった詭弁に通じるところがあると、わたしには思えてならない。恐るべきことに、この詭弁を産み出す構造は、今でも強固な形で再生産されている。二〇二三年十月に始まる、イスラエル軍によるガザ空爆と侵攻は、パレスチナの「凶悪なテロリストを撲滅させる」という理由のもとに正当化され、多くの西洋諸国の承認するところとなっている。あらゆる空爆の論理の背後に横たわっているこうした虚偽の正義を、一つひとつ検討していかなければならない。

わたしが日本に帰国後に知らされた、もうひとつの衝撃的な事件とは、NATOの空爆によって俄然優位な立場となったコソヴォのアルバニア系解放軍が中心となって、セルビア系住民を対象に大がかりな拉致誘拐がなされていたという事実である。わたしはこの事件の全容をつい最近になって知らされた。その契機となったのは、サッカーを手掛かりに旧ユーゴの諸都市をめぐり、少なからぬ人々と親交をもったジャーナリスト、木村元彦の『コソボ　苦闘する親米国家』（集英社インターナショナル、二〇二三）である。木村はICTY（旧ユーゴスラビア国際戦犯法廷）の国連検事を務めたスイス人、カルラ・デル・ポンテによる、執拗にして綿密な調査書を読み解くことで、この拉致誘拐が引き起こした、残酷きわまりない結末を語っている。

二〇〇〇年の前後、コソヴォからセルビア治安部隊が撤退した直後、コソヴォ解放軍の一派が三千人を超すセルビア人（主に成年男子）を拉致し、アルバニア北部に監禁した。彼らは簡易外科医院の施設でこの人質の腎臓、肝臓、心臓などを摘出し、近隣の空港から諸外国に搬送した。秘密裡に臓器を購入したのは、もっぱら外国の富裕層だった。これは、ここに記すことも躊躇うような、惨たらしい、酸鼻を極めた事件である。

事件は、わたしがミトロヴィッァを訪れる四年前の出来ごとだった。わたしが出会った人々は、自分たちの民族に対し劣化ウラン弾が使用されたことは知っていたが、はたしてこのアルバニア側の蛮行を聞き及んでいただろうか。おそらく噂には耳にしていただろう。だが異国人にすぎないわたしにそれを語る者はいなかった。

彼らのなかには、夫や息子が連行され、それきり行方不明となったという家族もいたはずである。犠牲者の家族たちはベオグラードに向かい、問題解決を求めてセルビア政府に陳情を重ねている。政府の態度は冷淡かつ非協力的であった。スイス人であるカルラ・デル・ポンテがどこまでも中立的な立場を保ちながら、コソヴォを越えてアルバニアの現場を突き止め、因習に捕らわれたアルバニアの村人たちから証言を引き出したことで、はじめて事件の全貌が明るみになったのである。

4

劣化ウラン弾の話に戻ると、授業中にわたしに向かってそれを語ったドブリッチは日本文化に強い関心を抱いており、先生に師事して自分でも俳句を作っているといった。わたしが日本文化の講義のコースを終え、ベオグラードへと引き上げるとき、彼女は一冊の薄っぺらい句集を餞別にと渡してくれた。セルビア語と英語で記された対訳句集で、彼女の先生であるレンカ・V・ヤクシッチの手になるものだった。いつかこの本を、そもそもの俳句の国である日本の言葉に直してほしいと、彼女はいった。

アメリカの後ろ盾によってコソヴォが一方的に独立を宣言し、日本政府がただちにそれを承認した翌年、二〇〇九年に、わたしは自分の著書のなかで彼女との約束を果たした。ヤクシッチの句を日本語に翻訳したのである。以下にいくつかを掲げておきたい。

地渇きて雨来たるらし茸生ゆ
蜂騒げ騒ぐは野に満つ蜜がゆえ
われらが孔雀の声に開けよ天の門
道標の草驚かし蛇走る
麦熟れて声に露《あら》わる鶉《うずら》哉
誰がために開きし本や樹に毛布
城壁に絡まる蔦や花茨
朝露に草を戯むる仔犬哉
眼にて抱く生垣高き薔薇の花
目のかぎり庭師は見えず鳥の春
儲けたり薔薇乱れ咲く王の道

耳飾り失くせる路地に苺燃ゆ

翻訳は日本語で刊行された。だがそれをミトロヴィッァに送るとして、あて先の住所をどう書けばよいのだろう。アルバニア語ではコソヴォはKosovaと綴る。だが郵便はMitrovica, Kosovaでちゃんとセルビア人地区にまで配達されるのだろうか。それとも従来のように、Mitrovic, Kosovo Serbiaと「セルビア」の名を明記し、ベオグラード経由の便の存在を期待すべきなのだろうか。少し迷った後で、前者にした。どうやら書物は半年ほどしてドブリッチとヤクシッチの手元に到着したようだ。ドブリッチからは感謝と歓びを伝えるメイルが入って来た。文面には「独立」後、自分を含め、ミトロヴィッァのすべてのセルビア人が陸の孤島に閉じ込められているという現状が記されていた。自分の夢は息子を連れて京都に観光旅行をすることなのだが、それがはたして可能なのか、いつになったら可能となるのかがわからないとも書かれていた。

わたしは少し心を慰められた。もう途切れてしまったと思っていたコソヴォとの縁が、まだ途切れていないと知って、俳句を含め、ポエジーの力を信じたいと思った。

国破れて山河あり。コソヴォのセルビア人は飛地のなかに閉じ込められ、周囲を取り囲むアルバニア人たちの、そしてＮＡＴＯに代表される欧米の列強に、つねに脅威を感じる日常を送っていた。にもかかわらず、彼らは鳥に、蜂に、樹木に心を預け、孔雀の鳴き声に善なる予感を聞き取る力を忘れてはいなかった。それはまさに詩の力である。

わたしは投下された劣化ウラン弾に怒りながらも、わたしに一冊の薄い句集を渡してくれたドブリッチのことを想った。詩を託すとは希望を託すことなのだ。しかしアメリカに幻滅し日本語の学習を通して日本に大きな期待を抱いている彼女やその同級生たちに、日本政府はどう応えて来たのか。アメリカに追従してコソヴォ独立を承認するという以上に卑屈な態度を、わたしは知らない。

5

二〇〇五年の前半、わたしは『見ることの塩』を一気に書き上げた。

パレスチナ／イスラエルと旧ユーゴスラビア地域への旅の記録を一冊の書物に纏めるにあたっては、別々に二冊の書物にすればいいではないかと助言してくれた人もいないわけではない。しかし著者としては、二〇〇四年という一年に得た見聞を同時的な体験として書き記しておきたかったという、強い拘泥があった。世界のなかで混迷の極にある二つの場所を、単に並べてみせるというのではない。それがまさに同時性のもとにあることを示しておきたかったのだ。東京という〈遠い〉場所から事態を達観し、啓蒙的な言辞を重ねることだけは回避したかった。片方の状況を媒介としてもう片方のことを思考すること。互いに合わせ鏡のように反映しあう二つの映像の真中に身を置きながら、双方を同時に見据えることこそ、わたしが意図していたことであった。

これはまったくの偶然であったが、わたしが二つの紛争地域を廻っていた二〇〇四年とは、ジャン゠リュック・ゴダールが『われらの音楽』というフィルムを発表した年でもある。そこではボスニア・ヘルツェゴビナの首都サラエヴォを舞台に、イスラエルの左派系の新聞「ハ・アレッツ」の女性記者と、亡命パレスチナ人の詩人マフムード・ダルウィーシュが対話をする。ダルウィーシュは、これまで世界文学はトロイヤ戦争で勝者の側を描いたホメロスを起源としてきたが、実は真に重要なのは敗北したトロイヤ側に立った詩ではないだろうかと、わが身を振り返るように提言する。詩は敗者の手で書かれなければならない。詩が書かれなくなった敗者の国は、二重の意味で敗北したことになるだろう。

では、なぜサラエヴォなのかと、女性記者は自問する。「なぜって、わたしはパレスチナに、テルアヴィヴに住んでいるからなのよ。この二つの場所の和解が可能となるような場所が存在していると、わたしは望んでいる。」『われらの音楽』のなかで、ゴダールは明らかに、サラエヴォはもうひとつのパレスチナなのだと主張している。サラエヴォが視覚的に豊かに描かれているわけでもなければ、物語の中心として機能しているわけでもない。破壊された街角と廃墟、無人と化した図書館、さらにいうならば爆破されやがて再建されたモスタルの橋。スクリーンに映し出されるのはこの程度の映像でしかない。観客はこの都市の深層には到達できない。しかしそれはさほど重要なことではない。地上にこのような場所があってそこに立つことが、パレスチナ／イスラエルの二項対立を思考する際に希望と期待を示唆するということで充分である。

こうした発言を受けながら、監督であるゴダールは独白をする。

「一九四八年、イスラエル人は水を渡って〈約束の地〉へ向かう。パレスチナ人は同じ水を渡ろうとして溺れてしまう。映画でいう切り返しだ。ユダヤ人は虚構物語に到達し、パレスチナ人はドキュメンタリーに到達した。」

ゴダールのこの認識はわたしを勇気づけた。これもまったく偶然のことであったが、パレスチナ／イスラエルから帰国後、わたしが最初に手掛けた仕事とは、他ならぬダルウィーシュの詩集の翻訳であった。パレスチナ／イスラエルと旧ユーゴスラビア諸国を同じ年に訪れ、その見聞を一冊の書物を執筆することで統合的に認識しておきたいというわたしの姿勢は、ゴダールと軌を一にしていたのだった。ゴダールの恐るべき直感を、わたしは知らずと模倣していたのかもしれなかった。

6

もっとも本書を執筆中、ときにある虚しさを感じなかったといえば嘘になるだろう。今からそのことを告白しておきたい。

わたしは旧ユーゴスラビアに足を踏み入れるにあたって、セルビア側から、つまり敗戦国として世界的に孤立している側から入った。コソヴォに向かうにも、支配勢力である多数派のアルバニア人側からではなく、点在する飛地のなかでかろうじて生存を保っている少数派のセルビア人側に滞在した。それはわたしの選択であった。わたしは敗北した側から世界を眺めてみたかったのである。破壊された瓦礫のなかで、国際的にも孤立しながら、他国の軍隊の進駐に甘んじている敗者たちの間に身を置くことから、すべてを理解することを望んでいた。

わたしは最晩年の大岡昇平と親交があった。ミンドロ島で米軍の捕虜となった体験を持つこの小説家は書いている。「戦争を知らない人間は、半分は子供である。」『野火』の片隅にさりげなく記されたこの一節に、長らくわたしは囚われて来た。そのことで大岡さんと直接に話をしたことはなかったが、メディアのなかで戦無派を自称する年少者が何か得意げな発言をするたびに彼が諦念に似た、憂鬱な表情を見せることを、わたしは見逃さなかった。だがこの『野火』の一節に隠された強力なアイロニーを理解するまでには、まだ道が遠いような気持ちを抱いていた。

わたしが『見ることの塩』を書いたとき、すでに大岡さんは泉下の人と化していた。もし読んでくださったとしたらどのような感想をもたれただろうか。それがかなわなかったことは、わたしの後悔のひとつである。

だが、まったく別の次元で、わたしにはもうひとつ、後悔があった。言語の問題である。

わたしはパレスチナ／イスラエルと旧ユーゴスラビア諸国について印象を記すにあたって、いずれの体験をも日本語で書いた。もっともわたしが本書を読んでもらうことを切望していた人たちのなかに日本語を解する人はいなかった。イスラエル人も、パレスチナ人も、セルビア人も、コソヴォ人も、わたしが対話をした人々は、誰一人としてわたしの書物を手に取って読むことができなかった。

ある時点までわたしは本書を英語で執筆しようと、本気で考えていた。過去にわたしが関わった欧米の出版社の編集者に、漠然とではあるが書物の構想を話し、助言を求めてみた。一人はニューヨークの編集者で、アメリカでは原稿が揃ってから出版まで、日本とは比較にならないほどに時間がかかるから、何年もの間に書物のアクチュアリティが古びてしまう恐れがあるといった。パレスチナ情勢は猫の眼のように変化しているからだ。

もう一人はフランクフルトの出版関係者であったが、これは自分の考えではないと断りながらも、この書物が欧米の言語のもとに刊行された場合、反ユダヤ主義だという悪宣伝がなされる危険が考えられるといった。ヨーロッパ社会、とりわけドイツでは、国家イスラエルを批判することはとりもなおさず反ユダヤ主義を標榜することに通じているると、彼女はいった。ほら、十年ほど前のことだったけれど、ギュンター・グラスがイスラエルの政策を批判したことがあったでしょ。あのときも、元ＳＳの前科をもつナチス作家が何をいうかと、手ひどい罵倒がなされたのよ。イスラエルの悪口を書くことは、ドイツ語圏では絶対にタブーなのよ。

正直にいってわたしはこの助言に驚いた。わたしはニューヨークにもフランスにも、オーストラリアにも、ユダヤ系の友人をもっている。これは書物としては少し後の話になるが、古くからの友人である作家・演出家のロジャー・パルバースとは、『こんにちは、ユダヤ人です』（河出書房新社、二〇一四）という対談集を出し、二〇世紀におけるユダヤ文化の可能性について意気投合した対話をしている。アネット・ヴィヴィオルカの『娘と話すアウシュヴィッツってなに？』（現代企画室、二〇〇四）という翻訳本に、求められて解説を書いたこともあるし、アモス・ギタイをはじめとするイスラエル映画の作家たちについては論考を発表したり、本人と対談をしたこともある。自分の過去の著作を振り返ってみても、反ユダヤ主義だと誤解される文章を書いたという記憶はない。日本ではユダヤ人の世界的陰謀や富裕の秘密といったステレオタイプの、さまざまなトンデモ本が刊行されているが、そのようなものに手を染めたこともない。自分としては国家イスラエルの成立と現実に深い疑問を抱いてはいるが、ユダヤ人とユダヤ文化一般に対して敵意を抱いたことは一度もない。それどころか、イスラエルという社会を理解するために、イスラエル映画祭の委員を何年か務めていたこともあったのだ。

とはいうものの、これは日本に居住し、日本語という、わずか一億人しか使用しないマイナー言語のなかで生活をしている文筆業者の論理にすぎない。欧米社会においてはイスラエルを批判することが即、ユダヤ人に対する民族差別であると受け取られる共通了解が、頑強に形成されているのだ。とりわけドイツにおいてそれは顕著である。フランクフルトの出版関係者の言葉はわたしの予期しないものであった。もっとも二〇二三年にガザのハマスがイスラエル領土内に大量のミサイル弾を撃ち込み、隔離壁を破壊して領土内に攻略したとき、西欧諸国の首脳たちはいっせいに「テロリスト」の蛮行を非難し、イスラエル軍のガザ空爆と侵攻を支持した。フランスではガザ空爆に抗議するデモが厳禁され、それがひとたび許可された後も、パレスチナ支持を表明することには困難が続いた。アメリカではイスラエル軍によるガザ住民の虐殺に反対する学生デモに許可を与えたという理由から、ハーヴァード大学の学長が反ユダヤ主義の嫌疑を受け辞任を余儀なくされた。

『見ることの塩』が二〇〇五年に刊行されたとき、いくつかの新聞には書評が掲載された。アラブ問題の専門家から演劇人まで評者は多彩であり、そのどれもが好意的なものであった。わたしはそれをうれしく思ったが、新聞という狭小なスペースのなかではパレスチナ／イスラエル問題について、まず読み手の関心を喚起するだけで手いっぱいであり、深いところでわたしの著作を批判的に検討する文章は皆無だった。加えて本書の第2部にあたる旧ユーゴ紀行に言及したものはなく、わたしは若干の失望を感じた。

ある高校の先生が夏休みの課題読書の一冊に本書を採り上げ、生徒たちが書いたレポートをごっそりと送ってくださったことがあった。ただでさえ制約が多く、雑事に追いまくられている高校教師職にありながら、彼女は知的冒険の重要さを生徒たちに説こうとしたのだろう。わたしは彼女の炯眼《けいがん》と勇気に敬意を感じた。

もっとも机の上に積み上げられた読書感想文を読み進むうちに、何とも居心地の悪い気持ちに襲われることになった。生徒たちのおよそ半数は、わたしの書物の中に自分がまったく知らなかった世界のことが書かれていることに素直に驚き、戦争が一刻も早く終わることへの願いを記していた。パレスチナについて興味を持ち、それに関係する他の本も読みたいと書いてきた生徒もいた。

だが残りの半分の感想文には、程度の差こそあれ、ある共通した傾向が見られた。それは単純にいって、パレスチナもコソヴォも戦争で大変だが、自分は日本に生まれてつくづくと運がよかったという感想である。日本は一番いい国ですと書いてきた生徒もいた。これは著者としてのわたしがもっとも恐れていた類の読書だった。

『見ることの塩』はけして薄い書物ではない。読み通すにはそれなりの時間と知的緊張を伴うはずだ。こうした感想文を書いてきた少年少女は、そうした労苦を払った後に、いったい何を学んだというのだろう。読書の結果が、周囲の大人たちが機会あれば口にしている、日本が一番いい国で、日本人が一番幸福であるといった言説を口真似することなのだろうか。パレスチナの悲惨とコソヴォの惨状を知ることは、彼らにステレオタイプの反復しかもたらさなかったのだろうか。

わたしは半世紀前にゴダールが『ヒア&ゼア　こことよそ』というフィルムを監督し

たことを想い出した。そこで彼は、自分が懸命な労苦をして撮影したパレスチナ難民の映像が、ひとたびフランスのＴＶで放映されるや、クイズ番組やお笑い番組の映像とまったく同じ資格で「鑑賞」され消費されていく社会のあり方に、絶望的な問いを投げかけていた。一家団欒の光景のなかでパレスチナの映像がモニターに映し出されるとき、それを見ている一般のフランス人は、それが遠い「よそ」の場所で起きていることだと認識するだけで、「ここ」の切実な問題であると考えることがない。むしろ大衆消費社会においては、視聴者の日常生活からはかけ離れた映像を通して、「ここ」と「よそ」の断絶がいっそう確認され、人々は安全な日常という神話に、これまで以上に支配されてしまうのだ。

ゴダールのこのドキュメンタリーから半世紀を経た現在、惨事が起きている「よそ」と、それをアームチェアに坐りながら眺めている「ここ」の二項対立そのものが危機に晒され、素直には信じられないものと化している。ニューヨークの９・11事件やオウム真理教の地下鉄サリンガス事件、福島における原子力発電所の大事故といった惨事の連続は、もはや世界中どこにいっても安全なる「ここ」など存在していないと、われわれに語って来た。パレスチナの惨事はよそごとではない。世界が軍事的にも政治経済的にも、国境を越えて同時性という観念の内側で成立するようになって以来、もはやどこにも「よそ」に対立する「ここ」などない。わたしは十七歳にして早くも大人たちの狭小な幸福幻想の神話に囚われ、その口真似をしている高校生たちを不憫に思った。おそらく彼らは教室で優等生なのだろう。彼らは今後、書物から学ぶという体験をすることがあるのだろうか。いや、そもそも高校の先生から課題として与えられないかぎり、書物を手に取るということがありうるのだろうか。

7

『見ることの塩』を書き終わったとき、わたしが漠然と考えていたのは、その続篇をいかに執筆するかという問題であった。第1部と第2部で記述した出来ごとを統合的に理解するためには、続篇が必要であった。そのためにはイスタンブールに長期滞在し、この都市からもう一度、パレスチナ／イスラエル、ベオグラード、コソヴォといった場所を眺め再訪しなければならない。そう考えたわたしはイスタンブールのいくつかの大学、研究組織に連絡を取った。ある大学がわたしの申し出を承認し、わたしは客員教授としての招聘を受けた。だが予算上の理由からそれは反故《ほご》にされ、短期の学会出張がようやく実現したにすぎなかった。

わたしはイスタンブールにあるアルメニア人小学校を訪れ、サイード論の著者や何人かの詩人と対話をした。彼らの多くは、アタチュルクが政教分離の原則のもとに革命を起こし成立したトルコが、現下の大統領によって、政治的にイスラム原理主義に回帰しようとしていると語り、この反動化には断固として抵抗しなければならないといった。

今日のトルコと日本の社会は、エスニックな少数派の扱いにおいても、自国の歴史の隠蔽においても、多くの点で似通っていると、わたしは思う。もっともわたしの感想は短期間の滞在による断片的なものにすぎず、かつて自分が韓国やイスラエルをめぐってそれなりに到達した認識のレベルからは、はるかに素朴で不充分なものだった。

イスタンブール滞在を希望したのには理由があった。コソヴォもパレスチナも、どちらもが第一次世界大戦が勃発する前までは、巨大なオスマントルコ帝国の辺境であったためである。帝国はエジプトから中近東、バルカン半島を含む広大な領土をもち、トルコ人、アラブ人はもとより、スラブ人、アルメニア人までを含む、多民族国家であった。皇帝は民族と宗教の差異には寛大であり、ユダヤ人においても、人頭税を支払うだけでその安全なる居住と商業活動は保証されていた。帝国が解体すると同時に生じたのは西洋列強による領土の分割と植民地化・保護国化であり、民族国家建設のための抗争であった。アルメニア人虐殺から国家イスラエル建設によるいくたびもの中東戦争、ユーゴスラビア解体時における内戦、イラクのクウェート侵攻、そしてシリアの内戦と、二〇世紀を通し、世界で生じた数多くの国際紛争のおよそ半分は、崩壊した旧帝国の領土内で生じている。その最たるものがパレスチナ／イスラエルと旧ユーゴ諸国における民族浄化であることは言を俟《ま》たない。

もしこの大帝国が崩壊することなく、ソ連邦や中国のような多民族からなる巨大国家として二一世紀に到るまで存続していたとすれば、こうした地域紛争ははたして起きただろうか。いや、たとえ起きるとしても、どのような形態をとったのだろうか。

こうした思念がわたしをイスタンブールへと促してきた。わたしは彼の地で『見ることの塩』の続篇を執筆し、長きにわたって断続的になされた旧帝国内の滞在記を完成させることになるだろう。だが残念なことにこの計画はいくたびも頓挫し、そこにコロナ・ウイルスによるパンデミックが起きた。わたしは四年にわたって蟄居《ちつきょ》を強いられ、それが終わった直後に、ガザのハマスとイスラエルとの熾烈な戦争に向き合うこととなった。

おそらくわたしは次の旅をめぐる書物を執筆することができないだろう。たとえそれを書くことができたとしても、二〇二三年十月以降のガザの悲惨を前にしては、かつて自分が構想していたものとはまったく異なったものとなるだろう。

『見ることの塩』はこうして未完結のままに中断されることになる。パレスチナ／イスラエルと、セルビア／アルバニア／コソヴォという問題がどこまでも最後の言葉に到達できないでいるように、それを見つめて来たわたしの眼は、閉じられることがない。ダルウィーシュが「最後の空の下で」と詠んだ空の残像を眼窩《がんか》に保ちながら、わたしはあちらこちらに散乱している言葉を拾い集めながら書き続けるしかないのである。

註

＊1　Radonja Leoposavić ed., *Vlas Tito Iskusto*, Samizdat B92, Beograd, 2004.

＊2　Eric D. Gordy, *The Culture of Power in Serbia*, Pennsylvania State University, 1999, pp. 103–64.

＊3　Dina Iordanova, *Emir Kustrica*, British Film Institute, 2002, pp. 5–41.

＊4　以下の歴史的記述にあたっては、Ramandan Marmullaku, 'Albanians in Yugoslavia, a present essay', Dejan Djokić ed., *Yugoslavism, Histories of a Failed Idea 1918–1992*, Hurst & Company, London, 2003, pp. 304–16を参考にした。

＊5　Pod Lupom ed., *Romi u Srbiji*, Fond za Humanitarno Pravo, Beograd, 2003, pp. 173–201.

＊6　Mart Bax, *Medjugorje: Religion, Politics, and Violence in Rural Bosnia*, VU Uitgeverji, Amsterdam, 1995, p. xvii.

＊7　Semedin Mehmedinović, *Saraevo Blues*, tr. by Ammiel Alcalay, City Lights Books, San Francisco, 1998, pp. 14–23.

＊8　以下の記述はPaul Hockenos, *Homeland Calling: Exile Patriotism and the Balkan Wars*, Cornell University, 2003, pp. 17–102による。

＊9　Rebecca West, *Black Lamb and Grey Falcon: A Journey through Yugoslavia*, Penguin Books, London, 1994, p. 208.

＊10　バルカンをめぐる映像のなかの性的な偏差については、Duš an I. Bjelić and Lucinda Cole, 'Sexualizing the Serb', in *Balkan as Metaphor: Between Globalization and Fragmentation*, ed. By Duš an I. Bjelić and Obrad Savić, The MIT Press, 2002, pp. 279–310 を参照。

＊11　エドワード・サイード『パレスチナ問題』杉田英明訳、みすず書房、二〇〇四。

＊12　キケロー『弁論家について』下巻、大西英文訳、岩波文庫、二〇〇五、九四〜九五頁。

＊13　フランシス・イエーツ『記憶術』玉川八州男訳、水声社、一九九三、二一〜二二頁。

＊14　邦訳は『バルカン・ブルース』岩崎稔訳、未来社、一九九六、二一〇頁。ただし訳文表記を多少変更。

＊15　Peter Ramadanović, 'Simonides on the Balkans', in *Balkan as Metaphor*, op. cit., p. 361.

関係事項　略年譜

＊はパレスチナ／イスラエル関係、†は旧ユーゴスラビア関係の事項。

一九四五　第二次世界大戦の終了。日本の無条件降伏。
†ユーゴスラビア連邦人民共和国の成立。
一九四七　＊国連、パレスチナ分割決議。アラブ人が国土の四四％を、ユダヤ人側が五六％を取るという案。もっとも後者は現実には六％の土地しか所有していなかった。
一九四八　＊イスラエル建国。アラブ人の虐殺と追放（ナクバ）。百万人近いパレスチナ難民の始まり。第一次中東戦争（パレスチナ戦争）でイスラエルは勝利を収め、意図的に国境線を定めないまま独立を宣言。
†ティトーとスターリンの訣別。ユーゴはコミンフォルムを追放され、独自の社会主義の道を歩むことを余儀なくされる。対外的に緊張が続く。
一九五六　＊ナセル、スエズ運河のエジプト国有化宣言。第二次中東戦争でイスラエルはシナイ半島を侵略。パレスチナ難民の間にファタハが結成される。
一九五九　＊ハイファでモロッコ系ユダヤ人の暴動。
一九六〇　＊アイヒマン裁判。この頃からイスラエルにアラブ圏からの新移民が急増。
一九六三　†ユーゴはユーゴスラビア社会主義連邦共和国と改称。
一九六四　＊アラブ連盟がＰＬＯ（パレスチナ解放機構）を設立。
一九六五　＊ファタハの結成。

一九六七　＊第三次中東戦争（六月戦争）。イスラエルは奇襲攻撃でガザ、シナイ半島、西岸、ゴラン高原を手中に収め、国連の撤退決議を拒否。
一九六八　＊アラファトがイスラエル軍を撃退。
　†ユーゴは非同盟諸国の盟主としてイスラエルと断交し、ＰＬＯに接近する。
一九六九　＊アラファトがＰＬＯ議長となる。
一九七〇　＊ヨルダンで「黒い九月」事件。ＰＬＯはベイルートへ移る。イスラエルでブラックパンサーが結成される。ＰＦＬＰ（パレスチナ解放人民戦線）によるハイジャック闘争。
一九七一　†ザグレヴで民族主義運動「クロアチアの春」が起き、直ちに弾圧される。ボスニア・ヘルツェゴビナで「ムスリム人」が民族として認知される。
一九七二　＊日本赤軍兵士三名によるロッド空港事件。以後の自爆攻撃のモデルとなる。
一九七三　＊第四次中東戦争（ヨム・キップール戦争）。アラブ諸国の石油戦略が成功。日本はオイルショック。
一九七四　＊アラファトの国連演説。アラファトとサイードとの出会い。パレスチナは自治権、独立国家樹立権、代表権を国連で承認される。
　†ユーゴでティトーを終身大統領とし、六共和国二自治州の自治を大幅に認めた新憲法が発布される。
一九七五　＊レバノンで内戦が開始。以後十七年に及ぶ。ヴェトナム戦争の終わり。
一九七七　＊イスラエルで右派連合（リクード）のベギンが政権を樹立。
一九七八　＊キャンプ・デイヴィッド合議。イスラエルはＰＬＯを無視してエジプトと和平交渉を行なう。
一九七九　イラン革命。
一九八〇　†ティトーの死。
一九八一　†コソヴォで共和国昇格を求めて暴動。ただちに軍が鎮圧。
一九八二　＊イスラエルはシナイ半島をエジプトに返還。第五次中東戦争（ガリラヤの平和作戦）でレバノンに侵攻し、ＰＬＯの拠点を破壊。
一九八三　＊ＰＬＯは深刻な内部分裂を迎え、チュニスへ移る。
一九八五　＊レバノンで抵抗運動が激化し、イスラエル軍が撤退。
一九八七　＊ベイルートで内戦激化。パレスチナ占領地でインティファーダが勃発。ハマスがこの時期に結成される。
　　　　　†ミロシェヴィチがセルビアで権力を掌握。民族主義的政策を開始。
一九八八　＊ＰＬＯは路線を変更し、パレスチナの全面的解放を放棄。
一九八九　†ミロシェヴィチはコソヴォから自治権を取り上げる。コソヴォポリエの戦い六百周年をめぐる大式典。
一九九〇　†ユーゴで共産主義者同盟が解体。連邦共和国は事実上、社会主義を放棄。各共和国が複数政党による自由選挙。民族主義の台頭盛ん。コソヴォのアルバニア系住民が一方的に独立を宣言。二重国家状態が開始される。
一九九一　＊湾岸戦争。ＰＬＯはフセインのイラクを支持し、国際的に孤立。マドリード会議。パレスチナ側はイスラエルに一九六七年の占領以前のラインまでの撤退とパレスチナ独立を要求するが、合意に至らず。この頃からイスラエルにロシア系移民が急増。

一九九二　†スロベニア、クロアチアの独立宣言。第一次クロアチア戦争。セルビア人による民族浄化の始まり。
＊イスラエルに労働党のラビン内閣が発足。
†ボスニア・ヘルツェゴビナの独立宣言。ただちにユーゴ軍（セルビア中心）が攻撃し、ボスニア戦争が開始される。新ユーゴスラビア連邦が成立。三年に及ぶサラエヴォ包囲の始まり。

一九九三　＊オスロ合議。ＰＬＯとイスラエルが相互に承認しあう。解放闘争が独立闘争にすり替えられたと、サイードは批判。
†ボスニア・ヘルツェゴビナとクロアチアの決裂。軍事衝突が続く。

一九九四　＊ガザ・エリコ先行自治協定。
†ボスニア・ヘルツェゴビナのセルビア人地区にＮＡＴＯが空爆。

一九九五　＊アラファト議長がガザに入り、彼地で自治政府が開始される。ラビン暗殺。
†第二次クロアチア戦争。ＮＡＴＯがセルビア人地区に空爆。デイトン協定によりボスニア・ヘルツェゴビナの分割がなされる。

一九九六　＊パレスチナ占領地で最初の選挙。リクードのネタニヤフ内閣のもとで和平交渉は進まず。
†ハーグ国際司法裁判所が旧ユーゴ戦争犯罪国際法廷を開く。

一九九七　†＊ミロシェヴィチの新ユーゴがイスラエルと国交回復。コソヴォ解放軍の武力闘争が始まる。

一九九九　†ＮＡＴＯが新ユーゴとコソヴォに空爆。このときＮＡＴＯは劣化ウラン弾とクラスター爆弾を使用。新ユーゴ軍がコソヴォより撤退し、アルバニア人によるセルビア人への復讐が開始される。

二〇〇〇　＊イスラエル・アラブの間で「土地の日」の抗議運動が生じる。シャロンのエルサレムの神殿の丘訪問。第二次インティファーダの勃発。
†ベオグラードで反政府運動が激化し、ミロシェヴィチ政権が倒れる。マケドニア紛争。

二〇〇一　＊シャロン内閣の発足。パレスチナへの徹底した弾圧の開始。
九月十一日に同時多発テロ。ブッシュが「テロとの戦争」を宣言し、アメリカはアフガンを空爆。
†ミロシェヴィチが逮捕され、ハーグに護送される。コソヴォでは住民が二派に分かれ対立。アメリカがセルビアに、戦争犯罪人のＩＣＴＹ（ハーグの旧ユーゴスラビア国際戦犯法廷）への引き渡しを要求。

二〇〇二　＊イスラエルがガザと西岸を再占領。アラファトを監禁状態に置く。ジェニンでの虐殺。イスラエルによる分離壁の建設が始まる。

二〇〇三　＊新和平案「ロードマップ」の発表。クレイがパレスチナ自治政府首相に就任。ジュネーヴ合意。
†新ユーゴはセルビア・モンテネグロと改称。ジンジッチ首相の暗殺。
アメリカはイラクに侵攻。サイードの死。

二〇〇四　＊イスラエルはハマスの指導者ヤシン師とランティシを相次いで暗殺。シャロンはガザの入植地からの撤退を宣言。ガザに「レインボー作戦」。アラファトの死。
†しばしの空位時代の後、ようやくセルビアで大統領が選出される。

二〇〇五　＊パレスチナ新議長アッバスとシャロンによる和平交渉の再開。入植者撤退は難航する。シャロン首相はネタニヤフと対立しリクードを離党。新党カディマを結成。

二〇〇六　＊パレスチナ立法評議会選挙でハマス（イスラム抵抗運動）が最多議席を獲得し第一党となる。イスラエルが一九六七年の占領以前のラインにまで撤退すれば、イスラエルを承認する準備ありと主張。イスラエルはハマス政権を西岸から徹底的に排除し、ガザへの追放を開始。アメリカと西欧諸国はいっせいに自治政府への援助を停止。ファタハとハマスの軍事部隊が武力衝突。

†モンテネグロの住民投票による分離独立。旧ユーゴスラビア連邦は完全に解体される。

二〇〇七　＊サウジアラビアの仲介で、ハマスとファタハの連立内閣が成立。イスラエルはガザとレバノン南部に侵攻・空爆。ガザ封鎖が始まる。アッバス大統領が非常事態宣言。

二〇〇八　＊イスラエル、ガザに大規模な爆撃（第一次ガザ戦争）。連立政権を軍事攻撃で潰す。

†アメリカの後ろ盾によるコソヴォの一方的独立。セルビアは現在にいたるまで承認せず。ヴァチカンからゴルバチョフまでが非難。セルビアではカラジチが拘束され、国際戦争犯罪法廷にかけられる（二〇一九年に終身刑で結審）。

二〇〇九　＊イスラエル軍はガザに侵攻。ネタニヤフが連立政権を発足させ、首相の座に返り咲く。

†セルビア、EUに加盟申請。クロアチアがNATOに加盟。

二〇一一　＊「アラブの春」に触発されたパレスチナの若者たちが、ファタハとハマスの分裂を統合せんとする運動を行なう。自治政府は国連加盟を申請。翌年に非加盟国オブザーバー国家としての資格を認められる。†セルビアのムラジチが拘束され、国際戦争犯罪法廷にかけられる（二〇二一年に終身刑で結審）。セルビア、コソヴォは関係改善に向けての話し合いを始めるが、現在に到るまで結論は出ず。

二〇一二　*イスラエル軍はガザに大規模な空爆と侵攻（第二次ガザ戦争）。

二〇一三　†クロアチアがＥＵに加盟。

二〇一四　*ファタハとハマスが合意し、挙国一致内閣を組閣。イスラエル軍はガザに大規模な空爆と侵攻（第三次ガザ戦争）。

二〇一五　*エルサレムのハラム・シャリーフ／神殿の丘で騒乱。西岸では抗議運動が激化。

二〇一七　*ヘブロン（ハリール）旧市街がユネスコの世界遺産として認定される。アメリカのトランプ大統領がエルサレムをイスラエルの首都と認定。翌年に大使館を移す。

二〇一八　*ガザで封鎖撤廃と帰還権承認を求める「帰還の大行進」が行なわれる。非暴力の民衆運動であるがそれに対しイスラエル軍による銃撃。イスラエル国会は基本法を変更し、ユダヤ民族のみが自決権を有するとする。アラビア語が公用語から外される。

二〇一九　†コソヴォ総選挙で、アルバニアとの合併を公約に掲げる自己決定運動党が第一党となる。

二〇二〇　*トランプ大統領のパレスチナ和平案「繁栄の平和」に、パレスチナ側から非難の声があがる。イスラエルはアラブ首長国連邦、バーレーンと国交を樹立。

二〇二一　*ハマスとイスラム聖戦がガザからイスラエル領内にロケット弾で攻撃。イスラエルは報復に大規模な空爆。ネタニヤフは収賄で告訴され、十二年にわたる政権はひとたび幕を閉じる。

二〇二二　＊リクードがふたたび第一党となり、またしてもネタニヤフ政権が誕生。
†セルビアはロシアのウクライナ侵攻をめぐり、国連の非難決議採決に賛成するが、NATOへの警戒心は続く。

二〇二三　＊十月七日、ガザのハマス軍がイスラエル領域内に侵入。大量のミサイル弾を発射。イスラエル軍はその報復としてガザに前代未聞の規模の空爆。その後に侵攻。病院、学校までを破壊。
†セルビアとコソヴォの対立がふたたび激化。コソヴォ内の正教会系修道院が武装集団に占拠される事件が起きる。

二〇二四　＊ガザでは人道危機が深刻化。一月の時点で二万四千人が殺害され、百九十万人が避難民となる。

本書は『見ることの塩——パレスチナ・セルビア紀行』（二〇〇五年、作品社）を二分冊し、新たに書き下ろし「書かれざる「最後の旅」への序文」を加え文庫化したものです。

見《み》ることの塩《しお》 下
セルビア／コソヴォ紀行《きこう》

二〇二四年 三 月二〇日 初版印刷
二〇二四年 三 月三〇日 初版発行

著 者 四方田《よもた》犬彦《いぬひこ》
発行者 小野寺優
発行所 株式会社河出書房新社
〒一五一-〇〇五一
東京都渋谷区千駄ヶ谷二-三二-二
電話〇三-三四〇四-八六一一（編集）
〇三-三四〇四-一二〇一（営業）
https://www.kawade.co.jp/

ロゴ・表紙デザイン 粟津潔
本文フォーマット 佐々木暁
本文組版 株式会社ステラ
印刷・製本 中央精版印刷株式会社

Printed in Japan ISBN978-4-309-42091-2

HOSONO百景

細野晴臣　中矢俊一郎〔編〕　41564-2

沖縄、ＬＡ、ロンドン、パリ、東京、フクシマ。世界各地の人や音、訪れたことなきあこがれの楽園。記憶の糸が道しるべ、ちょっと変わった世界旅行記。新規語りおろしも入ってついに文庫化！

うつくしい列島

池澤夏樹　41644-1

富士、三陸海岸、琵琶湖、瀬戸内海、小笠原、水俣、屋久島、南鳥島……北から南まで、池澤夏樹が風光明媚な列島の名所を歩きながら思索した「日本」のかたちとは。名科学エッセイ三十六篇を収録。

香港世界

山口文憲　41836-0

今は失われた、唯一無二の自由都市の姿——市場や庶民の食、象徴ともいえるスターフェリー、映画などの娯楽から死生観まで。知られざる香港の街と人を描き個人旅行者のバイブルとなった旅エッセイの名著。

世界を旅する黒猫ノロ

平松謙三　41871-1

黒猫のノロは、飼い主の平松さんと一緒に世界37カ国以上を旅行しました。ヨーロッパを中心にアフリカから中近東まで、美しい風景とノロの写真に、思わずほっこりする旅エピソードがぎっしり。

にんげん蚤の市

高峰秀子　41592-5

エーゲ海十日間船の旅に同乗した女性は、ブロンズの青年像をもう一度みたい、それだけで大枚をはたいて参加された。惚れたが悪いか——自分だけの、大切なものへの愛に貫かれた人間観察エッセイ。

巴里ひとりある記

高峰秀子　41376-1

1951年、27歳、高峰秀子は突然パリに旅立った。女優から解放され、パリでひとり暮らし、自己を見つめる、エッセイスト誕生を告げる第一作の初文庫化。

ウー、うまい！
高峰秀子　41950-3

大食いしん坊でもあった大女優・エッセイスト高峰秀子の、国内外の食べ歩きや、うまいもの全般に関する食道楽の記録・随筆オリジナルアンソロジー。サササッとかんたんから、珍しい蛇料理、鳩料理まで。

私、ホント食いしん坊なんです
高峰秀子　41988-6

生誕百年記念企画。大食いしん坊大女優・エッセイスト高峰秀子の、国内外の食べ歩き、食道楽の記録・随筆オリジナルアンソロジー。うまいものあるところどこまでも。例えばカレーの妙味は大らかな自由！

まいまいつぶろ
高峰秀子　41361-7

松竹蒲田に子役で入社、オカッパ頭で男役もこなした将来の名優は、何を思い役者人生を送ったか。生涯の傑作「浮雲」に到る、心の内を綴る半生記。

バタをひとさじ、玉子を3コ
石井好子　41295-5

よく食べよう、よく生きよう——元祖料理エッセイ『巴里の空の下オムレツのにおいは流れる』著者の単行本未収録作を中心とした食エッセイ集。50年代パリ仕込みのエレガンス溢れる、食いしん坊必読の一冊。

巴里の空の下オムレツのにおいは流れる
石井好子　41093-7

下宿先のマダムが作ったバタたっぷりのオムレツ、レビュの仕事仲間と夜食に食べた熱々のグラティネ——一九五〇年代のパリ暮らしと思い出深い料理の数々を軽やかに歌うように綴った、料理エッセイの元祖。

東京の空の下オムレツのにおいは流れる
石井好子　41099-9

ベストセラーとなった『巴里の空の下オムレツのにおいは流れる』の姉妹篇。大切な家族や友人との食卓、旅などについて、ユーモラスに、洒落っ気たっぷりに描く。

ロッパ食談　完全版

古川緑波　41966-4

タン・シチュウ、ハムバーグ、トンカツ、牛鍋……。「しんから、僕は、食べ物が好き」と語り、戦後日本の街をさっそうと歩きながら美食を極めた昭和の喜劇役者・ロッパさんの真骨頂食エッセイ。新装版。

季節のうた

佐藤雅子　41291-7

「アカシアの花のおもてなし」「ぶどうのトルテ」「わが家の年こし」……家族への愛情に溢れた料理と心づくしの家事万端で、昭和の女性たちの憧れだった著者が四季折々を描いた食のエッセイ。

パリっ子の食卓

佐藤真　41699-1

読んで楽しい、作って簡単、おいしい！　ポトフ、クスクス、ニース風サラダ…フランス人のいつもの料理90皿のレシピを、洒落たエッセイとイラストで紹介。どんな星付きレストランより心と食卓が豊かに！

もぐ∞

最果タヒ　41882-7

最果タヒが「食べる」を綴ったエッセイ集が文庫化！「パフェはたべものの天才」「グッバイ小籠包」「ぼくの理想はカレーかラーメン」etc.＋文庫版おまけ「最果タヒ的たべもの辞典（増補版）」収録。

『FMステーション』とエアチェックの80年代

恩藏茂　41838-4

FM雑誌片手にエアチェック、カセットをドレスアップし、読者欄に投稿——あの時代を愛する全ての音楽ファンに捧ぐ！　元『FMステーション』編集長が表も裏も語り尽くす、80年代FM雑誌青春記！

旅路の果て

寺山修司　41994-7

サラブレッドの引退後を追う「旅路の果て」、競馬に魅せられ夢破れた人々を描く「競馬無宿人人別帖」などを収録。涙なしでは読めない競馬名エッセイ集！

オーケストラの職人たち

岩城宏之　42017-2

ピアノやハープの運搬、写譜、調律、チラシ配り……クラシックコンサートに欠かせない裏方たちの職人技を、名指揮者が楽しく紹介。クラシックファンも入門者も、必読の名エッセイ集。

森のうた

岩城宏之　41873-5

オーケストラを指揮したい！　東京藝大で指揮者修業に奮闘するイワキとナオズミ。師と出逢い、ケンカと失恋を越え、ついに演奏会の日がやって来た！　名エッセイストが綴る、涙と笑いの傑作藝大青春記。

アァルトの椅子と小さな家

堀井和子　41241-2

コルビュジェの家を訪ねてスイスへ。暮らしに溶け込むデザインを探して北欧へ。家庭的な味と雰囲気を求めてフランス田舎町へ——イラスト、写真も手がける人気の著者の、旅のスタイルが満載！

灯をともす言葉

花森安治　41869-8

「美」について、「世の中」について、「暮し」について、「戦争」について——雑誌「暮しの手帖」創刊者が、物事の本質をつらぬく。時代を超えて、今こそ読み継がれるべき言葉たち。

夕暮れの時間に

山田太一　41605-2

十一歳で敗戦をむかえ、名作ドラマの数々を世に届けた脚本家は現在の日本で何を見、何を思っているのか。エッセイの名手でもある山田太一がおくる、心に沁みる最新エッセイ集。語り下ろしインタビュー付。

その日の墨

篠田桃紅　41335-8

筆との出会い、墨との出会い。戦争中の疎開先での暮らしから、戦後の療養生活を経て、墨から始めて国際的抽象美術家に至る、代表作となった半生の記。

計画と無計画のあいだ

三島邦弘 41307-5

一冊入魂、原点回帰の出版社として各界から熱い注目を集めるミシマ社。たった一人の起業から五年目の「発見」までをつづった愉快・痛快・爽快エッセイ。各界から絶賛を浴びた名著に「番外編」書き下ろし。

正直

松浦弥太郎 41545-1

成功の反対は、失敗ではなく何もしないこと。前「暮しの手帖」編集長が四十九歳を迎え自ら編集長を辞し新天地に向かう最中に綴った自叙伝的ベストセラーエッセイ。あたたかな人生の教科書。

犬の記憶

森山大道 41897-1

「路上にて」「壊死した時間」「街の見る夢」——現代写真界のレジェンドの原点を示す唯一無二、必読のエッセイ的写真論。写真約60点を収録し、入門的一冊としても。新規解説＝古川日出男。新装版。

犬の記憶　終章

森山大道 41898-8

「パリ」「大阪」「新宿」「武川村」「青山」——現代写真界のレジェンドの原点を示す唯一無二、必読の半自伝。写真約50点を収録し、入門的一冊としても。新規解説＝古川日出男。新装版。

星の旅

藤井旭 42016-5

「世界の国々の景色が違い、住む人々の表情が異なるように、世界各地で見上げる星空にもそれぞれの美しさがある」。世界的天体写真家が描いた旅の記録。解説＝渡部潤一（国立天文台）

海の見える無人駅

清水浩史 41974-9

なぜ「海の見える無人駅」は、こんなにも心地いいのか！　海と厳選30の無人駅…目を凝らせば、もっと多くのものが浮かび上がる。絶景の小さな駅の物語から今の日本が見えてくる。巻頭カラー 16P付き！

著訳者名の後の数字はISBNコードです。頭に「978-4-309」を付け、お近くの書店にてご注文下さい。